U0153931

無我心寬
吳重雨口述歷史

提升交大邁向國際頂尖，
生醫電子研究的開拓者

文／國立陽明交通大學校長　林奇宏

　　吳重雨校長是第一位由交大自己培育出來的校長，從大學、碩士和博士學位皆在交大完成。吳校長在1980年取得博士學位後，以其優異的表現受交大聘任成為教師，一路投身奉獻於教育與研究，更在2007年到2011年間擔任校長掌舵交大，致力提升交大在國際能見度，增進研究動能的卓越規劃，帶領交大邁向國際頂尖。治校期間，於2007年成立「智慧型仿生裝置研究中心」（2011年改為「生醫電子轉譯研究中心」），發展交大在生醫電子領域的前瞻研究。吳校長到2020年從教職退休，人生超過五十年的歲月都在交大度過，可謂名副其實道地的「交大人」。

　　從吳校長的口述中，得知吳校長生長在嘉義東石鄉的濱海之地──猿樹村。因為父親驟逝，只能靠母親撐起家計，但家庭之愛讓吳校長擁有樂觀的性格，讓他不受困於環境的窘迫，走出寬廣的人生。令人印象深刻的是吳校長樂於分享的人格特質，從大學時期就因樂於為同學分享難題解答，成為同學們口中作業有求必應的「老板」；到後來開始教書做研究，成立臺灣最早進行積體電路設計（Integrated circuit design）的「307實驗室」，以「資源共享」理念邀請相同領域的老師們加入合作，反而讓307實

驗室成為一個經營超過四十年，並持續發展的優秀研究團隊。吳校長借調國科會擔任處長，為推動「晶片設計製作中心」（Chip Implementation Center, CIC）的發展，願意將發展國家IC設計人才的理想放在最前面，無私地將自己307實驗室中累積的全部相關資料以及技術，轉移給任何想要建置 IC 實驗室的學校，此等胸襟實在可敬。正因為有吳校長對臺灣IC設計產業發展規劃的遠見與無我利他之心，大量培育臺灣IC設計人才，精實打下今日臺灣IC設計業產值位居世界第二的基礎。

　　吳校長另一個重大貢獻是在於開創臺灣生醫電子的研究，早在1990年代初期，就已經從類比IC的研究開始聚焦在模仿人類神經網路的方向，並有優異的世界級成就，例如以世界首創實現神經網路功能在 IC 上的研究成果，於1998年獲選為 IEEE 會士（Fellow）並榮獲教育部工科學術獎；2006年開發仿視覺「智慧型運動偵測器晶片」，亦領全球之先。因為吳校長在仿生IC上的成果，也促使了臺北榮總林伯剛醫師尋求合作，共組臺灣第一個植入式人工視網膜晶片研究團隊，實為開拓臺灣生醫電子領域研究的先驅。吳校長更於2015年獲教育部國家講座主持人殊榮，以

其學術研究之卓越真是實至名歸。吳校長從教職退休後，仍心懷相當大的熱情投身帶領新創公司，持續為人工視網膜與癲癇晶片系統的產品化進行研發，朝人體試驗的方向推展，希望謀福於病人，此等行動力實在可佩。

本書另外還特別邀請了夫人曾昭玲女士、黃振昇博士、林伯剛醫師、李鎮宜副校長，來補充不一樣角度之下吳校長的一些故事。曾昭玲女士分享了吳校長的家庭生活；黃振昇博士則分享了推動CIC背後不為人知的艱辛故事與成就；林伯剛醫師介紹了與吳校長合作植入式人工視網膜晶片計畫的不凡過程；李鎮宜副校長分享了與吳校長共事的觀察。最後的特別企劃更是邀來了「307實驗室」不同時期的師生共十餘人，以逐字稿方式紀錄下大家對於吳校長主持307實驗室的見證回憶，別具歷史意義。

透過吳校長口述回憶，我們可以看到吳校長在人生不同階段中的轉折與抉擇，隨著吳校長在不同時期中的教學規劃、培育學生、研究方向探索與參與推動產業政策等各方面的視角，也紀錄下了半導體產業在臺灣發展的一些時代面貌。在人生很多不可預期的變化與考驗中，吳校長都展現了樂觀與開闊的胸懷，堅持走

對的路，更以「資源共享」、「團隊合作」精神為先，實在值得吾人學習。

　　林伯剛醫師是陽明的校友，吳校長跟林伯剛醫師的人工視網膜計畫合作，可以說是交大與陽明時間最早也執行最長的電子結合生醫的跨領域合作研究，這條跨領域的研究之道走來就相當不易，但貴在永不放棄。吳校長在提到自己的研究開發過程時，曾這樣說道：「歷經了漫長的開發期，這正是生醫電子領域中，研究者最需要耐心堅持的地方。」這對於 2021 年合校的陽明交大，也是重要的啟發。

重視科技與人文知識平衡的校長

文／國立陽明交通大學圖書館館長 黃明居

　　我是 1996 年畢業自交大交通運輸研究所博士班的校友，2005 年有機會回到母校交大服務任教。2009 年接任圖書館副館長一職，當時就是由吳重雨校長掌舵交大。我印象很深刻的事情是，吳校長對於圖書館相當支持，當時的圖書館楊永良館長曾分享過一個故事，就是吳校長找他上任只交代要做一件事情──「一定要充實圖書館人文社會圖書的館藏」，可見吳校長對於人文社會知識的重視。

　　在吳校長任內，除了圖書館的館藏有相當豐富性的增加，在他的大力支持下，另有幾項重大的發展，例如：圖書館資料庫數量多達近三百種，每月利用人數超過十五萬人次，尤其 IEEE 的資料庫更是全國使用效能最佳的學校。而在臺聯大四校圖書代借代還服務中，交大圖書館都維持最高對外服務量。吳校長對於藝文活動與知識閱讀推廣也相當重視，當時圖書館推出很多相關主題式影展的活動；另外為配合鼓勵閱讀而實施「閱讀365」知識護照，並結合科技進行電子書閱讀與雲端閱讀計畫。當時這些推廣活動都設計了相當多具有文藝特色的宣傳海報，至今都還仍掛在圖書館辦公區的走廊上。

現在圖書館因執行卸任校長口述歷史計畫，有幸能替吳重雨校長進行口述歷史的撰寫。吳校長相當有耐性，願意花很多時間接受圖書館同仁的訪談，且樂於分享他生命中每個不同階段重要人生的經驗與抉擇，也讓我們感受到了吳校長胸襟寬大，樂觀無私的精神，實在值得後輩學習。

　　訪談過程中，我們認為吳校長主持的307實驗室具有相當的重要性，所以舉辦了一場「307實驗室Witness Seminar」邀請到了十多位307實驗室的師生參與，替早期吳校長建立與規劃實驗室留下見證，並以逐字稿形式收錄，讓我們可以完成一本相當完整且豐富的口述歷史專書。也謹以此序向吳校長表達敬意與致謝。

仰之彌高的人生導師

文／國立陽明交通大學生醫電子轉譯研究中心主任 柯明道

　　個人有幸跟隨吳重雨校長多年，長期在學術巨人旁邊學習與執事，突獲邀請來為吳校長專書寫推薦序，實在誠惶誠恐，但也備感榮幸。基於對這段歷史的見證，與實際參與其中的多項事務，也許是找我寫推薦序的最佳理由。

　　我是國立交通大學電子工程學系75級大學畢業（1986年6月），國立交通大學電子研究所碩士畢業（1988年6月），於1993年9月獲得國立交通大學電子研究所工學博士學位。碩士論文（Timing Model of CMOS Transmission Gate and its Applications）與博士論文（Researches on CMOS Transient Latchup and On-Chip Electrostatic Discharge Protection Circuits）都拜請吳重雨校長指導。當拿到博士學位畢業證書時，已經錯過該年度預官入伍的梯次，吳校長那時候幫我申請了國科會的「博士後副研究員」職務（1993年10月—1994年7月），繼續留在「307實驗室」執行產學合作計畫並協助帶領學弟們做研究。

　　個人在1994年7月到1994年10月期間，預官入伍訓練，隨後到工研院服「國防役」，任職於電腦與通訊工業研究所（簡稱電通所）的「積體電路設計部」，進行積體電路設計的相關工

作，後來因為成功改良一顆微控制器IC的靜電放電（ESD）防護耐受能力，通過美國IBM電腦公司的嚴格檢驗測試標準，使用在當時IBM電腦的Keyboard上，這顆IC也就因此放大量生產，成為那個時期工研院出貨量最大的IC產品，我也因此被調到「積體電路產品工程部」負責管理電通所IC生產製造的工程業務，當我離開電通所時，我已經是這個產品工程部的部門經理。

在國防役期間，我也經常在下班後回到「307實驗室」幫忙指導研究生們進行研究工作，與吳校長共同指導數位碩士生畢業，並同時指導兩位博士生。在國防役結束後，個人曾獲得數家業界公司的offer letters，也應徵了交通大學與清華大學的教職。最後，在吳校長的感召之下，於1999年9月開學前到交通大學電子工程學系報到，成為電子系起聘的「第一屆」助理教授，回到母校來加入「307實驗室」研究群。

從吳校長口述歷史專書的第三章中段，當他從美國波特蘭州立大學回來擔任電子工程學系系主任（1986年）開始，我就有幸一直在吳校長旁邊學習與執事直到現在，一晃眼也已經過了三十七個年頭。專書中所提及的往事，包括建置在博愛校區當時

電子系辦公室走道旁的實驗室、後來搬到光復校區工程四館的307實驗室，以及吳校長授課前剛出爐的手寫講義、半夜一點在博愛校區教授宿舍小門等修改的論文、協助處理他在國科會工程處處長期間的簡報文稿等，往事回想起來歷歷在目。也非常佩服吳校長的記憶，這些事情他還記得非常清楚（我瞎猜這可能跟他小時候吃很多蚵仔補腦有關）。

我唸博士班期間，跟其他的博士生住在博愛校區第四宿舍，當時還沒有網路更沒有手機，學校在宿舍上下樓的樓梯間中段轉彎處設置了一個校內電話分機，以備聯絡。因為吳校長白天公務繁忙，晚上才有時間修訂要投稿的論文，等他仔細手寫修訂好論文也都經常是三更半夜了。每當晚上十二點之後，電話鈴聲突然響起來，就會聽到有人大喊：「吳重雨的學生去接電話啦！」他從教授宿舍打分機電話來學生宿舍找人過去拿論文稿，吳校長認真指導研究生的精神與毅力，實在令人敬佩。

後來他擔任國科會工程處長期間，由於一大早就須出門搭車到臺北市上班，有時晚上又忙得太晚了，吳校長就將論文稿或相關文件裝在公文紙袋內，一大早出門時就寄放在校門口的警衛

室，再通知我們去拿。有時需要緊急幫吳校長製作簡報用的投影片（須打字排版後印製在透明的塑膠片上），他會先將簡報內容一頁一頁手寫在A4白紙上，半夜交給我，我依手稿草案用電腦打字排版印刷出來，再用影印機轉印到投影用塑膠片上，整理好後裝在紙袋內，再拿到校門口的警衛室寄放，他一大早出門時就可以順便拿取上臺北使用。也因為這樣，當時我手邊經常備有空白的投影片，以及能夠進入影印室的鑰匙。

在研究領域上，吳校長早期的半導體記憶器與矽化鈦薄膜製程研究，我沒有機會參與到（因尚未進入研究所），後來的數位積體電路邏輯閘時序模型、CMOS晶片閂鎖（latchup）效應、類比積體電路設計，以及後來的生醫電子系統單晶片（SoC），個人都有幸參與相關研究，協助貢獻部分的技術研發。在積體電路靜電放電防護技術方面，我在吳校長的指導下首創在臺灣進行這個技術領域的研究，藉由吳校長的產學合作計畫，相關創新性的設計除了發表多篇IEEE期刊論文之外，也能夠在產業界的晶片產品上驗證成功，並獲得廣大的應用。早期晶片上的靜電放電（ESD）防護措施是被動式的防護設計，使用元件過壓崩潰來

釋放ESD電流，需要使用較大尺寸的元件（經常佔用較大晶片面積）才能夠獲得業界產品規格所需的ESD耐受能力（2000V），我藉由吳校長所教導的類比電路相關知識，首創設計出晶片上的ESD偵測電路，主動地引導ESD電流的釋放，可以有效避免ESD電流在晶片內到處亂竄，並能夠大幅提升元件的ESD耐受能力，即可以使用較小的元件尺寸（節省晶片面積），卻能夠大幅提升整顆晶片的ESD防護能力，這個創新設計後來也被台積電與智原科技（聯華電子的設計服務公司）等公司施作在各個製程節點的元件庫（Cell Library）內，列為晶片上ESD防護設計的標準配備，提供給國內外眾多IC設計公司使用，廣泛應用在各式各樣的積體電路產品上，各位讀者手邊的筆電、電子設備、與iPhone手機等都有使用到這個創新設計。

藉由這個成功的啟發，我也嘗試將類比電路的設計技術用來提升積體電路產品的可靠度，讓IC產品的可靠度除了半導體元件自身的特性限制之外，還可以藉由電路設計的方法來更進一步有效提升，例如為了防治CMOS晶片閂鎖（latchup）效應而發展出來的Active Guard Ring電路設計等。藉由從吳校長教導的類比電

路所發展出來獨門武功，讓我在積體電路產品可靠度的國際武林佔有一席之地。個人也因此在2008年獲頒IEEE Fellow榮銜，該年度同時獲得此榮譽的臺灣學者包括交大的謝漢萍教授（當時是電機學院院長），以及當時清大電資學院的徐爵民院長。能夠有此成果，都須歸功於吳校長的扎實教導。

當吳校長接任國家型科技計畫總主持人期間，個人是先出任「晶片系統國家型科技計畫（NSoC）」的副執行長，當時的執行長是周景揚教授（時任交大副校長），在數個技術領域方面也設有分項召集人，找相關專長的資深教授來兼任。那時候每個月都要召開一次月會，除了國科會的代表之外，參與國家型科技計畫的各部會與執行機構都需要派員出席月會，並報告計畫執行相關進度與成果，每年總主持人還要到國科會進行年度執行成果簡報，並接受評審委員的質詢。除了追蹤國內各項分項計畫的執行狀況之外，那時還有國際考察的訪問行程，吳校長還需要帶隊出訪，藉由駐外單位的協助，先後也訪問了美國、加拿大、歐洲、英國以及中國等。

吳校長為了規劃醫療電子的發展，還帶隊前往德國杜塞道夫

參觀國際醫療器材展（MEDICA），該醫療展是全球最大之專業醫療器材展，有來自全球五千多家專業醫療器材廠商參展，分在十幾個大型展覽館舉行，每個展覽館要逛完，保證鐵腿好幾天，收集的資料需要拖著中型的行李箱來裝。這也正如吳校長在第五章中提到對國家型科技計畫執行的感受「對我來說有著如『舉重』般的壓力，是一種比擔任校長更大的考驗」，我個人亦感同身受。也因協助國家型科技計畫的執行，讓自己接觸到更廣大的世界，探訪以前沒有機會到訪的機構與城市。後來我因代表交大（借調）到義守大學出任副校長職務，無暇處理計畫辦公室的日常業務，後來轉擔任NSoC分項計畫召集人，繼續輔助這個國家型科技計畫的執行。這個計畫成果後來獲得行政院計畫績效甲等的成績，我們在計畫成果的簡報格式，還被當做範本提供給其他國家型計畫參考。

在順利執行完NSoC國家型科技計畫後，吳校長在交大校長的任期也結束了，正當要解甲歸田之際，國科會又突然指派吳校長接手第二期執行中的「奈米國家型科技計畫（NPNT）」，如棒球比賽般地以救援投手的角色被緊急派上場。當吳校長告知我這

件事情時，我當下第一個反應是「幹嘛去接這個？」在他的盛情邀請下，我出任NPNT執行長，協助NPNT國家型科技計畫的執行，還把因NSoC 國家型科技計畫結束而轉介送出的幾位行政助理再度找回來幫忙，也還再另外徵募幾位新手加入幫忙，因為奈米國家型科技計畫的執行單位跨更多部會與單位，參與層面更龐大，而且每年十月上旬還要在臺北世貿展覽館舉辦「奈米展」，展示場館的租借與招募廠商展示都要由NPNT計畫辦公室負責，並邀請國外專家學者來訪，記得開幕時要先恭讀總統賀詞，也要邀請國科會長官到場致詞。當然，國際訪問考察的地區也就因奈米技術變得更加廣闊，除了美國、歐洲、英國、加拿大之外，也包括了日本、澳洲以及東歐地區的國家。

　　印象中有一次在東歐訪問，因駐外單位的熱心安排，接連要拜訪好幾個單位，有一天的晚上十二點多，我們租的小巴士載著吳校長與訪問團成員還在高速公路上奔跑，因為當夜要住宿的旅館還在隔壁的國家。就在吳校長認真負責的帶領之下，奈米國家型科技計畫（第二期）在結案時，也獲得行政院計畫績效甲等的考評成績，吳校長算是救援成功。

在吳校長剛擔任交大校長不久，就有校友舉薦義聯集團的創辦人林義守董事長來頒領交通大學的榮譽博士學位，以表彰他的創業家精神與事業經營成就，林董事長出資創建義大醫院並高薪延聘臺北名醫南下駐診，以嘉惠高雄周邊地區的居民。後來義聯集團旗下的「義守大學」期盼能夠藉由交通大學的合作來協助提升該校的研究水平以及辦學口碑，交通大學也期盼義聯集團能夠協助光復校區的建設。就在這個合作默契之下，我奉吳校長指派，代表交通大學（借調）到義守大學擔任副校長，該期間義聯集團每年出資千萬元給兩校共同組成的研究團隊，包括生醫領域、能源領域以及碳捕捉領域等，進行先進技術的合作開發。我除了協助義守大學校務工作之外，也仿效吳校長在電資學士班的創新做法（送交大優秀的學生到UIUC／UC Berkeley去學習），選派義守大學成績優秀的大三或大四學生到交通大學來就讀一個學期，即義守大學額外幫這些學生支付交大的學費讓他們來交大選修課程學分，有數位學生順利到電機學院與資訊學院來就讀一個學期，後來部分的學生也有人考進交大的研究所碩、博士班就讀，這種跨校學習管道對義守大學的辦學口碑卓有助益。

吳校長後來專注生醫電子領域的研發，尤其是開發高階的植入式晶片，研發成果曾獲得ISSCC 2013年度的傑出技術論文獎，當時的交大吳妍華校長還開記者會公開表揚，臺灣半導體協會（TSIA）在年度大會上，還特別請張忠謀前理事長親自頒獎給吳校長的研究團隊，表彰其傑出研究成果。但隨著學生的畢業離校，如果沒有一個公司或研發單位接手將這批研究人才留住，這些技術就難以持續精進來成為可以實用的醫療產品。在洽詢多家已賺到錢的積體電路或半導體廠商的投資意願之後，最後由晶焱科技出資成立「晶神醫創」股份有限公司，接手聘任這批研究人才，並向交大技術移轉相關的晶片技術，朝醫療器材臨床應用推進。吳校長在滿七十歲從交大退休後，即轉任「晶神醫創」董事長兼技術長，持續為人工視網膜與癲癇晶片系統的產品化進行開發，期望能早日應用於病人治療上。「晶神醫創」也自我期許列印下述的四個詞句，張貼在吳董事長的辦公室牆壁上。「經驗（晶焱）傳承啟新局，神奇晶片救世人，醫療電子發源地，創新技術營百年」，這四句詞的起頭四個字，就是「晶神醫創」公司的命名來源。

記得我第一次出國，是在吳校長帶領下，到美國加州的聖地牙哥（San Diego）參加1991年的 *IEEE Custom Integrated Circuits Conference*（CICC）國際研討會，發表研究論文。現在正在撰寫推薦序的期間，我正帶領BETRC研究中心的兩位博士後研究人員到美國首府華盛頓特區參加 Neuroscience 2023 國際研討會，發表研究成果，並學習神經科學領域的最新發展。這恰巧也是一種傳承，將從吳校長身上學到的體驗傳遞給年輕人，期盼後輩們努力上進，持續發揚光大。就以參加國際研討會經驗傳承來結尾，共同為吳校長的偉大貢獻做歷史見證。

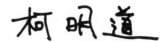

敬書於美國華盛頓特區 Crowne Plaza 旅館內

Nov. 16, 2023.

目錄

CONTENTS

第二章

青春在風城（1970-1979）073

第三章

探索與奠基（1980-1989）143

特別收錄

特別企劃

【附錄】

第一章

望海的故鄉

1950-1969

我出生在一個大家庭中，家裡共有十個小孩，我在兄弟姊妹中排行第九。印象中爸爸、媽媽幾乎沒有打罵過小孩子；哥哥、姊姊們有甚麼好的東西都會讓給我，例如每次家裡吃蚵仔的時候，大家都會把「蚵仔肚」剝下來，特別留下來給我吃。從小我就生長在備受疼愛的環境之中。

故鄉印象

我出生在臺灣中南部一個靠海的小漁村——嘉義縣東石鄉猿樹村。猿樹村位於東石鄉的西部，與東石村僅有一路之隔，不遠處有東石港，附近是朴子溪的出海口。這邊的居民多以從事漁、農業謀生，主要為捕魚、養蚵仔（臺語 ô-á，即牡蠣），村中很多家戶都在「剖蚵仔」（臺語 phuà ô-á），隨處可見蚵串與蚵殼，是現在標準東石一帶靠海村落的景色。

不過在早期村子的樣子有些不同，我小時候蚵仔養殖是用插竹子的方式，稱為「插蚵仔」（臺語 tshah ô-á），也就是取竹枝將上端剖開夾住一個蚵殼，下端削尖插進沙灘的方式。在沿海搭蚵棚的養殖方式是後來才開始盛行，這種方式需要將蚵殼用尼龍繩串成一串串的蚵串掛在蚵棚上，也就是這種養殖方式普遍後，才到處可以看到蚵串[1]。以前村子裡還有很多人種蘆筍，另外也種花生、番薯、甘蔗、稻米等農作物。

小時候聽過大人們提到「猿樹村」的名字由來，有一說是因

---

[1] 東石地區牡蠣養殖可追溯至臺灣清領時期，約18世紀初期（康熙年間），即有居住於此的漢人採用在海坪上散放牡蠣殼、其他貝殼或碗片、瓦片、破甕、石頭等等的方式進行粗放式養殖。遲至19世紀初東石地區開始使用插竹式（插筷式）技術養殖牡蠣並普及。戰後至1960年，雖有官方漁業單位推廣「倚棚」式牡蠣養殖，但因製作費用較高與技術未成熟等因素未能被蚵農接受。主要關鍵是至1968年有蚵商開發出尼龍蚵繩，具有耐蝕性、高強度、易操作性等有利於牡蠣生產特性，加上小型動力管筏出現，以及運輸交通日益便捷，社會經濟改善購買力增強等條件的集合，遂使得「倚棚」能夠全面取代插竹式養殖方式。參見林志德，〈嘉義縣沿海牡蠣養殖與社會的變遷〉（臺南：私立長榮大學臺灣研究所碩士論文，2008），頁42-53、頁88-90、頁93-95。

為最早祖先們搭船來臺時，船來到了這邊就看見岸上的叢林中有猿猴在樹林裡面棲息、跳來跳去嬉戲；還有另外一種說法是，岸上樹林中有好幾棵樹的樹梢形似猿猴，經風吹動，像是一群猿猴在樹梢嬉鬧，後來就將此地取名為「猿樹村」。我個人認為第二種說法或許比較接近真實狀況，因為小時候我會跟著大人去村外的海灘撿貝殼、抓魚蟹，當時從村子走出來往塭港的路上，有一處地點可以下到海灘，退潮時我們可以走到離岸很遠的外灘，灘上水很淺、很涼快，沙子踩踏起來很舒服，這裡可以撿到很多貝殼，也能抓到螃蟹跟許多小魚，替餐桌加菜。我當時從海灘上遠望我們村子，看著村外的樹林中有些樹影在海風的吹拂之下，還真像是有一些猴子在那邊跳躍嬉戲一般，非常有趣。

祖先與族譜

「吳」姓在猿樹村是大姓，主要集中居住在村中的頂寮[2]，幾乎都有親戚關係。往上追溯，我們家族的開基祖吳梓是福建泉州府晉江縣人，大約知道是在清朝乾隆中葉時飄洋過海來到臺灣，在東石地區一帶進行開墾，落地生根繁衍後代，到我已經是第七代。關於我們家族的族譜，早期並沒有人進行紀錄，是到了我爸

2　猿樹村內分有「頂寮」、「頂頭角」、「埔頂」，其中頂寮為最早先民移入人口之居住地。汪秋明、沈錳美編，《日出東石》（嘉義縣：東石鄉公所，1996）頁52。

爸的時候，他才開始著手去將家族的族譜給整理出來。但是之後，族譜的整理工作沒有人接手，無法持續更新。

猿樹村這一帶面臨著地層逐年下陷的問題。我們家族先人的墳都是散落在村外附近的公墓地內，後來因地層下陷，那邊地勢逐漸變成低窪，慢慢淹起水來。大概在 2003 年，因為遷墓需求的一個契機，經我們村子裡面大家討論之後，就由我來進行新建家族墓園的工作，也就有必要重新整理族譜。我把這個工作接下來，才發現原來整理族譜是一件不簡單的工程。當時手邊僅有過去爸爸整理過的資料，但是畢竟已年代久遠，為了弄清楚每個祖先的名字，我開始在村子裡面跟每戶親戚聯絡，去找他們核對，甚至也會請他們將祖先牌位打開來，看看牌位後面的名字，就這樣慢慢再去弄清楚。後來還是有一段族譜內容遺失，無可考證，曾請教過村裡的長輩，他們認為可能是在日本剛來臺統治初期，東石這一帶有居民起而反抗，與日本人發生過衝突，房子被燒毀，家族資料也因此不見。

費了一番工夫，終於在 2005 年的農曆八月將家族先人的遺骨都遷入了家族墓園內，方便統一祭祀。我們村子內的習慣是在清明節當天下午掃墓，在外地的子孫只要有空一定都會在這個時候回鄉。家族墓園蓋好後，每年掃墓期間大家就都有了能在墓園一聚的機會。

十子之家

我出生在一個大家庭中,爸爸名叫吳愁,別號莫卿[3];媽媽名
叫吳陳有蔥,家裡共有十個小孩。我在兄弟姊妹中排行第九,手
足依序分別是:大姊吳琤(歿)、大哥吳神麒(歿)、二姊吳貼
(歿)、三姊吳汀紫、二哥吳景陽(歿)、三哥吳吉浦(歿)、四
姊吳青芬、五姊吳麗貞、妹妹吳夙懿。我的大姊、大哥、二姊跟
我是不同生母,他們是我的大媽媽所生。我爸爸原來與大媽媽結
婚,後來大媽媽不幸因病過世,才續弦娶了我媽媽。我爸爸那時
候寫了很多悼念大媽媽的詩。

我父母是經由媒人說親而在1935年結婚。媽媽的老家原是
在東石鄉洲仔村,一直到我外公、外婆才搬到猿樹村村外田地一
帶,當時那邊也大概只有住著二、三戶人家而已,也因此我們小
孩子以前都稱呼外公為「洲仔公」(臺語 tsiu-á kong),外婆為
「洲仔嬤」(臺語 tsiu-á má)。記憶中,小時候媽媽都帶著我走田
間小路回外婆家,路程並不太遠,大約僅走十五分鐘左右就能到
達。我媽媽娘家經濟並不寬裕,生活過得辛苦,我聽媽媽講過她
小時候需要幫家裡去放牛的故事。媽媽沒有讀過書,當時家裡的
經濟狀況也不允許她去上學接受教育。

---

3 吳莫卿生於1901年(明治34年)逝於1961年(民國50年)以博學多才蜚聲學界,與同鄉文
人黃傳心、秀峰兄弟被稱為「猿江三賢」。邱達梅,〈猿江詩人─吳莫卿〉,《嘉義文獻》13
(1982),頁259。

我的農曆出生日期是在 1950 年 4 月 5 日，換算為國曆應該是 5 月 21 日。由於早期鄉下報戶口不方便，普遍不會在小孩子出生後就馬上準時去報戶口，但是超過報戶口的時間會受罰，很多人拖了一段時間後，為免受罰都不會如實報戶口，常有晚報的現象，像是我身分證上面的出生月日是登記為國曆 5 月 31 日，就比實際出生日期晚了十天。不過這倒也沒有甚麼影響，我以前過生日都是過農曆生日，爸爸、媽媽、兄弟姊妹也都是過農曆生日。

　　我們家兄弟姊妹很多，哥哥、姊姊們年紀都比我年長許多，排行老大的大姊年紀比我還要大上二十七歲，我下面最小的妹妹則小我三歲。我想大哥、二哥小時候應該都曾跟著爸爸讀過漢文書，甚至我的姊姊也跟著學過。爸爸對我的要求大概是從小就開始要練習寫書法，他會督促我練習，但態度不曾很嚴格過。我的哥哥、姊姊們都有上學接受過正規教育，只是越年長的書唸得比較少，可能就只有小學或者初中學歷，越後面的才有讀到高中。他們也早早就去就業工作。

　　父母對我們這些小孩子們的教育方式就是疼愛有加，一直以來我印象中爸爸、媽媽都非常愛護我們，沒有很嚴厲的時候，也幾乎沒有打罵過小孩子。我大哥因為比較早就到外地工作而離家，其他在家的哥哥、姊姊們就會幫忙照顧我們這些比較小的弟弟、妹妹。哥哥、姊姊們對我都很好，可能也是覺得有我年紀這麼小的弟弟很好玩，所以有甚麼好的東西他們都會讓給我，例如每次家裡吃蚵仔的時候，大家就都會把「蚵仔肚」（臺語 ô-á tōo），也就是牡蠣白色的部分另外剝下

來，因為那是蚵仔最肥美、最有營養的地方，特別留下來給我吃，所以我小時候就吃了很多，以至於現在我對吃蚵仔就不太有興趣，小時候實在吃太多、吃怕了。

從小我就生長在備受疼愛的環境之中。

關於爸爸家庭早期的事情，我都是後來聽哥哥、姊姊們告訴我才略知一二。我們家離海很近，差不多只有三、四百公尺，聽說當時我的祖父為了增加家計收入，就自己挑著土，一擔一擔慢慢地去把靠海的低窪地填成可以種植的農地，在上面種植像是花生、番薯等等作物，此外還要靠捕魚以及幫其他人家代耕來維生，如同大多數物質貧乏的農家，想辦法為生存而努力。我爸爸小時候就因為家庭環境，很年輕就要想辦法謀生。

東石港早期是往大陸很重要的港口，因為距離大陸近，所以有頻繁的商業往來，我們村中有一戶人家早期在東石港經營貿易行，據聞是由吳尤成立「鼎瑞行」而經商致富，在地方上是非常富有的人家。他們的房子是用由澎湖運來的「咾咕石」所蓋成，在當時算是相當氣派的豪宅，院子地面鋪設大石，屋內雕梁畫棟，貼著精美的磁磚，非常美麗。

這棟咾咕石豪宅就在我家屋子後面，這戶人家算來也是我們的親戚，他們家房子大門在白天都是敞開的，有時候我跟村裡的其他小孩子會跑到裡面玩著自己發明的捉迷藏遊戲，他們也不會來趕我們。我還記得這棟豪宅裡面有好多房間，對我們小孩子來說地形很複雜，我們會在自己挑選的磚牆隱密處畫上線條作為記

號，等大家畫好後，當鬼的小朋友就要想辦法去一一把這些記號找出來，最後沒被找到的人就算贏了。

喜歡寫詩的父親

我爸爸出生於1901年，他很年輕時就被鼎瑞行聘為夥計，在貿易行幫忙處理帳務雜事，十九歲時成為鼎瑞行副席帳房，也因此有機會跟著搭船去大陸做生意，除了大陸南部沿海一帶，也曾

父親吳莫卿的照片。（吳重雨提供）

去過北方的北京等等地區，到過大陸很多地方。他曾寫下這樣一
首詩：

〈自嘆〉十九歲冬為鼎瑞行副席帳房偶因所感而作

燕去鴻來又是秋，驚心不寐輒生愁。
只因作嫁詩書廢，門戶傍人不自由。

我以前曾聽哥哥、姊姊告訴我，爸爸有一次隨船從大陸要將
貨物運回臺灣的途中，遭遇到海盜的劫船攻擊，他跟著船上的水
手們一起對抗海盜，當時的狀況相當驚險，幸好後來能平安歸
來。我爸爸曾多次隨船出海，相信也經歷過不少的冒險故事。

爸爸因生意也常常需要去臺灣其他地方，想必早年過著到處
奔波的生活，留下好幾首行旅在外有感而發的詩：

〈端陽客佳里〉此作在廿歲時為旅中事絆不得回家（兩首）

去年此地逢冬至，今日端陽忽又來。
佳節頻過人易老，教儂怎不盡餘杯。

佳節偏逢作客來，思鄉把酒獨登壺。
雙親應倚門閭望，那得飛機一駕回。

鼎瑞行的主人曾請來陳錫如[4]老夫子教導家中的小孩子們漢文，由於並沒有限制上課身分，因此我爸爸雖然只是一名夥計，但把工作做完後，也獲得同意跟著一起上課。陳錫如老夫子是一位很厲害的老師，除了教授四書五經，也講授堪輿算命等等，以現在來看應該也算多元教學。爸爸還留著受業於陳錫如老夫子門下第一次所寫的詩：

〈秋風〉

金風瑟瑟古桐搖，玉律初鳴暑氣消。
宋玉悲思良有以，晚蟬一噪意無聊。

我爸爸一直跟著陳錫如老夫子學習，也替自己取了一個別號——莫卿。我想他跟陳錫如老夫子之間的情誼應該還不錯，像他還有寫給陳錫如老夫子的詩，除了表達久別不見的想念之情，也述說個人的所思所感：

---

4 陳錫如，名天賜，號紫髯翁，別號近市居士，澎湖馬公長安里人，生於1866年（同治5年），因病歿於1928年（昭和3年），著有《留鴻軒詩文集》。人生經歷清廷積弱不振，受盡列強瓜分國土，萌生救國報國心志，卻逢臺澎割讓日本，其報國志業更加堅定。陳錫如曾於1913年（大正2年）投筆從戎，參加由孫中山所領導為討伐袁世凱的二次革命卻兵敗被俘，獲釋後返回澎湖，唯恐臺澎受日本逐漸同化影響，失去漢族認同，遂開帳授課投入漢學教育中，並提倡女學，鼓勵女子受教。陳錫如的才學深受臺文人肯定，亦受邀到臺講學。當時臺灣各地詩文林立，每有徵文陳錫如常應募掄元或受邀擔任閱卷詞宗。見林明璋，〈澎湖宿儒陳錫如的志業〉，《高雄文獻》3：2（2013），頁76-77。

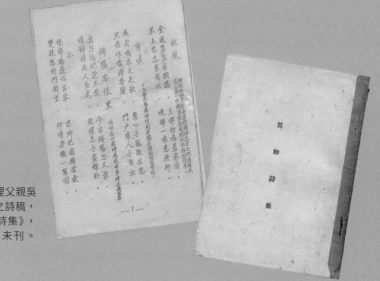

吳莫卿墨寶，揮毫於1940年端午節前夕，此詩為聯吟會獲獎之作。（吳重雨提供）

女兒吳青芬整理父親吳莫卿生前所作之詩稿，集結為《莫卿詩集》，由家族保存，未刊。（吳重雨提供）

〈呈留鴻夫子並述近況〉

一別石津十載餘，孤鴻海上憶當初，
年來落魄猶磨劍，日下因人愧食魚。
無限相思勞雁信，幾番惆悵望公閭，
盈盈帶水生離恨，擬棹扁舟願不如。

也有留下回憶自己跟老師學習的詩：

〈憶留鴻夫子〉

文章略識之無字，笑坐春風作桃李，
纖柳黃鶯能耐苦，啣泥紫燕不辭勞。
師恩欲報情偏重，儒業期成志尚高，
記得贈留鴻爪跡，翻書細認舊揮毫。

除了學古文之外，我爸爸還會寫詩、替人看天文地理、算命，書法字也寫得不錯。我們家族過去就都是在小漁村中努力謀生的家庭，上一輩並沒有辦法能有甚麼家學傳承下來，但我爸爸靠著跟陳錫如老夫子勤奮學習，替自己打下漢文基礎。我爸爸很喜歡寫詩，也寫了很多詩，爸爸寫的詩都用毛筆寫在紙上或筆記本上。經過我四姊用心整理，將原稿都仔細保留，並集結成冊題

為《莫卿詩集》。

「愁仙」學問鄉里敬重

近來我因為回憶爸爸的事情，看了有關介紹陳錫如老夫子的
文章，我認為我爸爸除了在學問上之外，在思想上應該也深受陳
錫如老夫子的啟發。他雖然生於日治時代，但是在學讀漢學的過
程中，其實也承襲了陳錫如老夫子傳統士人的精神，對現狀有很
多想法，並滿懷抱負，他日後也以推廣漢文教育為己任。有一首
詩表現了爸爸年輕時的心情寫照：

〈客寄東墩感作〉

琴劍飄零感寂寥，青雲路上信迢迢，
臺瀛足遍五州地，湖海身輕萬里潮。
豈有秦庭堪對策，將無吳市可吹簫，
江山更負滿腔血，素志為酬恨不消。

日治時期臺灣鄉下多數人都不識字，能去讀小學（公學校）
必須是要比較有錢的人家。我的爸爸看到這樣的狀況，就開始開
私塾教大家漢文，他先後到過很多地方設帳授課，除了東石地區
之外，也去過嘉義其他地區如湖底等，以及雲林的褒忠等地。

嘉義縣東石鄉港口宮內的廟柱上仍留存著吳莫卿於1949年（民國38年）所親筆題寫的對聯。（嚴銘浩拍攝）

　　後來日本人開始禁漢文，民間教漢文的私塾被禁止，但是還是有很多人想學習，所以大家都只能偷偷摸摸去學。我曾聽姊姊說過，當時的學生都是利用晚上來跟爸爸學漢文，授課時還需要把窗戶遮起來，以免光透出去被發現。由於我爸爸開課多年，前來拜師的學生相當多，再加上我爸爸也在很多地方授課，跟他學過的學生人數應該也有數千人，有很多學生也一直與我爸爸保持著聯繫的情誼。爸爸不在後，我有時候去一些地方碰到的一些人都會告訴我，他們曾經是我爸爸的學生。

　　臺灣光復之後，我爸爸因精通漢文又是地方上受敬重的文

人，當時的東石鄉鄉長就延攬他進入鄉公所工作，一開始是擔任文化股長。由於他早期在鼎瑞行工作時累積了豐富的會計經驗，後來又擔任財政課長，最後任民政課長。我聽過長輩提到，以前鄉里之間大家都敬稱我爸爸為「先生」（臺語sian senn），由於我爸爸名愁，所以也被尊稱為「愁仙」（臺語tshiû sian）。

當時鄉里間有需要請教「先生」的大小事，村人們都會來找我爸爸，像是幫忙看蓋房子的方向、墳墓要怎麼建之類的風水問題。另外我爸爸也能看得懂神明的字，當宮廟有乩童扶鸞時，也會找我爸爸解讀鸞文。東石一帶多數人都靠海吃飯，要出海捕魚之前都會去問神，我爸爸會去幫忙看神明指示漁船出海的時間，這些漁船回港之後就會送來一些魚到我家。我記得小時候家裡常常有人送東西過來，這是因為他們曾請我爸爸幫忙，但由於我爸爸都沒有收錢，所以就送來各式各樣的東西當回禮。

一些地方廟宇也請我爸爸去題對聯，像是贊天宮、東石港口宮，現在都還保留著我爸爸當年所題的對聯，距今都已超過一甲子。有一件我爸爸的軼事，是關於猿樹村「贊天宮」的命名由來。贊天宮是猿樹村頂寮的信仰中心，祭拜五府千歲，主神為李府千歲。這是一件在地老一輩人都知道的事情。猿樹村另有「先天宮」，前身為福隆宮，福隆宮建於清朝，日治時代時拆掉改建後更名為先天宮，據說福隆宮要改建時，裡面供奉的開基神明指示要遷往頂寮現在贊天宮地點，所以當贊天宮興建之後，找來我爸爸命名，我爸爸取「贊」字上有二個先，表示比先天宮還先之意。

也常常有人來找我爸爸幫忙替家中的新生兒取名字，我們家小孩的名字全都是爸爸自己算命取的。我出生的時候正好另一村也有個小孩子跟我差不多時間出生，那戶人家來找我爸爸算命取名，當時正好是多雨的梅雨季節，我爸爸就寫了二個名字：一個叫「重雨」，另一個叫「西白」，他將這二個名字讓對方先選，對方人家選了「西白」，所以「重雨」就這樣成了我的名字。

日後哥哥、姊姊告訴我，當時我爸爸看了我的命盤後，就跟我媽媽說：「這個小孩子未來的命很好，但我是無緣看到了。」我的爸爸在我小學五年級（1961年）時因腦溢血突然過世了，由於我當時還太小，所以對爸爸的記憶有限，但印象深刻的是，我就讀的東石國小在鄉公所旁，有時放學後我會去鄉公所找他，然後爸爸騎著腳踏車載我一起回家。還有一些片片斷斷的回憶，都充滿著爸爸的慈愛。

童年回憶二、三事

我爸爸到東石鄉鄉公所任職後，我祖父仍持續在耕作以維持家用收入。我們家就是種綠豆、花生、番薯、蘿蔔等等作物，我記得到了收成時，常常一天做不完，晚上就都要有人去田裡邊看著，記得有一次哥哥、姊姊帶著我去田裡看守，晚上就睡在田裡。那時候覺得在戶外露天睡覺很好玩，到了天快亮時，看到周圍罩著一層霧氣，感覺到四周充滿濕氣，接著太陽就出來了，第

一次看到這樣的景象，實在讓我印象好深刻。

蘿蔔收成之後，大人都會將蘿蔔切塊，或者削成長條狀放入大缸中，用鹽醃漬起來存放。醃蘿蔔需要重壓，在我比較小的時候，大人中有人說：「這小孩子的重量剛好。」就會把我的腳洗乾淨，然後要我踩踏放入缸中的蘿蔔，就這樣子一層一層照著大人的指示踩踏，我當時就把這個工作當成一個遊戲，感到很好玩。

我爸媽把我們這些小孩子都管教得很好，由於我們家鄉這邊靠海，這一帶有很多漁船來來去去在海上討生活，海象有時難以預料，多多少少都會聽到一些事故發生。小時候爸爸、媽媽就常常告誡我們，如果沒有大人陪同，小孩子就不能去海邊玩，因為很危險。有時候我們村裡的小孩會一起出去玩，玩一玩之後就跑去池塘游泳，我媽媽也是禁止我們去做這樣的事情，因為有的池塘很深，很容易發生意外。我從小就是一個性格較內向又聽話的孩子，對於爸爸、媽媽的話都會牢牢記住，不敢違背。所以我不曾單獨或跟其他小朋友一起去海邊玩過，也不敢亂跑去太遠的地方玩。

記得大概是在我讀幼稚園的時候，有一次我們一群小朋友在村子裡面玩遊戲，那時候都很克難，我們那時候並沒有玩具，都就地取材拿一些東西，像是：泥巴、樹枝、石頭等等，再自己發明一些玩法，大家就能玩起來。大家玩一玩之後，突然有小朋友提議說要去更遠的地方玩，一夥人就這樣子開始往外走，越走越遠，離開了我們平常遊戲的範圍區。當時我年紀很小，越走越覺

得不太妥當，畢竟當時年紀小怕自己跟不上別的大小孩，而且越走越覺得到了陌生環境，也感到有點怕怕的，再加上想起媽媽平常的告誡，怕因這樣子亂跑會被媽媽罵，所以我就決定不繼續跟大家走下去，想要自己折返回家，結果沒想到我就在村子的小路中迷路，我們村子很小，只是因為有很多地方我沒去過，走著、走著就不認得路了。後來幸好村子裡面的人發現我在那邊亂晃，知道我迷路了，就帶著我走回我家去。

　　印象中我們小孩子最高興的就是每年贊天宮進行祭祀的日子，贊天宮就在我家附近，主要祭祀的時間分別是在農曆四月李府千歲生日以及農曆十月的時候。在印象中十月的祭祀最為熱鬧盛大，大家都會準備牲禮，家裡就會有雞、鴨、豬肉等平常不會吃到的東西。很多在外地工作的人也會回來，大家會去祈求神明保佑，還有對神明表示答謝。這時候就會有廟會演出，主要是演布袋戲；除非是幾年才一次的建醮，或者是當年度有人出錢答謝，才會請歌仔戲班來演出。不論如何，我們小孩子都很期待，也都看得很開心。

　　我們那裡有一個比較特殊的習俗，是到了農曆七月的時候，家家戶戶都會在屋子外面立「燈篙」（臺語 ting ko），希望為好兄弟照明。燈篙就是指用芝麻桿跟竹子綑紮成一束，上面掛著一個油燈，其中一定必須要用芝麻桿，至於有甚麼意義，我不是很清楚。太陽下山後就要去把油燈點亮，雖然說是油燈，但其實也只是一個玻璃罐裡面裝著油放著一根棉蕊心。燈篙是從農曆七月一

日就要開始每天點，一直點到農曆七月結束，我小時候常被指派去做點燈的工作。

　　我童年裡面，對於冬至搓湯圓也有很深刻的印象。到了冬至的前一天，大人就會早早去買糯米回來，用石臼磨成粉作為湯圓的原料，到了晚上，爸爸就會帶著我們一起來搓湯圓。糯米粉會加上紅色色素，搓成紅、白兩種顏色的湯圓，我們當時都覺得好有趣，因為我哥哥、姊姊，甚至是我爸爸都會將湯圓揉成小動物的形狀，可能是一隻母雞旁邊還有一顆雞蛋，我們小孩子看到就覺得好開心。我們那邊還有一個習俗說法，就是搓完湯圓後不能把黏在手上的糯米糊洗掉，可以防止手心一直流手汗，所以我們小孩子搓完湯圓後就都沒有洗手，直接跑去睡覺，其實我是覺得沒有效，但是小時候都會這樣子做。隔天起床後，媽媽就已經煮

吳重雨就讀幼稚園時的保育證書。（吳重雨提供）

好甜湯圓給我們吃，那甜甜的味道，對我們小孩子來說真是世間最美味的食物了，我現在都還記得。

認真乖巧的孩子

我阿公往生那一年，媽媽剛好懷了我，可能因為如此，我阿嬤一直有種心理的補償作用，覺得這個孫子好像是阿公轉世，對我特別疼愛。由於我當時年紀還小，很多跟阿嬤有關的事情，都是後來媽媽以及哥哥、姊姊們告訴我的。早期我們家是三合院，阿嬤是住在旁邊的廂房，從我大概讀幼稚園後，每次到了吃飯時間，爸爸、媽媽就會要我去廂房請阿嬤到大廳吃飯；因為其他人都請不動阿嬤，就只有我去請，阿嬤才願意到大廳跟我們一起吃飯。我去請阿嬤出來吃飯的時候，還會小心翼翼牽著阿嬤慢慢走，即使地上有一根草，也會趕緊移開，讓阿嬤走過去。大家都說我跟阿嬤特別親。

我是1956年進入東石國民學校（1968年因改制而更名為東石國民小學）就讀，1962年畢業，是現在東石國小的第十七屆畢業生。進國校之前，我曾先去東石國民學校附設幼稚園就讀了將近二年的時間。

記得我上國校時，家裡還替我準備鞋子跟書包，讓我上學使用。我想當時我的生活環境應該算是要比很多同學來得好一些，畢竟有很多同學只能打赤腳上學，也沒有書包，就只是用一個草

編的提袋裝著課本就到學校上課，家裡生活更辛苦一點的同學則是用一條布把書綑一綑，綁在腰間上就去學校。

我的四姊是家中影響我很大的人，她唸完國校後考上嘉義女中的初中部，並完成初中學業。由於她有升學考試經驗，所以她就比較看重學業這個部分，因此在我上小學後，她就很注意我的學習情況，會幫我看作業，也會在旁教我寫功課。除了學業外，四姊也對我的生活很關心，經常指點我一些生活細節，比如我小學時要上臺去領獎，四姊就會幫我看衣服要怎麼穿，我印象中她都會建議媽媽要給我穿甚麼樣的衣服，等等諸如此類，實在是一位很好、很照顧我的姊姊。

由於我是個聽話的小孩，上學之後也很聽老師的話，對於老師交代的功課作業我都會很用功去完成，不敢沒有寫完。姊姊曾經告訴我，小學時我讀書就很認真，遇到功課上有不會的問題，就會一直想著怎麼解決這個問題，如果沒有得到答案，甚至連睡覺時也還會一直想。

升學壓力初體驗

我的小學生生活一直都過得算開心，因為是鄉下的學校，老師也沒有逼得很緊，我只要按部就班把老師交代的功課做完，其實是感受不到有甚麼課業壓力。可能因為我是很聽話的學生，會乖乖將老師交代的功課仔細完成，小學期間我在班上的成績都名

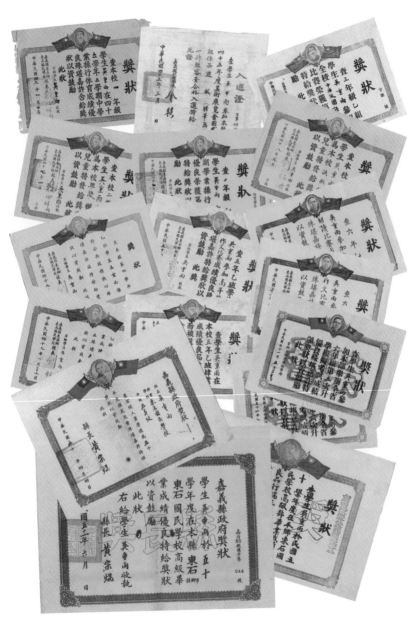

吳重雨在小學時期除了學業成績優秀，也是演講、
朗誦等語文競賽的好手。（吳重雨提供）

列前茅，每學年都當選為班級的模範兒童，老師也會找我去參加一些像是寫字、作文，以及朗讀與演講等等的比賽。雖然在學成績表現還算不錯，但爸爸、媽媽對我的學業並沒有太多特別要求，那時甚至也沒有認真去想以後要考初中的事情。所以每天上學就像去玩，日子過得實在快樂無比。

到了五年級的時候，學校來了一位剛從師範學校畢業的年輕老師——吳哲南老師。多年之後我有機會返校見吳老師，他回憶起剛來東石國小教我們的時候，看到我們這一群學生的程度，他說：「實在感到很害怕！」因為大家程度真的都太差。

吳老師希望我們這些學生都能夠升學繼續唸初中，然而以我們當時的程度，應該沒有任何學生能通過初中考試繼續升學。吳老師看到很多學生對功課相當散漫，覺得這樣不行，認為應該要把我們盯緊，所以在放學後就把大家留下來讀書，還免費幫我們補習，更出一大堆作業，要求我們回家都須確實做完。對於成績表現好、吳老師認為比較有可能考上初中的學生，就又會逼得更緊些，我也成了更被加強要求的對象之一。

當時我爸爸還在世，看到我從原來過著還算輕鬆的小學生生活，突然轉變為每天都晚放學，回家後要寫一大堆作業，寫不完還不能睡覺，必須熬夜到寫完為止的緊繃日子感到心疼。他怕我累壞了，甚至特別跑去找吳老師問為什麼要這麼嚴格的原因。這件事情是吳老師日後才告訴我，我爸爸那時候相當捨不得我那麼辛苦，就偷偷跑去告訴吳老師說：「這樣子有點逼太緊了。」但我

想以前我們的程度應該都很差，吳老師為了能提升我們的能力，也只能用這種高壓的方式，才讓我們追上考試的程度。

我的同學們多數沒有升學的打算，大部分都是小學畢業後就留在家裡幫忙種田。由於我四姊唸到嘉義女中的初中部，有升學考試經驗，她就會比較盯著我讀書這個部分，有時候也會在一旁教我，提醒我一些考試相關的注意事項。就在吳老師的鞭策與四姊的叮囑下，我開始認真準備初中考試。

我讀書那時候繼續升學初中有二個選擇，第一是嘉義中學初中部；第二是位於朴子的東石中學初中部。畢業時，全校報名初中考試的同學僅有個位數，我是當時那一屆唯一考上嘉義中學初中部的學生，另外也只有一位女同學考上嘉義女中初中部。我後來想想，因為自己是家中比較小的孩子，所以才很幸運能有升學的機

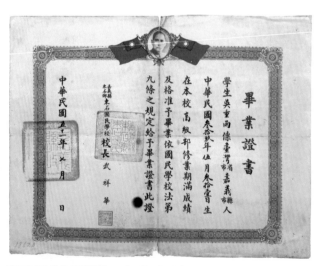

東石國民學校畢業證書。（吳重雨提供）

會，而且我媽媽也相當堅持要我去讀書這件事情，我很感謝媽媽一路支持我。

從鄉下到城市讀初中

由於嘉義中學離家很遠，學校宿舍非常少，以提供給僑生優先，所以我也就到當時在嘉義工作的大哥家住，後來大哥搬家，我就改成自己在外租房子。

初中的同學都是經過考試分配進來，來自四面八方，我們這一代是所謂的戰後嬰兒潮，同學還滿多的，記得我就讀時班級就從初一甲、初一乙、初一丙……，一直編到初一壬，共有九班。那時候學校剛設立了實驗班，目的是要將原本初中物理與化學合編的「理化」課程，分拆成「物理」、「化學」二獨立課程，實驗班就分為物理實驗班與化學實驗班。實驗班的學生是依 normal distribution（常態分布），就是把成績好跟成績一般的學生以隨機方式分配，來進行實驗，當時的庚、辛、壬三班是實驗班，我是實驗班學生之一，初一就被分配在辛班。

對一個剛到都市讀初中的鄉下小孩子來說，實在不太能適應這樣的環境轉變，除了都市學校老師的要求比較高，面對這麼多同學，我在心理上一開始就有著好像跟同學在競爭上已經有一段差距，所以自己的內心常常感到緊張。因為那時候有一些親戚跟我媽媽說：「你這個小孩雖然是考第一名，但是鄉下學

校畢業，跟外面都市學校畢業的學生比，還是外面的程度比較好。」類似這樣子的印象，更增加我自己會跟不上其他人的緊張與徬徨。

由於我自己一個人住在外面沒有人管，有一段期間我沉迷於看布袋戲。當時很多廟都會請布袋戲班在廟埕演出，往往都是這間廟演完又換另一間廟演出，一演就是連續好幾天，而且常常每天都是連續的續集，會吸引你一直接著看下去，想要知道最後的劇情結果怎麼樣。我曾經有段時間每天晚上都跑去看布袋戲，因為實在太好看，當時真的非常著迷。記得有一次都已經快月考了，我書還沒讀完，仍然跑去看布袋戲，結果那次月考成績出來後，我自己嚇了一大跳，因為考得有夠差。我當時反省自己，認為自己實在太不認真，就下定決心要好好用功，也開始告訴自己月考前一定要把所有的功課都準備好才行。

當時我的同學中有很多人都已經在外面的補習班補習，但我無法也跟著大家一起去補習。爸爸過世後，我們家裡的經濟來源就只能依靠媽媽種植農作物來維生，生活變得相當拮据。有時候農作物收成的時間不一定能趕得上學校註冊，媽媽都還需要先去跟別人借我讀書的註冊費，有時候則是靠哥哥、姊姊的幫忙，就這樣子湊合過去。我在外面租房子的房租不算太貴，但也是一筆開銷，房東人也很好，因為有一陣子我們家中經濟狀況不好時，曾經拖欠他好幾個月的房租，後來才有錢還他，實在對房東感到不好意思。

由於家中經濟總是處於左支右絀的情況，不要說讓我去外面補習了，就連參考書也買不起。那時候租屋的房東知道我的狀況，他有時候就會拿一些很舊的參考書來送給我，可能是房東以前自己用過，或者是以前他家小孩用過的，但由於年代有點久遠，所以我做那些參考書中的題目時，會發現有些已經跟我當時唸書時教得不一樣，不過我倒是不以為意，我就靠這些舊參考書跟課本自己來唸書。

　　初中時蔡石山[5]老師曾經教過我們一年英文，後來他就出國留學了。許多年之後蔡老師也到交大任教（國立交通大學人文社會學系講座教授兼人文與社會科學研究中心主任，2010-2013），我們竟然也成為了同事，真是奇妙的緣分。我記得那時候就是用每天不停背誦的方式把英文課文都背下來，然後不斷練習發音，但發音不見得是很準確。全都是自己唸，我從沒有去補習，一切只能靠自己。

　　我還記得有一次月考時，我竟然突發奇想打算將歷史課本的課文全都背下來，以為這樣子就能考到好成績，後來回想起來都覺得這個方式實在有點笨，因為當時這樣做並沒有辦法如願能在歷史科中取得高分。

　　初中一年級的第一學期我的成績沒有那麼好，但是開始下定決

5　臺灣嘉義人，1940年生，嘉義中學畢業。1970年取得美國奧立岡大學歷史學博士，曾執教於國立臺灣大學、美國加州大學洛杉磯、柏克萊分校，以及阿肯色大學等校。參考自蔡石山編，《滄桑十年：簡吉與臺灣農民運動1924-1934》，（臺北：遠流出版事業股份有限公司，2012），所附之〈作者簡介〉。

心好好用功後，我自己下了很大工夫，成績也漸漸有起色。老師出的習題也都會做，考試的分數有了進步，排名也提升到比較前面的位置，這讓我慢慢有了自信心，不再有跟不上別人的緊張感。

1964年有一件大事，那年的1月18日晚上發生了白河大地震[6]，當時我已經是初中二年級的學生，單獨一人住在租屋的地方，這個地震造成嘉義市、臺南縣一帶地區很嚴重的損害。我也被這個地震嚇到，但幸好平安無事。那時候我三姊跟四姊都在嘉義，她們在地震發生之後趕緊跑來找我，四姊認為我這樣一個小孩子獨居實在太危險，就決定叫我搬去我三姊家住。我三姊當時已出嫁，跟三姊夫住在嘉義，我的三姊夫是一位木工師傅，之後我就一直住在三姊家中。

進入高年級後，升學氣氛就很濃厚了，同學們幾乎都是要繼續往上考高中，印象中沒有繼續考或者沒有考上的同學，人數相對非常少，可能幾乎沒有不考試升學的。當時校內成績好的同學可以申請直升高中部，我的學科成績已經達到能申請的標準，但唯獨我的體育成績相當差，不符合申請直升的規定。因為我不太喜歡運動，對運動非常不在行，在體育課上的表現不盡理想。有

---

6 發生於1964年1月18日晚間8點4分，震央位於嘉南地區（北緯23.2度，東經120.6度），震源深度18公里，芮氏地震規模6.3。嘉義市主要的損失並非來自於地震所直接造成，而是震後嘉義市鬧區發生火災，大火延燒至中山路、光彩街、中正路、國華街、文化街一帶，至隔天凌晨火勢才歇，火災範圍達7,848平方公尺，焚毀174戶房屋，受災嚴重。鄭世楠、葉永田、徐明同、辛在勤，《台灣十大災害地震圖集》，（臺北：中央氣象局與中央研究院地球科學研究所，1999），頁232。

高中大頭照。(吳重雨提供)

同學就給我建議說:「你找家長去跟體育老師講一下,拜託他通融一下成績,應該就可以喔。」我沒有這樣做,因為我不可能請我媽媽特地從家鄉跑這一趟來嘉義找老師說情,另外我自認家庭也沒有任何背景可以做這樣的事情。我雖然沒有申請直升,但是透過考試的方式,考上了嘉義中學的高中部。

新詩為青春找到出口

進入高中,一開始學校依我們的入學成績進行分班,當時高一甲是資優班,裡面大部分是從初中部直升上來的學生,我則被編入乙班,入學後我馬上就非常專心投入於在課業上。當時同學之間補習的風氣相當興盛,很多人在課餘都還去補習班上課,我

沒錢去補習，就只能去買老師指定的參考書回來努力練習。讀高中時，我自己覺得對數學、物理、英文這幾個科目都還算拿手，但相對之下化學就比較差，也感覺不太有興趣。由於我高一的成績在班上名列一、二，高二時我就被調到甲班。

我進入高一的時候是1966年，那時十六歲，開始提筆寫新詩。起因是讀到了寫得很好的新詩而受到感動，對新詩產生了濃厚的興趣。我們那個時代有一些很受到歡迎的詩人，像是鄭愁予、余光中……，影響了當時很多年輕學子。那時候很多年輕人看的刊物上面都有新詩專欄，可以接受投稿，有一些學生會寫新詩去投稿，當時我們覺得寫詩去投稿而能被刊登出來，就是一件非常高興的事情。

我開始慢慢試著自己練習寫新詩之後，就發現要寫詩必須對文字有更深的了解，為了訓練自己對於文字的掌握度，我就開始用心讀起一些文章，那時候國文課有一些必須要背的文章，只要老師說哪一課文章要背下來，我就通通背起來，還會仔細去理解文章中的用詞遣字。高中三年裡面，我一直都很用心去讀國文，後來我因為選二類組，升學可以不需要考歷史、地理，但這兩個科目我也會用心讀，月考成績都還算是在水準之上。對於準備文科的科目，我還是多以採用背下的方式比較多，跟初中不同的地方是上了高中後就知道要讀重點，而不是需要全部背下。

我求學期間接觸到的課外讀物並不算多，時間主要還是都花在課業上，也較少自己主動去看文學作品，我會看的課外書主要

高中至大學期間所創作之詩集手稿。（吳重雨提供）

也就是詩集。

　　寫詩算是我學生時期一個很大的樂趣，由於受限於經濟環境，很多要花錢的課餘活動我幾乎不太會參加，因為不想要額外多花家裡的錢，但寫新詩不用花錢。我還保留著自己以前寫的新詩，當時我會把構思好的詩抄寫在筆記本上，大概累積了三、四本。我知道當時有一些同學也在寫詩，但我們平常大多是自己寫自己的，那時候流行自己把寫好的詩收集起來，變成一本詩集，我有看過一些人的詩集，欣賞別人是怎麼去寫詩。

　　我的生活一向過得節省，記得高中我們書法課要寫毛筆字，我常常一枝筆一直用，用到都已經掉毛了仍捨不得換。那時候作文都是要用毛筆寫，我還記得有一次老師在我的作文旁邊寫著眉批：你該換一枝毛筆了。

　　上了高中，我的體育依然不好，但為了體育不被當掉，我平常就開始找時間去拚命練習要考試的科目，比如八百公尺要在多少時間內跑完，或單槓要吊幾下才能過關等之類，老師會公布一個及格的標準，為了達標就必須利用時間常常鍛鍊。運動時間雖然比較多，但也僅僅是為了應付考試，我對體育課還是不太喜歡。

才歸鄉又思鄉

　　自從我在外地讀初中開始，寒、暑假才會回東石家裡，每天幫媽媽做一些農忙的工作，即使到高中、大學都是如此。我還記

得大概是到了我讀大學（1968年）的時候，東石才開始有很多人家種起了蘆筍[7]，我媽媽也有種，利潤還算可以，大學的整個暑假我每天清晨天未亮的時候都去幫忙挖蘆筍。

種蘆筍時要先將田地整理並堆高成一壟一壟的土丘，蘆筍就是種在這些堆起來的高土丘裡面。清晨太陽還沒升起來的時候，我們就要到蘆筍田去，在土丘中間的溝道中行走，仔細找尋剛冒出來的蘆筍。只要一發現剛冒出頭來的蘆筍，就拿出小鏟子將蘆筍旁邊的土挖開，挖的時候要很小心，因為不能將土裡脆弱的蘆筍挖斷，會影響到賣出價格。等整根蘆筍都出現後，就將蘆筍從根部拔起來，之後再將挖開的土蓋回去。這時候挖出來的蘆筍是白色的，等到太陽升起來時，一照到太陽光，蘆筍就會變成綠色，白色的蘆筍比較嫩，也比綠色蘆筍受歡迎，價格當然也比較好，所以我們就要跟太陽搶時間，能夠盡量挖出越多的白蘆筍越好。

挖蘆筍是一項相當費時又耗體力的工作，就是由媽媽帶著我跟妹妹一起挖蘆筍，一直挖到十一點左右就要全部都挖完，收蘆筍的商人大概是中午會來收購採收好的蘆筍。媽媽去交完蘆筍之後，就會去買加了米條的剉冰回來給我跟妹妹當午餐吃，因為當

7　約1960年代初期即有東石鄉農民試種蘆筍，取得不錯的利潤，1967年（民國56年）當地農會便開始全面輔導、推廣在地種植蘆筍並協助產銷，至1980年（民國69年）到達高峰。東石地區的蘆筍田曾多達千餘公頃，靠蘆筍外銷替國家賺進不少外匯。農會也因蘆筍所帶來的利潤興建現今的辦公大樓，因此農會大樓又被稱為「蘆筍大樓」。但後來因為農村年輕人口外流人力不足、地層下陷海水倒灌造成土地鹽化，蘆筍外銷市場漸漸被大陸取代，蘆筍種植慢慢沒落，1984年（民國73年）農會停止收購蘆筍，今日東石鄉地區蘆筍田已剩不足百公頃。汪秋明、沈錳美編，《日出東石》，頁14-15、頁17。

時是夏天，經過了一個上午在大太陽底下的勞動後，這種冰冰涼涼的米條剉冰對我們來說，是最消暑又能填飽肚子的美味食物了。

　　自從我們家環境變不好後，我還有一個任務，就是去村裡的池塘釣魚。我初中、高中回家就常常去釣魚，有時候甚至整天都待在池塘邊釣魚，目的不是為了休閒娛樂，而是替家中的餐桌補充蛋白質來源。以至於日後只要有人約我要去釣魚，我都興趣缺缺，因為年輕的時候已經釣太多了。

　　假期在家我也幫忙照顧小妹，我妹妹因為很小的時候感冒發燒，吃了當時一種日本消炎藥吃太多，聽覺神經出現問題，聽不到聲音，所以我小妹就不會講話。那個年代因為對於聾啞學校不了解，也認為好像不是很好，所以就把妹妹留在家中自己照顧，沒有想要送她去聾啞學校就學。妹妹小時候就是由我們的哥哥、姊姊們來照顧，輪流教她讀書寫字，其中以我四姊教小妹最多。我初中、高中時放假回家，也會幫忙照顧妹妹。

　　上高中後，家裡姊姊都出嫁了，有些哥哥也在外地工作，放假回家時家裡大部分的時間只有兩個哥哥跟媽媽、小妹在家，而哥哥有自己的家庭，所以都是媽媽在照顧我。我媽媽對我很好，在家裡總是能感受到媽媽的愛心，非常溫暖，所以每次假期結束離開家返回到嘉義時，都會難過好幾天的時間。

　　我在高二升高三的暑假結束後（1967 年），回嘉義時因想家而寫下一首詩：

〈生活雜感〉

冰冷的手指
　悄悄地攫取那
飛舞的雨絲
　想套住一個褪色的夢
水珠兒卻在滾碎了它

空虛　徬徨　無聊
　緊緊地堆滿了心房
來自塵世的雲影
　投射在波上
患得患失的心
　對著那雲影嘆息

懶散整垮了我
　好慘　不想工作　只愛臥著
十二月的西北風揚起的稻穀渣子
　就是我的思維

遺失了兩把鎖匙
　翻盡所有的角落

打碎了一顆心

仍然杳然

　希望的鎖怎開

弄斷了變速的車線

　煩啊　又得用錢用力去修理

真懶得去做

可是要不　怎麼輕快踏進

暫時離別了的天倫樂

　令我心黯然

何時再見到清新溫馨的泥土香

　和慈母的慈愛滋潤

風雨濺小樓

　一灘水淹了思夢席

不得安逸　不得安逸

　啊　可真惱人

一串串失落

打擊得抬不起頭

新生吧　我

別再難過

　　高三我十九歲生日前夕，想著家，也寫了一首〈風裡 回憶〉，曾刊登於《嘉中青年》：

〈風裡 回憶〉

　曾從朝霧裡溶出
曳著濃濃的泥土氣息
　摘落樹枝的露滴
　跨過油綠的田畦
想問它　可還記得
　依稀傳來慈母爐前劈柴聲
撩我溫暖的喜悅升起

　曾從海上潑辣地來
揚著鹹味
　飄入午睡的夢裡
想問它　可還記得
　木麻黃下多少次於熟睡中
翻落長椅
又吹冷了多少綠豆湯點心

曾拂走晚霞

掀翻麥浪

　為夜披上清涼

想問它 可還記得

父親酒杯底的月影

　隨餐間的笑樂盪漾

跟姊姊數了流星幾點

　　我的爸爸是在我國小五年級突然驟逝，當時我年紀還小，記憶中只有家裡辦喪事，以及家中每個人都非常傷心的印象。我初中剛到外地讀書的前一、二年，每次回家時媽媽就會帶我去爸爸的墓前，媽媽在墳前可能因為過於傷心就會開始哭泣，我當時還是小孩子，不能理解媽媽心中的悲苦，當時很想要安慰媽媽，卻又不知所措，平時媽媽並不會表現出來這麼難過的表情，讓我記憶深刻。如果要說我的家庭有給我甚麼樣的影響，我想是爸爸、媽媽，以及哥哥、姊姊之間都給我很多的愛，一直以來他們都是非常正向地鼓勵我，讓我去努力、去嘗試，這也延伸到了日後我對其他人的態度，應該對每一個人要友愛，也不要給別人太大的壓力。

選填志願科系的心路歷程

　　高二甲的班導師是許偉益老師，他當時是剛從師大畢業的年輕老師，也是位很有名的老師。許老師在教學上非常認真，對我們班上的課業盯得非常緊，對我們這些還懵懵懂懂的高中生有很大的影響。高二時我們已經分組，但是同學都還是維持在甲班一起上共同科目。升高二後，就開始感受到考大學的壓力了。中南部考醫學系的風氣很盛，只要是成績好的學生大部分都被鼓勵要去讀醫學系，未來當個醫生。我們班上有很多同學選讀三類組，都是將醫學系當成目標，多人日後都成了醫生，其中我的同學侯勝茂還曾擔任過衛生署署長（任期2005-2008年）。

　　嘉義中學每年放榜時都會有好幾個人考上臺大醫科，考醫科算是很流行的。我還記得常常聽校長對我們這些學生講勉勵的話時，都會說：「你們要好好努力用功，不要考上吊車尾的中山牙科（現中山醫學大學）啊。」校方特別聚焦在考上醫學系的榜單上，強調有多少人上醫科，作為學校辦學名聲，這大概是中南部流行的升學傳統。而要唸醫科的同學功課壓力又更大，需要非常認真用功，但是我們班的同學都算比較活潑，還自己組織弄了一本班刊，即使一直到高三功課很忙的時候，仍有人持續寫文章出班刊。

　　我當時是選擇二類組，主要是因為我對醫學不太感興趣，那時候還有個印象是唸醫學要花很多錢，大學的學費比較貴，還比

一般科系都要讀得久。當時我家裡的經濟都依靠我媽媽一人在支撐，哥哥、姊姊們有時候能幫忙一下，但也沒有太多的能力，因為他們也有自己的家庭要照顧。我後來的大學學費有時候還必須靠我媽媽去借，我想經濟也是我求學選擇中相當重要的考慮因素。至於媽媽對我日後要唸甚麼科系都沒有任何意見，她就是一直鼓勵我往上繼續取得高學歷，沒有一定要唸哪裡或甚麼科系，只要我能一直升學，並且保持好成績就可以了。而班導師許偉益老師也很好，他只鼓勵大家盡力去考上臺大，並沒有特別認為我們就是一定要考醫學系才是比較好的選擇。

除了讀三類是要考醫科外，我們對於讀二類大概就只知道以後是要考理工科系，雖然老師會跟我們介紹一些大學科系，但對我們這些高中生來說，其實也弄不太清楚那些理工科系的專業是甚麼。

當時我們對於大學的印象除了來自師長的介紹，同學之間也會自己去蒐集大學相關資料，彼此交流資訊。除了臺大之外，當時的交大與清華也都已經設有大學部[8]，在我們班二類組的同學中流傳著一種普遍的說法：「如果想要認真讀書就要去交大、清華；如果想要過享受的學生生活就要去臺大，因為臺北有比較多好玩的地方，生活可以比較有樂趣。」我們還有這樣的既定

8　交通大學1958年在臺復校後首先成立電子研究所，至1964年6月增設電子物理學系與電子工程學系。清華大學1956年在臺復校後首設原子科學研究所，至1964年8月恢復大學部設核子工程學系與數學系。

印象：「臺大是有歷史的名校，老師都是年紀較大的，也比較傳統，相較之下交大、清華才剛在臺復校，設立的又是其他學校所沒有的電子、核子領域科系，校內多是從國外剛回來的老師，年輕老師比較有衝勁，學生就會比較認真。」這就是當時我們班上這些高中生所普遍認為臺大與交大、清華的差異，當然這些都只是我們這些小孩子自己的推測，但實際上並非如此。

我們這些高中生從來沒去過大學，也只是憑著一些手上或聽來的資料來拼湊一些資訊，但實際上我們對大學的了解很少，對於大學生活並沒有任何想像，也無從想像。我們那個時候就只把「考上好大學」當成一個專心努力目標，當然也就是希望大學

嘉義中學高中部畢業證書。（吳重雨提供）

聯考的分數能越高越好，然後依照聯考學校科系分數排名來填志願。基本上二類組的第一志願都是臺大電機系，但我們那個年代因為受到楊振寧得到諾貝爾物理獎（1957年）的影響，物理系變得相當熱門，成績排名一度超越了電機系，成為二類組的第一志願。所以當時我的第一志願是臺大物理系。由於我不喜歡化學，填志願時我就將化學、化工科系都避開沒填。

高中畢業後，我並沒有馬上回家，而是持續留在嘉義上學校開設的考前總複習班，所以一直到大學聯考前我都還是到學校上課。這時候有非常多同學都去補習班補習了，有好幾個同學都告訴我說：「想考好成績，還是一定要去補習啊」。我那時候還是沒辦法去補習，就跟著學校老師上課，努力做老師推薦的解題參考書。放榜之後我考上交大電子物理系。

村里間第一位大學生

當時我考上交通大學電子物理系是我們小村莊的一件大事，因為在我之前還沒有人去唸過大學，我是猿樹村第一位大學生！在村裡這是一件非常榮耀的事情，大家也都很高興，紛紛跑來我家祝賀。

其實那個年代有很多人對交通大學並不是很認識，尤其我們村子又是鄉下地方，也不太清楚交通大學是甚麼學校，記得有一個親戚來跟我道賀時說：「不錯喔，以後可以去指揮交通很不

約攝於大學時期,是目前僅存跟媽媽唯一的合照,背景是「贊天宮」前,為了廟會活動所搭建的布袋戲戲臺。吳重雨(右四)、媽媽吳陳有蔥(右五),四姊與小外甥女(右二、三)、四姊夫與外甥(右六、七)、妹妹(右一)、三哥(左一)、三姊夫(左三)、二哥的女兒(左二)。(吳重雨提供)

錯。」還有一些人認為我唸完交大後，出來就是當交通警察。大家的反應很有趣。畢竟交大校名的「交通」二字，很容易讓人認為是跟道路交通有關的學校。我有一位堂兄，很高興地跑來跟我說：「恭喜唷，你考上電子物理系，以後可以爬電線杆修電線。」大多數人搞不太清楚科系領域的內容，但是覺得跟「電」有關就相當厲害，是修電力的事情。因為這已經超越他們的認知太多了。我自己身為即將要入學交大電子物理系的學生，對於電子物理、電子、電機等這些科系也搞不清楚，只知道是跟電有關。

　　能考上大學當然是一件很高興的事情，但另一方面心裡也是有一點擔心，雖然我初中就已經離家到嘉義求學，但是對於要到北部的新竹，仍覺得要去一個陌生的地方而有些不安，幸好有我四姊幫我張羅準備要去外地讀大學的東西，否則我也是懵懵懂懂。

第二章

青春在風城

1970-1979

那時候感覺是滿快樂的，老師帶領著我們去
做一些創新的嘗試，也鼓勵我們有這樣的精
神。我們這些學生常常在實驗室一起聊天，
大家看著窗外，聊著國外已有很多半導體公
司，我們就會說：「欸！臺灣不曉得甚麼時
候才會有半導體產業，有我們在做的這些晶
片的產業？」雖然我們都只是剛入門的研究
生，但大家都懷抱著這樣的期望，想像著臺
灣有朝一日也會發展出自己的半導體產業。

時間應該是個冷酷

　又急性的暴君

把故鄉和

颼在手帕上無語的叮嚀

一下子就拋到平行線交點之外　之外

山與田野都很透明

在第十三次山八十八號北行的普通車裡

車聲以擺線之姿撕裂著

如薩哈拉沙漠的嚮導

載負這麼多的流浪和惆悵

穿越無際的流沙

穿越蒼茫

蒼茫的暮色是善解人意的小貓

以低沉的步子

躡過別離曲的底音

很蕭邦的

又像摘去皇冠的李後主

（離別是死得很美的生）

視野之外

搖擺如定舵的氣球船

船渡風城向我

星辰閃爍　星辰在望

故鄉和童年都遠去了

只是跳躍的擺線

貓步的別離曲

暴君　蘋果　箭

至少還有慷慨的山八十八次北行誤點的慢車

　　——〈**北行車上**〉五十九年八月廿五日十四時七分山88車上構思

身著國立交通大學校服，攝於交大博愛校區竹銘館前的水池。（吳重雨提供）

初識交大

1968年我成了大學新鮮人，為了省錢，我搭乘著當時火車中最慢速的普通車去交通大學報到，一路搖搖晃晃了八、九個小時才抵達新竹。雖然初中時期我就已經離家到嘉義市求學，但是此行去新竹讀大學，卻是我人生第一次離開南部前往北部。在往北的列車上，我的心中充滿著許多複雜的情緒，一方面當然是對即將到來的大學新生活感到很期待、很高興；可是路途如此漫長，第一次感受到自己離家好遠、好遠了。

印象中似乎是到了火車站之後，學校派巴士來接我們這些新生，之後就載著我們到交大完成報到，接著是新生訓練，然後才是學校開學。我入學時，交大的規模還只有一個工學院，包含一個電子研究所跟四個系：電子物理系、電子工程系、自動控制工程系、通訊工程系，當時是叫做「國立交通大學工學院」，那時候的院長是鍾皎光博士。[1]

新生訓練開始之前，我們這些新生就全部被安排住進了交大的「第一宿舍」。這棟宿舍位於交大博愛校區外面的學府路上，是一座三層樓高的建築，由於整棟宿舍的外牆是漆成白色，學生

1　1958年交通大學在臺復校後僅成立電子研究所，稱為「國立交通大學電子研究所」，首任所長為李熙謀博士。至1964年才設立電子物理學系與電子工程學系，又於1965年增設自動控制工程學系，1966年設通訊工程學系（後改為電信工程學系），1967年經教育部令改制為「國立交通大學工學院」，首任院長為鍾皎光博士。須至1979年國立交通大學工學院才奉准恢復大學名義，分設理、工、管理三學院，首任校長為郭南宏博士。

初至交大，就住在博愛校區的第一宿舍。（陽明交大發展館提供）

們都把這棟宿舍叫做「白宮」。不過現今「白宮」已改由陽明交大的創新育成中心使用，不再是學生宿舍了。

第一宿舍是八人共用一間房，同系的學生被安排住在一起。我有二位高中同班同學也考上了交大的電子物理系，分別是周芳章與賴坤南，其中周芳章也是我大一時期的同寢室室友。我們三人從高中到大學都同班，交情一直很好，剛到陌生的異地有熟人為伴，心情也能稍稍安心。

我們都是第一次到新竹，對於一切事物都感到新奇。當時博愛校區的校園圍牆就在「半導體實驗室」[2]旁邊，圍牆之外四周多是田地，建築不多，看起來有點荒涼。我印象中，當時校內建

---

2 1963年4月7日落成時稱為「機械工場」，內部機具是獲得國防部陸軍與聯勤總部二單位撥贈，計有「檯裝鑽床、電動砂輪機、車床、平面精磨機、牛頭鉋床、成形沖床、點焊機等七部」，參見自不著撰者，〈電子研究所近訊〉，《交大友聲》125（1963），頁42。後為配合發展電子領域研究而改造實驗室以符合要求，又改稱為「研究工場」、「實驗工場」，見李熙謀，〈交大電子研究所八年（二）〉，《交大友聲》169（1967），頁3、李熙謀，〈交大電子研究所八年（三）〉，《交大友聲》170（1967），頁5。1964年交大第一座半導體實驗室創設於其中，故校內師生習慣以「半導體實驗室」稱之，現名為「實驗二館」。

築大概有：竹銘館（1959年落成，1963年命名為「竹銘館」）、半導體實驗室、實驗館（1966年落成，今為實驗一館）、第一代的圖書館（1960年落成，今為學生活動中心），另外還有第二、三、四學生宿舍（皆為1967年啟用）等這幾棟建築，而第一宿舍則是位於校外學府路上。校區的範圍恐怕比現在博愛校區還要小上一半。我們這些新生對交大博愛校區當時的印象就是：「怎麼大學校園這麼小？」

　　高中同學裡面也有人考上隔壁的清華大學，我們有時會跑去清華找他們，也跟著參觀清華校園。但參觀完後心裡就會不太快樂，因為相較之下，清華的校園實在是大很多，而且相當漂亮。那時候清華的同學就跟我們開玩笑說：「你們騎腳踏車從交大前門進去，如果忘了煞車就會從後門又跑出去了。」這好像是從以

攝於交大竹銘館前的水池。當時博愛校區四周多為田地，校門外顯得相當空曠。（吳重雨提供）

新竹十八尖山是當時交大學生常常去走路踏青的地方，即使去十八尖山走走，仍穿著校服。左起：梁德濠、賴俊穎、吳重雨。（吳重雨提供）

前大家流傳下來的笑話，但我們這些交大的菜鳥當下聽了就覺得「怎麼會這樣」！心裡是有點不開心。

　　真正進了大學後，會發現跟我們在高中時的想像有著偌大的差距，但大家都覺得能上大學實在是一件很好的事情，尤其能考上交大，我們也感到很光榮。當時進大學讀書有大專校服——繡著校名的卡其色西式外套、卡其長褲，內搭白襯衫，平常學校沒有規定必須要穿校服，但我印象中當時每星期有一天早上會舉辦週會，全校學生都要到博愛校區操場那邊集合，先是舉行升旗典禮然後是院長講話，這樣的活動大家就必須要穿校服參加了。

不過我們平時只要外出，大多都會穿上校服，有show一下的意味，畢竟大家都對於能身為交大學生而感到驕傲，甚至我們同學們相約去十八尖山走路時，也會穿著校服。

八人房宿舍群居體驗

說起來，進入大學第一件讓我感到衝擊的事情是「住宿舍」——要跟同學們住在一起過團體生活。我從初中到高中雖有長達六年在外求學經驗，但那段期間不是一個人住外面，就是住在親人家裡，跟同學間的互動僅在上學時間裡面，下課後我大多是一個人活動、讀書等等，可以說大部分時間都是過著以自我為中心的生活。

但是進到交大後，規定大家都要住宿。大一時，我們全班住在第一宿舍。同學們同住，除了上課之外，每天起居也都在一起，就會發現每個人的作息跟習性是如此不同。這時候就需要考慮到別人的感受，不能再持續抱持著以自我為中心的心態，一步一步學習如何跟別人互動，其中包含了接納、包容其他人生活習慣上的差異。至於要如何自我調適，進而適應跟他人相處，是我上大學所面對的第一道課題。我想「宿舍生活」給我帶來很大的影響，讓我學會了如何去過團體生活，對我個人的成長有非常大的幫助。

有一個例子，以前我自己一個人住的時候，媽媽都會寄一些吃的東西來給我，那時候我會自己留著慢慢吃，但是在大學宿舍

中，大家都住在一起，如果家裡有寄東西來，就需要學著跟其他同學分享，剛開始在心理上多多少少還是有點需要去調適。不過試著樂於分享也是件不錯的事情，大家都是離家在外的學子，彼此分享也有一種互相照應、互相扶持的感覺。第一次過團體生活所帶給我的經驗多很正向，是非常好的體驗。住在同寢室的同學自然又會變得更親近些，慢慢累積起深厚的交情。

　　大家住在一起後就逐漸熟了起來，宿舍裡常常發生很多趣事。那時候宿舍有規定門禁跟熄燈時間，宿舍內有一位教官擔任舍監，到了晚上十一點教官就會把宿舍的門關起來，並將電源總開關關掉，整棟宿舍都要熄燈，所以我們在宿舍的所有活動到十一點就必須結束，比如說打牌啊、看書等等，十一點之後大家就只能上床睡覺；但這個時間，大家上床怎麼能睡得著呢？於是大家躺在床上後，就開始天南地北地聊起天來，有時候話匣子一開，聊到天昏地暗，直到天亮還欲罷不能。

　　我印象很深刻的是，耳聞當時宿舍有某一個寢室的同學們，非常喜歡聊天，他們不只常常聊個通宵，甚至越聊越開心，聊到哈哈大笑。當時我們宿舍都是木門，門上方開著一個大氣窗，這個氣窗往往都是打開著的，隔音並不好，所以他們歡樂的聊天聲就傳到對面的寢室，打擾到對面寢室同學的清夢。由於第二天大家都還要上課，對面寢室同學受不了，但去抗議也無效，跟教官反映也沒有用，最後對面寢室的同學被吵到沒有辦法，只好另外跑去外面租房子，晚上就去租屋處睡覺。

朝夕相處的同窗情誼

升大二後，我們改搬到第二宿舍，這邊是四人一間房，仍還是跟同班的同學住在一起。室友之中，我跟來自高雄的陳頌名以及來自臺中，畢業於臺中一中的梁德濠感情最好。我記得梁德濠常蹺課，不過雖然他沒去上課，但是考試還是考得很好。我們當時宿舍房間是在三樓的最後一間，早上大家去上課時，梁德濠還留在寢室中睡覺。

當時有所謂的「內務檢查」，就是宿舍教官會不定期突襲檢查各房間的內務環境整潔，還會打分數然後公布。教官要來檢查時都會先敲敲房門，留在寢室中的的梁德濠只要一聽到房外從遠處傳來敲門聲時，就會趕緊把我們每個人床上的棉被都疊好，如果有垃圾也會全部收拾進垃圾桶中，等到教官檢查到我們寢室時，我們寢室環境已經既乾淨又整齊，所以我們寢室常常得到全宿舍內務整潔的第一名，這可算是梁德濠的功勞。

在宿舍裡面同學之間少不了娛樂活動，我唸書的時代大家很迷打橋牌，寢室間常見到同學在打橋牌；另外也流行看武俠小說，像是古龍、金庸的小說都很受歡迎。那時候的武俠小說都是小小一本，一部故事分成好多集，常常有同學去校外的租書店租一套回來，要看的人一起分攤租書費，最多的時候有好幾個寢室的人一起輪流看，這時候就會有同學出來替大家排閱讀順序，看得快的人排在前面，看得慢的人排比較後面，看完後就接力傳給

攝於第二宿舍。(吳重雨提供)

下一個人,這樣大家就都可以看到。那時候很有趣啊,大家都拚命看武俠小說練功。甚至還有一陣子,大家都在練習拳擊,我們還去跟學校借拳擊手套來用。為什麼會流行練拳擊?原因我已經不記得,可能是受到電影之類的影響,反正大家就突然對拳擊著迷了好一陣子,我也去練過,還跟同學亂打,大家玩得很開心,現在想起來也實在好玩。

我認為交大同學們之所以可以產生緊密的情誼，就是從宿舍生活的日常相處中培養出來的。因為大家都一起去上課、讀書，一起去吃飯、活動等等，每天有很長的時間相處在一起，培養出良好的默契。這是相當可貴的地方，也可以算是除了學習之外，我在交大所獲得的無形資源。像我們班同學的感情都非常好，我也曾經在大四時主編班刊《域外》以及畢業後的《交大電物六十一級班級通訊》，承蒙同學的響應支持，留下許多同學們充滿青春氣息的作品。即使畢業多年之後，大家仍然相互保持聯繫，甚至直到現在，老同學們依舊還會找時間相約碰面聚會，十分珍惜這樣的友誼。

交大電物四班刊——《域外》封面。（吳重雨提供）

《交大電物六十一級班級通訊》。（吳重雨提供）

關於「食」之種種

　　大學生生活還有一件很重要的事情就是「食」。讀交大的時候，大學部的學生餐廳就在第一宿舍後面；另外在九龍宿舍也有一間餐廳，是提供住在那邊的教職員跟研究生用餐，日後我讀博士班時也曾在那邊吃過飯。

　　我們當時吃飯都是跟學校餐廳採用包月方式，就是每月付一筆錢，由學校餐廳包辦我們三餐伙食。雖然沒有強制大家都要參加，同學幾乎多會選擇包伙，因為當時外食選擇很少，不像現在這麼方便，而且包伙的價格也便宜。

　　我記得有包伙的人每天都會有一張伙食票，上面印有早餐、午餐、晚餐，只要去餐廳用餐就會在上面的餐別打一個勾勾。也因為有包伙的關係，所以當時每系都設有一個伙食委員會。每班級除了選一般班代表、副班代表、康樂股長、學藝股長……之類的幹部外，還要選一位同學當伙食委員，是由同學輪流擔任。伙委的主要工作是每天一大早要跟著廚師去買菜、付錢，控制採購每月預算，也算是滿辛苦的。

　　學校餐廳都是當天才把今日三餐的菜單公布在外面，我們也才會知道今天吃甚麼菜，我想可能是受早上去菜市場採買食料狀況的影響。有幾次不知道是因為當月菜價漲價，還是月初時伙委採買太多比較貴的食材，如魚、肉等等，所以到了月底時伙委那邊就沒錢了。我們一到餐廳發現竟然都是用白蘿蔔、紅蘿蔔去煮

的菜色，沒有任何肉類！大家看了都有點無奈又覺得好笑，就開玩笑說，這是「白蘿蔔配紅蘿蔔」餐。有些同學看到這樣子的菜色不免生起氣來，抱怨伙委不知道是怎麼管控預算的，然後自己跑出去外面吃飯。我算比較乖，而且手頭也不太寬裕，所以不管怎麼樣都還是會乖乖吃學校餐廳的伙食。

我們大一時住在一舍，要去學生餐廳吃飯很方便，因為餐廳就在一舍後面；但是到了大二搬到第二宿舍，二舍就在博愛校區裡面了，每次吃飯就必須從博愛校區走到位於學府路的南大門，出了南大門還要再走一段路才能到學生餐廳。相較於大一的便利，要繞上這麼大段路去吃飯，對大家來說實在是很麻煩的事情。

當時不知道是哪位同學在靠二舍後面的校園圍牆上弄了個可以讓一人勉強出入的小洞，由於像極了小狗在鑽的洞，我們大家就把這個小洞叫做「狗洞」。從狗洞出去就有一道木板便橋，位置在學生餐廳斜對面。其實有時候要鑽狗洞時心中也是會有一點掙扎，因為畢竟我們覺得鑽這個狗洞也可能是違反校規，所以到底是要鑽狗洞，還是乖乖繞一大圈走校門？不過往往還是想要省時省力就還是鑽了。由於學校一直沒有去補圍牆的這個洞，大家也一直都有狗洞可以鑽。

由於我們大部分學生在下午五點多到六點多之間就吃完晚餐，所以晚上大家都還有吃消夜的習慣。平常吃完晚飯回到宿舍後，我就會一直K書（指努力用功於課業相關書籍），差不多到了九點多或十點就開始肚子餓了，這時候我就會呼朋引伴，找

室友或其他寢室的同學一起去吃消夜，吃到門禁時間前才趕回宿舍。我記得以前一舍旁邊是郵局的新竹九支局，不過九支局現在已經搬到省商（臺灣省立新竹高級商業職業學校，今國立新竹高級商業職業學校）的圍牆旁邊了。以前九支局旁邊是矮房子，有一個老人家在那邊賣陽春麵跟滷味，我們都非常喜歡跑去那邊吃消夜。

記得那時候一碗陽春麵是兩塊錢，有時候想吃好一點就會再加顆滷蛋，然後再切一些滷味大家分著吃，一起分攤費用。我們班上的梁德濠刀法非常了得，只要有他一起去吃消夜就都必點豆皮，他很喜歡切豆皮，能將豆皮切得超細，這樣就會感覺分量變多，實在非常厲害。吃消夜也是一天中重要的時間，大家聚在一起邊吃邊聊天，相當開心，我們對這樣的學生生活都感到相當滿足。

校內外聯誼活動

記得讀大學的時候，我們交大全校的女生只有十三位，其他都是男生；不過我們班上大一時就有三個女生，被同學們稱為「電物三花」，算是很多了。我們班有一位同學鍾祥鳳，入學前大家看姓名以為他是女生，還很開心自己班上有四位女生，結果開學以後發現是男的，很多人都大感失望。

我讀大一到大四之間有不少校內活動，大部分是校際活動，還有班級活動，而且每學期都會安排一次去外縣市不同的風景區

早年新竹非常偏僻，能休閒娛樂的地方少之又少，交大學生最常去博愛校區旁的十八尖山「逛街」。左起：賴俊穎、吳重雨、梁德濠。（吳重雨提供）

郊遊或露營。除此之外交大旁邊的十八尖山也是常辦烤肉活動的地點，另外也流行辦舞會。每次活動就一定會找其他學校的女生來聯誼，舞會就不用說了，沒有女生舞怎麼跳得起來？而其他郊遊、烤肉也需要女生一起來參加，否則想想只有我們一堆男生去，實在沒甚麼味道，大家都興趣缺缺，畢竟我們平常在學校裡面就都玩在一起。假日沒事時大家也常相約到十八尖山走路，我們都戲稱是去十八尖山「逛街」。

　　有一些同學很熱心會自動主辦活動，聯絡其他學校女生來聯誼。我印象中是一些來自北部的同學們比較活躍，這些同學都能找到其他學校不同的女生來參加活動，我們南部來的學生相較之下就比較保守，也木訥一點。記憶裡面我們活動好像是以邀銘傳

與靜宜這二所學校的女生最多，後來我發現有些同學的太太就是活動認識進而交往，並結婚成為夫妻。

　　當時班上同學辦班級舞會時，都是借當時的舊圖書館，也就是現在博愛校區的學生活動中心來當作舞會場地。由於這棟建築是圓形的，裡面地板是磨石子地，只要撒上一些滑石粉，旁邊擺上幾張椅子，就是很理想的跳舞場地。為了參加舞會時不要在女生面前丟臉，會有舞技好的同學自願教大家跳舞，舞會之前就看到一些同學在寢室裡面大練舞步，相當熱鬧。有一件有趣的事是，我們舞會通常不太邀請交大自己校內的女生參加，因為天天見面沒甚麼新奇感，都是向外發展邀他校女生來。所以交大也有

當時聯誼舞會都是辦在舊圖書館，即現在博愛校區的學生活動中心。照片即攝於1970年代的舊圖書館，為梅竹賽前清、交二校的聯誼活動——梅竹晚會。（陽明交大發展館提供）

一個由校內女生組成跨年級的「女生聯誼會」，我還記得我們班的女同學黃齊菁當過會長，她們就會自己舉辦女生的活動。

比較特別的是，當時交大校外郊遊活動可以去登記租校車，大家就是搭乘校車巴士去外縣市玩。我記得是要付費，如果參加的人數多，出遊的費用就從班費支出；如果參加人數少，就大家自己出錢參加。

大學畢業旅行，同寢室友感情最好，一起合照。左起：吳重雨、陳頌名、袁采永、梁德濠。（吳重雨提供）

大學畢業旅行，同寢室友合影，左起：梁德濠、陳頌名、吳重雨、袁采永。（吳重雨提供）

大學畢業旅行合影，左起：
梁德濠、陳頌名、袁采永、
吳重雨。（吳重雨提供）

大學畢業旅行合影，左起：梁德濠、陳頌名、吳重雨、袁采永。（吳
重雨提供）

不過我們班也有一些人不是那麼熱衷參加這些活動，我也算是很少參加的人之一。大學的舞會我大概只去過一、二次，因為感覺不是很有興趣。校外活動凡是需額外花錢的，我都會考慮再三，最後大概都不會參加，近一點的郊遊跟烤肉活動我才會去。

　　我們那時候還有一件在同學間相當流行的事情——交筆友。我大學那個年代沒有網路，所以有一種交朋友的方式是透過寫信。當時很多雜誌後面都會有一個徵求筆友的專欄，上面會刊載一些讀者要徵求筆友的訊息，就可以從中找出想通信的對象，寫文情並茂的信過去，大家書信往來，有時候還會互相寄照片。

　　我那時候很常看《皇冠》雜誌，也有交過筆友，有一些人會約筆友出來見面，但是我只有寫寫信，沒有約過筆友見面。當時我們班發生過這樣的一件事情：有一位調皮的同學惡作劇，假裝女生成為了另一位同學的筆友，當時有些人會去開郵政信箱收筆友的信，這位同學就是開郵政信箱收信。惡作劇同學寫了很多仰慕的信，原本只是想要捉弄同學，但沒想到那位被捉弄的同學越來越投入，還要約出來見面，最後搞到有點快下不了臺了，惡作劇的同學只好去跟被捉弄的同學坦承，搞得那位同學非常生氣。現在想想還真是大學生幼稚的惡作劇，但當時大家知道後就覺得很好笑。

大學生活主旋律——課堂時光

還記得大一上學期我們滿懷著不安與期待進入大學殿堂，懵懵懂懂地選完課，等開始上課後，第一個給我們帶來的震撼就是原文書的考驗。那時候我們讀的課程一來因為翻譯的教材比較少；二來有些課程領域算比較新而沒有中文教科書，所以上課的老師會指定原文書當教材。我們這些新生一看到教科書全都是英文時，實在非常衝擊啊！這時候很多學長就會安慰我們說：「你剛看原文書時很不習慣是正常的，但是要忍耐，只要好好撐過第一個月後就會開始慢慢習慣。」後來也確實是如此，看習慣之後我們也就不那麼怕原文教科書了。

我們那時候很多課都要運用到數學，像是工程數學、微積分，就連物理與化學也是偏重在運算上，另外大二的電子學以及後來還有一些半導體物理的課，基本上可以說都是數學課。這種數學課其實很讓大家頭痛，老師每次教到一個進度後，都會勾選課本中一些習題讓學生們做。剛開始我們除了要先克服英文閱讀的問題外，有些習題根本教人頭大，實在非常難。

我記得大二有一門由鄭以禎老師所開的「理論力學」，讓全班同學聞之喪膽，非常害怕，包括我在內。這門課的習題大多數我們都寫不出來，即使把課本讀了好幾遍，絞盡腦汁一直想辦法解題，但大部分習題還是都不會做。那一學期期末考之後就是寒假，不過大家都不敢回家，一直在等那門課的成績公布——因為

如果被當的話，老師還會給補考機會；但如果先跑回家的話，就不知道有沒有被當，就算知道也可能來不及回來補考。後來果然有很多同學被當，甚至連平常成績不錯的同學也在被當的名單中，這門課實在是讓人印象深刻。

當時在修課上大部分都是必修課，只有少部分是選修，能接觸到的老師就是照課程安排好，我們大學生除了跟導師的互動比較多一些之外，其他老師們大概除了去問課堂問題外，相對就不太有接觸。對於老師，我們大概就是私底下討論一些他們的事蹟，然後遠遠看著我們認為很厲害的老師們。

有些老師上課比較嚴格很會當人，像是一些共同必修課，例如「大一物理」，由不同的老師來教可能就有不一樣的結果，可能就是有很多同學被當掉，所以我們同學之間也會打聽。那時有一門大一物理是由包白水老師所開設，他是一位很資深的老師。日後我進交大教書後，還跟包老師是同住博愛校區宿舍的鄰居，我們都稱他的夫人為包媽媽，跟他們家很熟，包媽媽也很疼愛我的小孩。包老師當時沒有教到我們班，是教電工系，我們大家就會跟電工系的同學開玩笑說：「你們被他教到就是準備要被包起來當了。」

當時課堂被當掉的名單都直接張貼在竹銘館的公布欄上，那時候傳說某一位老師很會當人，而且由於當的人太多，這位老師都是直接拿點名條將被當的同學名字剪下來，貼在公布欄上，我們那時候都很害怕名字被貼在上面。

交大當時有很多從國外回來的年輕教授，同學們討論老師的話題除了上課嚴不嚴格之外，也會聊一些傳說中老師在國外的事蹟，或哪位老師在國外很有名之類的話題。例如彭松村老師，他從國外回來的時候，大家就都覺得他很厲害，然後還聽到很多他的故事，甚至還有彭老師曾在美國電梯裡面被人搶劫的故事。我大四時有一位楊雄哲老師，他也剛從海外歸國，並擔任我們大四的導師，他對學生們非常好，常常請我們到他家去包水餃、聊天，大家都很喜歡楊老師，不過老師好像只短暫待了一學年就又回美國去了，但我們學生都對他印象深刻。

　　早期交大在師資上一直有不足的問題，因為像是半導體的領域很新，都要從國外找老師，或者由自己培養出來的博士中聘任。但是國外來的老師可能是利用休假回國來教書，所以常常待不久就又回美國去了。交大培養的第一位工學博士是1970年畢業的張俊彥老師，到了我在1980年拿到博士時，是交大的第十一位博士，人數真的非常少。我還記得我們的電子學這門課每學期都換老師，電子一、電子二都是由不同老師來教的。

　　還有一位教我們固態物理的郭明彥老師，同學們都覺得他很酷，因為冬天上課時他總是圍著一條白圍巾來上課，後來有同學忍不住好奇就去問郭老師：「為什麼都圍著這條白圍巾？」老師就回答這是他以前女朋友送他的禮物。那時候大家聽到這個故事後，都覺得實在太浪漫了，還深深受到感動。那時候還有同學起閧，把陳榮淦老師、彭松村老師、陸永平老師、張俊彥老師封為

「電物系四大天王」，詳細原因我不知道，但是我想可能是這四位老師比較嚴格，而且也讓我們覺得是很厲害的老師。

對我來說，大學時代看這些在講臺上的老師，都覺得老師們很厲害，對他們懷著景仰之心，與老師之間有比較大的距離。直到我上了研究所之後，因為有指導教授的關係，才開始跟老師比較有互動，才有比較深刻的相處印象。

課業上有求必答的「老板」

上大學後我算是一個很認真的學生，老師出的作業我都很努力完成。那時候作業很多，而且有些又非常難，以至於我大部分假日時間也都是花在讀書上面。另外一個重要原因也是因為只要一出去就會有開銷，像是看電影要花錢，吃個東西也要花錢。就算想回家，回去一趟除了要搭很久的火車外，也是要花車錢。看看口袋並沒有很深，所以就只能看書、寫作業來填補空白的假日時間。當時有些同學有腳踏車騎著到處去，我則都是用走路或者搭搭公車，所以我主要活動範圍很小，都是以十八尖山為主。

大學老師出的作業不像以前中學時期有參考書解答可以看，就只能靠自己慢慢去解題，我當時花很大的功夫去仔細做作業，甚至把老師所勾選的教科書作業都做完後，還會繼續把老師沒有勾的其他題目也全部做過一次。

剛開始同寢室的同學會來問我不懂的作業問題，有時候是我

吳重雨——五官端正，額頭寬廣，體態豐隆「智慧型」人物，若生於古代，必有將軍或大王可當。外號「老板」作業出版，及考前猜題中心掌門人，並又多才多藝，新詩顏有一手，人謙和，與之相處，有如沐春風的感覺，本刊主編，大一曾誤傳結婚。（傳29）

同學梁德濠替每位同班同學都寫一篇個人小傳刊登於《域外》，其中〈傳29〉為吳重雨的個人描述。（吳重雨提供）

教完後同學自己回去寫；有時候我已經寫好了，就直接把作業給同學參考。不知道是不是我都有求必答的緣故，慢慢開始有其他寢室的人也跑來找我問問題，後來我乾脆直接把作業借給他們參考，我都會交代說：「只要不全部照抄，被老師抓包就好。」有時候我覺得可能某一題老師考試會出的機率很大，就會特別告訴同學要留意某一題，結果竟然也多次被我猜中考題。

最後變成每一次考試之前，或者繳作業時間快到了的時候，

我們寢室都會熱鬧滾滾，因為有一堆人擠到我們寢室來問問題，但我一次只能幫一個人回答，根本供不應求。所以那時候同寢室的同學，像是梁德濠、周芳章等等，知道答案的也會跳出來幫忙一起教，梁德濠因此還開玩笑給了我一個「作業出版及考前猜題中心掌門人」的封號。

那時候我們班上每一個人都有一個綽號，我的綽號是「老板」，我也搞不清楚由來，可能是我那時候身材就已經比較有分量，然後長相比較成熟，看起來比其他同學還要超齡的緣故吧。我大一時，甚至被大家誤傳我已經結婚，我也對這個傳言感到莫名其妙，可能大家以為我年紀比較大已經結婚了。

想想那時候的事情也相當有趣，記得有一次某同學明明也是參考了我的作業，但有某一題他卻沒有對，大家就覺得很奇怪，開始去追蹤。原來某同學看的是好幾版本之後的寫錯答案了，最先是第一個同學來參考我的作業，然後回去自己寫了一個版本出來，有其他同學就去參考他的作業，又回去寫了一個版本，之後不同寢室的同學也來看，就這樣子經過好幾個人傳來傳去，結果有人把其中的一個數學符號看錯了，以至於後來參考的人也都錯在這個符號上。還曾經有同學跑來告訴我說：「某某同學參考了你的作業，但卻拿到比你高的分數。」我就說：「這沒有關係啊！」畢竟我的想法不一定每次都是對的，也不一定都是最好的，他可能再參考後，修改了一個更好的方法。

我也發現透過大家互相交流討論作業習題，是一種很好的切

磋，從大家的回饋中，有時候反而能把問題解得更好，這也是我在這樣的過程中，所學習到的收穫。

認真讀書拿獎學金

相較於圖書館，我個人比較喜歡在寢室讀書，除非是因為要查資料，或者因考試快到了，我覺得有必要去圖書館那邊讀一些東西外，否則我大部分時間都還是會選擇在寢室讀書、寫作業。當時寢室的同學們喜歡聽西洋歌曲，大多是聽鄉村歌曲，還有很多當時受歡迎的流行樂團、歌手的歌，像是披頭四（The Beatles）、比吉斯（Bee Gees）、Tom Jones 等等，很多歌都很受大家喜愛。我們對西洋歌曲的認識是來自於廣播節目，還有同學去買的很多西洋歌曲錄音帶跟唱片，常常在宿舍放來一起聽，大家都會哼哼唱唱個幾首。

記得有一位跟我同屆的電工系同學，特別愛唱西洋歌曲，但是他唱歌有一個缺點就是五音不全，那時候我們很喜歡 Tom Jones 的 *Delilah*，這位電工系同學尤其愛唱這首歌。有一次我們辦演唱會活動，這位電工系同學就被大家拱上去唱 *Delilah* 這首歌，當時 Tom Jones 演唱時，臺下歌迷會丟手帕給 Tom Jones 擦汗，我們在臺下的同學也模仿這樣子的舉動，紛紛丟手帕給賣力演唱的電工系同學，他唱完時臺下有來錄製電臺節目的同學就說：「這位同學真厲害，竟然能把整首歌的音都唱錯。」大家都笑翻

了，很有歡樂的效果，實在是印象很深刻。

我還記得那時候一邊讀著書一邊聽西洋歌曲，我很喜歡那樣的氣氛，倒也不覺得讀書一定要在安靜的地方，並沒有因此受到影響。

回想起來，我的讀書方法就是：上課仔細聽講，下課後多次複習，把教科書上的習題全都弄懂。我在考前都會將老師所教的內容通通讀完，習題該寫的也會做完，大致上就是這樣子來準備考試，並不會再額外去找課外範圍的題目來看。我的成績在班上一直維持得還不錯，我也跑去申請獎學金，有了獎學金就可以多少補貼一些生活費，幫媽媽減輕一些經濟負擔。

讀大學之後我曾多次申請過「中國技術服務社」，簡稱「中技社」的獎學金，受惠良多。沒想到幾年之前，中技社竟然找我去幫他們審查獎學金，我才發現中技社仍持續提供獎學金幫助學生。我曾經因為他們的獎學金而得以度過阮囊羞澀的求學時代，竟然也已經是四十多年前的事了，實在是相當有緣分。

我們那個時候只要有領到獎學金的同學，就會請寢室的同學吃飯。我也曾被同學請過，而我自己領到獎學金時，也會邀同學一起去市區吃東西。當時市區就是新竹城隍廟、火車站那一帶，從博愛校區到火車站其實不遠，那時候我們都用走路到火車站，路程約二十分鐘至半小時左右。城隍廟那邊有很多小吃攤，像是炒米粉、貢丸湯、肉圓、鴨肉飯、滷肉飯等等，對我們學生來說，這些小吃好吃又美味，而且價錢不貴，非常實惠。我們都是

請同學到城隍廟這邊來打牙祭，還會多點一些小菜，大家都覺得吃得很豐富、很開心。

每次考試完，就有不少同學覺得要來大玩特玩一下，會相約一起去市區看電影。我會跟著大家一起去看電影，跟大家一起去外面晃晃，休閒一下，放鬆心情；但即使如此，我那時候還是會出現一個念頭告訴自己：「考完不能玩太多天，會太鬆懈！」所以我都只跟同學出去玩一下子，然後趕快再回來準備功課。

可能我小時候曾因太放鬆而有成績落後的經驗，所以後來都很怕自己會因太過鬆懈，而導致課業上的怠慢，再加上認為自己努力考上交大，更應該要好好把課業念好。現在回想求學階段的自己，一直都是很謹慎的認真學生。

交大風格

我是1968年進交大就讀電子物理系，一直到1980年從交大電子研究所取得博士學位，跨越了整個1970年代。1970年代初期臺灣發生過保釣運動以及退出聯合國（1971年）這些事情，當時臺灣北部校園裡面對於這些政治事情的反應是比較活躍的，引發了一些學生活動。在我印象中，相形之下交大校園內似乎沒有掀起太大的漣漪。我想之所以如此，大概是跟交大內在、外在的環境相關吧。以位置來說新竹那時算相當偏僻，交通也不像今日如此方便，在地的就只有交大跟清華二所大學，不像臺北的學校

多，比較容易接觸這方面的活動訊息，要串聯意見也相當方便。再者我們當時校內只有理工系所，沒有人文社會相關系所，那時候最多就是透過學校安排我們去外面社區做一些勞動服務的工作，較缺乏主動對社會環境去進行關懷與思考上的訓練。

我們那個時代成長的孩子，祖父母、父母親那一輩都曾活在白色恐怖時代之中，甚至有些人可能還經歷過一些事件。我們從小多多少少都聽過父母、長輩告誡我們這些小孩子，上學只要乖乖讀書就好，不要去參加政治活動，不要去碰政治有關的議題。跟清華比起來，我們交大學生在這方面的態度，可能相對上又更加保守，對政治上的議題沒有太多的興趣。

以交大學生來說，我們那時候的功課很重、考試又多，已經足夠耗去大多心力，所以同學們的心思主要都放在課業上。由於交大學生當時幾乎都住校，在生活的作息安排上除了上課就是回宿舍，大家的日子過得很規律。我覺得那時候學生的想法大多相當單純，尤其交大又是純理工的求學環境，思考模式也很理工，大家就是希望把書讀好順利畢業。

一直以來我認為交大訓練出來的學生都有著「實事求是，腳踏實地」的特質，我想這是因為交大一開始教學重心就是放在電子工程領域的學科訓練上，對學生所形成的影響，也成為交大的風格。我後來開始教書後，收到的研究生除了交大也有其他來自於像是臺大、成大等校的學生，雖然都是畢業自工學院，但確實讓我感受到學生在不同學校中所薰陶出來的差異風格。例如交大

跟清華學生的風格就比較接近；成大則是相對比較樸實一點，也許更乖一點；臺大的學生則常會有比較不同的想法，可能在全體合作上比較弱一點，自我的想法比較強烈。

熱鬧滾滾的校慶與梅竹賽

交大每年最盛大的活動，應該非四月分所舉行的校慶莫屬了。我讀書的時候，有許多大陸交大的老校友都會攜家帶眷，特地從各地前來新竹，返校參加校慶。由於很多交大老校友是在鐵路局服務，所以校慶日當天會特別包下一輛火車作為返校列車，專門載著這些老校友們到新竹。學校也會派一些同學到火車站迎接老校友們，並安排校車接這些老校友與家眷到博愛校區。另外，還會指定全部大一、大二的學生穿著校服，列隊在校門口與校園的道路上歡迎老校友們。

校慶的重要活動之一是園遊會，當時我們每一班都要負責裡面的一個項目活動，大家都會絞盡腦汁想辦法來安排，其他還有像是運動會、主題展覽等各種活動，當時甚至也會請新竹女中的儀隊來校表演。另外還有安排實驗室對外展示，除了有時會開放一般教學實驗室外，半導體實驗室也會開放參觀進行成果展示，主要是由學生進行研究介紹，有時候有重要貴賓來時，則是由老師來介紹成果。

我還記得一些當時自己站在校園中歡迎這些老學長的景象，

1970年校慶日，邀請美國國際基金會前主席葛古森博士夫人（中左）前來為新圖書館啟用進行剪綵，與劉浩春院長（中右）受到交大學生們夾道歡迎。（陽明交大發展館提供）

攝於1970年4月6日交大第74周年校慶日。背後建築是同日啟用的新圖書館（今生科實驗館），左起：馮台生、吳重雨。（吳重雨提供）

1974年交通大學建校第78周年校慶日活動。（陽明交大發展館提供）

很多人都帶著家人，非常熱鬧，大家也都相當開心。迎接這些老校友返校，在我認為這不僅僅只是校慶活動上的一種形式，更像是形成一種傳統。看到這些每年都一定會從各地前來返校的老校友們，都充滿著熱心，並熱愛著交大，這也讓我們這些新一輩的交大人，對學校產生出一種歸屬感，更有一種對於學校擁有悠久歷史的傳承感。交大能在臺復校，是有著許多校友付出極大的心力才得以促成，這種校友們對於學校的回饋熱忱凝聚出一種向心力，交大人之間也會互相幫忙，這種校友精神在其他大學是很特殊也很少見的。

另外有一件事情，當時放寒暑假時，學校都會發給學生火車的八折票，讓我們可以買到較便宜的火車票，我不知道這樣的折

扣是只有交大特有，或是其他大專院校的學生也有？畢竟當時鐵路局裡面有很多校友，所以他們有時候會有這樣的優待，我們就會用這個優惠去買火車票。

我入學那一年正好是交大、清華的梅竹賽（始於1968年，全稱為「梅竹錦標對抗賽」）開始的第一年。梅竹賽是在每年的三月舉行，「梅」代表清華，是取梅貽琦校長的「梅」姓而來；「竹」代表交大，是來自淩鴻勛校長的字——「竹銘」，取其「竹」。顧名思義，梅竹賽就是屬於交、清兩校之間的競賽，其中以運動項目的賽事為主，另外還有象棋、橋牌等，早期比賽的項目還沒有現在這麼多。

當時我們班上身高最高的高次軒是個打籃球的高手，在場上

第一屆梅竹賽（1968年）籃球比賽。（陽明交大發展館提供）

70年代梅竹賽熱門項目賽事——拔河。（陽明交大發展館提供）

他常常贏球。他跟幾個同學是交大籃球隊的成員，所以每次梅竹賽我們班同學都會去看籃球賽，在場外幫忙加油。

　　梅竹賽期間，很多人都會去替自己的同學、學校加油，尤其有不少人會很熱烈參與其中，所以交、清兩校在這段時間裡面就會冒出比較多的火藥味。我記得有好幾屆的梅竹賽事都曾發生過糾紛，原因可能是覺得裁判不公，或是比賽輸了等等，兩校學生就會出現一些衝突。我記得有一年是由交大當主場，不曉得發生了甚麼事情，交大同學們就去把博愛校區前後門都封起來，不讓清華學生離開，氣氛一時相當緊張，我忘記是怎麼解決的，大概是當下大家情緒都很激動，但後來大家冷靜下來之後就沒事了。還有一次是交大贏得梅竹賽，就有學生跑去宿舍頂樓放沖天炮慶祝，整晚都是炮聲。

　　梅竹賽雖然中間有多屆因為爭議而停賽，賽事期間也多多少

少發生過一些衝突，不過交、清兩校學生在事後仍和諧相處，也是很多校友的重要回憶。

研究之路的起始點

讀大學的時候我對於未來其實也沒有甚麼想法，大概就只是想著怎樣把書讀好，把老師交代的功課都做好而已，對於所修的科目，也說不上來有甚麼感興趣的地方。

直到大三時我修了郭雙發老師所開的「半導體物理與元件」這門課，突然覺得半導體這個東西還滿有意思的，當時就覺得自己好像應該要去把半導體弄懂，深深受到吸引。對於教科書沒有講清楚的地方，我更會主動跑去圖書館找其他半導體的書來看，會想盡辦法去把不會的地方研究清楚。在這樣的過程中，我發現自己對於研究其實還滿有興趣的，對於半導體研究也很有熱情，甚至感覺到說不定自己以後就會走上研究這條道路，也想往半導體領域方向繼續唸上去。這門課對我來說有很重要的影響，正是日後我踏上研究半導體元件、半導體積體電路相關領域的起點。

等升上高年級後，就要面對很實際的畢業問題，看是要選擇出社會工作，或是準備考研究所，或出國留學。那個時候交大學生從大學畢業後，大概就可以找到一些像是中科院、電信研究所、電信局、臺電等等公家機構的工作，這些都算是很穩定的就業環境。

另外，那個時候臺灣已經設有加工出口區，我們也可以在那

邊找到工作。現在一般講到加工出口區，大家好像直接想到的是
女工，也就是女作業員，但其實當時裡面也有工程師的需求。加
工出口區裡面都是國外來設的公司，像是美國、日本、荷蘭等等
公司來設廠，他們會提供工程師的職缺，就是在加工出口區裡面
做封裝。我記得我也曾經短暫到高雄加工出口區的一家日商實習
過，時間是我服完兵役正在等研究所入學的空檔，當時我就去找
了一個臨時性的工作，工作內容就是在收音機的天線磁蕊上繞線。

　　如果當時的臺灣有所謂的電子產業，指的就是在加工出口區
幫人家做封裝這樣的事情。這部分的工作雖也歸類為半導體產
業，是以生產線的作業模式為主，多以作業員為主。進行封裝測
試也都是屬於低階的技術部分，都是代工性質。如果要說臺灣半
導體產業的起點，應該是從工研院派了一群人去RCA學習半導
體製造技術，回來後在工研院設立了積體電路示範工廠，後來就
衍生成立了聯華電子，這是臺灣第一間半導體製造公司，才算臺
灣開始有了半導體產業。[3]

3　1974年政府接受當時美國無線電公司（Radio Corporation of America，RCA）研究室主任潘
　文淵博士所規劃的積體電路計畫，由工研院進行執行該計畫，並遴選RCA作為技術轉移的合
　作對象，引進「互補式金屬氧化物半導體」（Complementary Metal-Oxide-Semiconductor，
　CMOS）技術。1976年工研院派出了經招募培訓的19人，成為第一批前往美國RCA學習技
　術的團隊。1977年工研院所成立的全臺首座積體電路示範工廠正式啟用，由赴美受訓的人員
　投入生產研發，成效超過預期，並讓臺灣躍升為全球第三大電子錶輸出國。1980年工研院
　以衍生公司方式，設立臺灣第一家半導體製造公司——聯華電子，成為臺灣半導體產業的先
　河。參見龔招健，〈波瀾壯闊的台灣半導體產業〉，《工業技術與資訊月刊》319（2018），頁
　22-25。另有說法為第一批赴美至RCA學員為13人，參見張如心，《矽說臺灣：臺灣半導體產
　業傳奇》（台北：天下遠見出版股份有限公司，2006），頁99。

我那個年代有不少人的想法是，就算是唸完研究所還是得到產業界去，那不如大學畢業就先進去業界做事了。雖然會有想選擇考研究所或者出國的人，可能都還是想到去就業，畢竟當時我們都覺得，要讀到博士然後走上學術研究這條路的門檻很高，距離我們非常遙遠。

　　我的大學同學中有一些人是很積極在準備出國，但大多數的同學似乎比較沒有這樣子，我自己則曾經在大學時跑去報考過公費留學，不過並沒有考上，我大概也是抱著去考看看的想法，畢竟家裡經濟也不允許我出國。在交大這邊，也是有同學先讀完研究所後才出國拿博士學位，也有一些人是先去工作一陣子後才去國外，那時候交大畢業生的情況大概就是這樣。我們班有個優秀的女同學叫黃齊菁，她在大三就休學直接到美國去唸書，她好像有親戚在美國可以照應。我們那時候相當流行一句話：「來來來，來臺大；去去去，去美國。」在我的感覺裡，那時候交大出國的風氣並沒有像在北部學校如臺大那麼興盛。

　　在我要大學畢業之前，有很多親戚都跟我媽媽說：「你小孩要大學畢業了，應該就可以趕快工作趕快賺錢了。」媽媽曾這樣問過我：「你大學畢業後想要去工作，還是想要繼續唸上去？」我當時因為已經萌生了想要繼續走上做研究這條路的想法，所以就跟我媽媽說：「我想要繼續往上讀。」我媽媽就說：「好、好，那你繼續讀書好了。」因為在她的觀念裡，她希望能讓小孩子都可以盡量唸到最高的學位，所以她很鼓勵我能夠繼續讀書。

交大畢業學士照。(吳重雨提供)

　　我很幸運能夠有家人可以支持我繼續走升學這條路，雖然家裡的經濟不太好，媽媽曾經需要先去借錢才能讓我繳學校的註冊費，但媽媽跟姊姊還是都勉勵我將重心都放在專心讀書上，不希望我去打工分散心力，所以上大學之後我沒有跟部分同學一樣去找家教工作，也沒有去找打工，我的日常花費部分是靠著申請獎學金來支撐。每次想起來自己求學時能這樣子一路走上來，實在是相當感恩。

　　當時交大就只有一個電子研究所，而我們有四個系的大學生，所以也有同學跑去考管理研究所，我們班有滿多人因為對管理比較有興趣，後來都去唸交大的管理研究所。而我則是考上了交大電子所，繼續當交大的學生。

當兵的人生體悟

臺灣的男生都有當兵義務，我那個時候所有役男都要服二年的義務役。當時研究所的畢業生入伍後就具預備軍官資格，能直接服預官役；但大學生想要當預官，就必須經過考試才能取得預官資格。那時候學校也允許考上研究所的學生先保留學籍二年，等當完兵再入學。經過跟家人商量後，我決定向學校辦理休學保留學籍，先去當兵，既然當兵是無可避免的一件事情，那不如先趕快去把兵役服完，之後就可以好好專心唸書。

不過考上大學的那個暑假，也就是 1968 年 8 月的時候，我們這些已獲錄取的準大專生都要先去參加大專學生集訓班，進行為期八周的軍事訓練。早期大專學生集訓班都是在成功嶺，但我那個時候因為要集訓的大專生太多了，成功嶺已經擠不下，所以有一批人是被分發到竹仔坑（位於臺中市大里區）的軍事基地，那裡有一個陸軍新兵訓練中心。當時我們這些大專生是搭火車到臺中火車站集合，接著就由軍方用大卡車把我們一車車載往集訓的地點。集訓期間我們幾乎都是在營區內度過，所以我其實也不知道竹仔坑是在哪裡，長甚麼樣？只知道那裡有新訓中心，當時營區內相當簡陋，就只有一些矮房子。集訓期間我還寫下了一首詩，曾被刊載在軍中的小報《忠誠報》上：

〈**太陽·八月集訓**〉（民國）五十七年八月竹仔坑

隨早點悠揚的歌聲

　從山巔站起

閃爍草野上的露珠

讚美那整齊的內務

　瞬間　又驅動滿山的鳥語

伴我們朗朗的讀訓聲

傲立藍空

　輻射光與熱

在鋼盔和步槍上

檢閱我們整齊的步伐

磨練我們的精神和毅力

　不時關懷地送來一片白雲　一縷清風

為我們拭去一身大汗

　帶給我們蔭涼

　罩起淡淡的暮色

滿意地送我們操練歸來

　卸裝休息

然後依依地塗幾抹晚霞

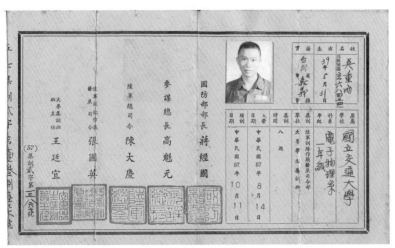

大專學生集訓班結訓證書。（吳重雨提供）

招手道別
更賜我們勇氣與希望
迎接戰鬥的明天

　　大專生集訓其實就等於一般兵的新兵訓練，過程也不輕鬆，只是那時候聽說部隊對我們這些大專兵已經有比較客氣了，相對沒有那麼操。等到完成八周的大專生集訓後，已經是十月了，我們才到交大報到。

　　到了大學畢業後我考上預備軍官，入伍前要先抽籤決定軍種，結果我抽到的是海軍。由於我已經受過八周的大專集訓，等真正入伍後，就要扣掉二個月的時間，所以我們實際是服了一年

十個月的預備軍官役。

我去了高雄左營報到。我們這些都是大專生考上預官的人，其中有不少臺大的學生，大家相處起來還滿融洽。入伍後我們分別要先接受三個月的基礎教育與三個月的分科教育，之後才會分發下部隊去。當時我們的基礎教育是由海軍陸戰隊代訓，主要是進行基本戰鬥技術訓練。接著就到海軍陸戰隊位於恆春的龍泉基地，大家都戰戰兢兢，非常害怕，因為這裡是以嚴格操練出了名的。我記得大家抵達基地時，看到在那邊當兵的阿兵哥連吃飯時間都要拿著餐具，踢正步走去餐廳，然後還看到很多人的軍服都磨破了，尤其是膝蓋的地方，可見這裡操得有多凶，大家都嚇壞了。

雖然我們都是預備軍官，但海軍陸戰隊在對我們施行的基礎訓練上，並沒有太多放水，與一般兵無異，搞不好還比其他單位新訓都來得更加嚴格。我記得那時候在戶外操練時，只要一趴在地上匍匐前進，不一下子就會有一種特殊的螞蟻爬到我們身上亂咬一通，被咬的地方沒多久就會紅腫起來，凡是去過那邊受訓的人應該都體驗過這種螞蟻的厲害。基礎訓練裡面還有一種叫做震撼教育，就是會突然緊急集合，上面故意下達一些不合理的命令，可能是規定要把襪子穿在手上面，或把鞋子反穿等等諸如此類違反常理的行為，就是要訓練我們服從的意志。

終於捱到了結訓前的最後訓練，就是進行一場實彈演習。我們在真實的機關槍掃射下，匍匐爬過鐵絲網，為了安全起見，旁

邊都有士官長在盯著，教官不時提醒我們身體要盡量貼地不要抬太高，他還說：「小心屁股不要翹起來，以前有人就這樣中彈了。」大家都不曉得是真的還假的，但很怕自己被子彈打到，所以即使手肘跟膝蓋都磨破皮了，大家都還是很乖地貼著地奮力往前爬，就在極大的震撼中結束了為期三個月，精實又辛苦的基礎教育訓練。

接下來三個月的分科教育就輕鬆很多了，我們回到左營營區，大部分時間都是坐在教室裡聽教官講授各種相關海軍的知識。有一次我們還被帶到軍艦上，短暫的出海後又回航。接著我們就要下部隊，還需要再抽籤看分發到甚麼單位。我們這一群人當中，只要是讀電子或電機相關科系畢業的，就會被安排去做電子官。海軍電子官的工作就是到軍艦上管雷達，那時候大家在傳我們這些電子官都會被派到驅逐艦上。那時候的驅逐艦都是陽字號，現在應該都已經淘汰了。由於驅逐艦要在海上跑得比較快，所以船底是尖的，尖底船航行時會晃得很厲害，很容易暈船。電子官在船上需要去爬雷達，那個雷達很高，在海上如果遇到大風浪，又要爬雷達的話實在讓人感覺十分危險，再加上大家都怕暈船，所以就很擔心自己會抽到上軍艦的籤。

我的運氣則相當不錯，是抽到去海軍官校預備班當教育官。下部隊去海軍官校預備班報到時，沒想到跟我交接的前任教育官竟然是劉英達，也就是後來聯電的副董事長，他比我還高二屆，是唸完研究所才去當兵，實在是太巧了，我們竟然就這樣子碰在

預官役基礎訓練，攝於屏東基地。（吳重雨提供）

預官役基礎訓練，與同袍攝於屏東基地，左二為吳重雨。（吳重雨提供）

一起。

　　海軍官校預備班等於外面的高中，也是三年制。教育官的工作就是排課，還有管理教具，老師們如果有甚麼事情也多是會來找我處理，其實就是做校內的行政工作，好處就是能跟隨學校放假，平常上班是穿軍服，住在校內所安排的寢室中。校內的教職員基本上多是軍職人員，都很好相處，班主任對我也極好，我甚至有一段時間還去他家替他的小孩指導過功課。由於我服役的單位是學校，所以環境相當單純，接觸到的人除了教職員之外就是學生而已，生活可以說是非常規律平靜，一下子就把剩下的一年四個月的預官役給順利服完了。

　　我要去服役的時候，我媽媽其實相當擔心，可能是來自於他們老一輩人對戰亂的記憶，以及那時候鄉下也會聽到一些家裡有人去當兵，卻不幸在軍隊中遭逢意外而往生的事情，所以當時一般民眾都對於家人去當兵這樣子的事情感到不安。那時候我也只能勸說媽媽要放心，不會有問題。後來我媽媽還是因為不放心，所以曾經到高雄住了一段時間，就是為了能就近照顧我。由於我們家鄉那時候已因海水倒灌，土地不太能夠種東西了，再加上我有一個舅舅在高雄，我媽媽就乾脆到高雄租了房子跟我舅舅一起住，這段時間我媽媽曾因病送醫，幸好後來漸漸恢復過來。

　　回顧人生這一段當兵的經歷，我想我不會認為這浪費了我的時間。這是我從學生單純的求學生涯中，第一次面臨到不一樣的生活型態，特別有感受。尤其是基礎教育的那段時間中，不論是

預官役在左營海軍官校預備學生班，吳重雨（左一）與同袍合影。（吳重雨提供）

預官役在左營海軍官校預備學生班，吳重雨（左二）與同袍合影。（吳重雨提供）

不合理的紀律服從訓練、最低限度的生活環境，或是辛苦的體能操練。印象深刻的是還曾被分配去掃廁所，當時讓我有「該做甚麼事情就要去做，沒有甚麼是不能做的事情」這樣的體悟。至少對我來說，當兵的磨練就讓我在心理上變得比較強壯一點，而面臨各種環境考驗，也比較能夠承受下來，甚至我也感覺到自己在心性上更成熟了許多。

投入半導體領域，師從吳慶源教授

　　1974年我回到了交大，開始在電子研究所攻讀碩士班。入學後，我住在專門提供給博、碩士生的第四宿舍，碩士生是二人一間房，博士生則是能有單人房。我印象中到了唸博士班時，曾因為宿舍不夠，所以有一些博士生就被分配到九龍宿舍的培英館，我因此曾去培英館住過一段時間。這時候宿舍的氛圍就跟大學部差很多了，可能是室友少了很多，再加上我們年紀也比較大，在宿舍的時間也比較少，相對之下室友間的互動就少，沒有大學生宿舍的熱鬧氣氛。我讀碩班時，基本上都很少看到室友，因為我們進實驗室的時間很長，需要在實驗室中待到很晚，回宿舍就都是在睡覺。

　　進研究所前我就已經確定自己要往半導體的領域去走，但進了學校後卻還不知道要找哪個老師當指導教授，就先修課看狀況。雖然1964年交大就已經成立了半導體實驗室，不過當時交大

做半導體相關的老師還不太多，因為這是很新的學科。我印象中大概就是：陳茂傑老師、郭雙發老師，以及吳慶源老師是做半導體的；電子所的謝正雄老師是做材料的，還有交大博士班畢業後留下來的蘇翔老師等。當時美國半導體產業開始發展起來，而且美國有相當良好的環境，所以去美國學這方面的，大多都會選擇留在美國尋求發展機會，要回來臺灣的人並不多。

　　我有一些大學同學也考上交大電子所，由於他們沒有先去當兵，要完成研究所學業後才去服役，所以當我進電子所他們都已快畢業了，其中有人的指導教授是吳慶源老師，就跟我極力推薦吳老師。那時候也有很多同學都告訴我，吳慶源老師的研究做得很好，應該要去找他，大家對他的印象也都很好。當時吳慶源老師才剛從美國回來不久，是一位很年輕的老師，年紀好像只有大我四、五歲，專長就是在半導體的研究上。我去找吳慶源老師問指導教授的事情，他很快就答應收我了，我算是他很早期收的學生。

　　我們的課大部分都是在竹銘館的教室內上課，以大學生來說，所需要做的是基礎電子實驗，例如用零件組裝電路板等等，這部分全都是在實驗一館裡面的實驗室進行。另外可能有少部分的課會在這邊的教室上，所以實驗一館內主要是上課用的一般實驗室，還有一部分空間是老師的研究實驗室、辦公室、教室等。

　　而我們研究生則都是到半導體實驗室做研究，也就是後來被稱為「實驗二館」的館舍。這裡跟實驗一館最大的不同在於，這

邊都是擺放大型半導體儀器設備的大型研究實驗室。在這邊也有安排研究生的座位，以方便讓研究生進行論文研究；而大學生則是只有要上半導體實驗課的大四生，才能進來這邊的實驗室。

　　我記憶中實驗二館的右邊有：電子研究所的所辦公室、老師的研究室，還有一間大的測試實驗室，我們就都是在這邊進行測試；而左邊有一間製程的實驗室，裡面就有高溫爐、清洗晶片用的清洗槽（cleaning bench）、蝕刻（etching）設備、鍍膜（film deposition）設備、及光刻微影（photolithography）設備的黃光室，在這間實驗室中就可以做出晶片。當時交大的半導體實驗室中已經有好幾位女性技術員在幫忙製程工作，負責協助校內所有專案計畫做晶片。我們研究生剛進實驗室時，要學習自己操作

半導體實驗室，今實驗二館。（陽明交大發展館提供）

吳重雨大一時於實驗一館頂樓與交大自製的衛星接收天線合影（左前格網）。後面一層樓建築物為今實驗二館，當時的新竹市區仍是低矮建築。（吳重雨提供）

儀器及製作晶片，學習當中常常要仰賴她們技術員豐富的經驗，給予指導與排除困難，等到熟悉後就可以自己操作儀器。但研究生白天要上課，就要請她們幫忙若干製程，等下午五點她們下班時，我們研究生就要接手，繼續進行後續製程，往往徹夜進行實驗，一直到隔天早上她們上班後，再請她接手繼續做，我們再回宿舍睡覺。我們研究生的研究很多也都是請她們幫忙製作出成品，由於天天在實驗室一起做實驗，我們跟她們都很熟。

記得在吳慶源老師當半導體中心主任（任期1974-1979年）時，由於他要管理所有半導體相關設備，所以會指派我們這些研究生去負責照顧實驗室裡的這些設備。當時每一次停電後，我們就都要去重新開機，並進行儀器的檢查跟維護。如果遇到儀器有問題，我們可能要先進行排除，如果無法解決就要找人來修。有

一次吳老師好像因為請假，還是甚麼原因而不在校內，我們學生還是照常認真地進行儀器檢查時，當時的郭南宏校長突然跑進來實驗室，我們都嚇了一跳，因為這是我們第一次跟校長這麼近距離面對面。由於剛好我位置離郭校長最近，所以郭校長就問我：「實驗室維持得還好嗎？」我就回報說：「一切都正常運作。」原來好像是只要吳慶源老師不在，郭校長就會來實驗室這邊關心一下，因為他很重視半導體中心的運作情況。這件事給我留下很深刻的印象。

遲到的研究生獎助金

讀書的時候，教育部每個月都會透過學校發給研究所研究生一筆獎助金，我印象中好像是二千元。這筆錢在當時來說，是可以足夠讓一個學生過上一個月的生活。有了研究生獎助金我就可以不用跟家裡拿錢，媽媽也就只要負擔我唸書的註冊費。再加上我們有時候幫吳慶源老師執行計畫的費用，還有另外去申請獎學金，就可以幫忙我度過研究生生涯中的民生經濟問題。

不過曾發生過一件讓我印象深刻的事情，記得有一學期，已經開學很久了，獎助金卻都還沒有發放下來。每到學期初，可能因為行政作業的關係，都不是一開學就能按時拿到獎助金，會比較遲發，我們研究生大概都知道有這樣的事情。但有一次卻是過了很久還一直等不到獎助金下來，到了最後我已經把身上的錢幾

乎都用光。我不免開始感到苦惱，但又覺得不應該去跟媽媽講這樣的事情，因為不想讓媽媽擔心，也不想增加她的負擔。

記得有一次到吃飯時間，肚子實在很餓，但口袋真的已經都空空的，所以我就只好開始在宿舍到處找，先是爬到床底下找，後來又仔細去抽屜底下跟櫃子的縫隙找，看看有沒有以前不小心遺落的零錢，沒想到後來還真讓我給找到，很幸運地解決了一餐的問題，而後來幸好獎助金的錢就下來了。這件事情實在讓我印象好深刻。

從早期的土法煉鋼走向專業精進

交大半導體實驗室是國內首創，我讀書時實驗室裡面的儀器設備都是從美國、日本等採購而來，已經算得上是擁有當時國內最先進的實驗設備的學校。有一次實驗室大清掃，我們把已經沒有在使用的克難高溫爐搬到大門外，準備丟棄，剛好郭雙發老師路過，他告訴我們有這樣的一個故事：原來早期交大的老師剛開始要做半導體時，根本連買高溫爐的錢都沒有，所以就只好自己想辦法。當時他們用加熱鎢絲繞在石英爐管外面，再用泥土包覆隔熱，堆砌出一個克難高溫爐，另外還用不鏽鋼管來通氣體進石英爐管。

記得當時還飛來一隻小鳥停在上面，似乎準備把這個克難高溫爐當鳥巢。由於有這些老師的投入，用土法煉鋼的方式，一步

一腳印將交大的半導體研究給帶起來，交大在臺灣半導體發展上有它的歷史地位，這些推動半導體研究的老師們，都貢獻良多。

到了我們讀交大時，實驗室已經有半導體製程的器材，可供我們進行基礎研究，我們甚至已可以在實驗室中製作出金氧半場效電晶體（Metal-Oxide-Semiconductor Field-Effect Transistor, MOSFET）、雙載子接面電晶體（Bipolar Junction Transistor, BJT），以及數個電晶體構成的小型積體電路（Small-Scale Integration Integrated Circuit, SSI IC）。比較常會用到的儀器有高溫擴散爐（diffusion furnace）、高溫氧化爐（oxidation furnace）、濕式蝕刻槽（wet etching bench），及光罩對準設備（mask aligner），還有電子槍蒸鍍機（e-gun evaporator），就是在真空狀態下利用電子束加熱讓材料氣化，這些蒸氣就會附著在基板上鍍成薄膜。

我們以前還要自己畫光罩（mask），先在方格紙上畫出電晶體或小型積體電路平面佈局圖（layout），尺寸大小及間隔都有一定的佈局規則（layout rule）。再將方格紙放到光學桌上，光學桌有塊傾斜大玻璃板，內有燈光射出，方格紙上再鋪上一片稱為Rubylith的紅膠片，紅膠片有一層透明膠片及一層較薄的紅膠膜，靠著燈光由裡面射出，可以透過紅膠片看到方格紙上的佈局圖。如果要在玻璃材質的光罩上產生透明區域，則要用雕刻刀將該區域紅膠膜刻出撕去；若要產生黑色不透明區域，則保留紅膠膜。這樣純手工刻出的紅膠片，通常要四到五片，才能製造單一

早期畫光罩用的光學桌與紅膠片。(陽明交大發展館館藏，嚴銘浩攝影)

電晶體或其電路，全部刻好要耗費好幾十個小時才能完成，一直瞪著燈光透射的紅膠片，眼睛都花了。

刻好紅膠片後，再拿去實驗室光罩製作室照相縮小，在玻璃板上製作成光罩。光罩是半導體微影製程必要的器具，微影製程要在黃光室進行，先將已經高溫長出氧化層（SiO2）晶片用旋轉塗佈法（spin coating）塗上一層均勻的光阻液，再放到光罩對準設備上，與製作的光罩對準後，再以紫外線曝光，如果是負光阻，光罩透明部分的光阻會感光，而光罩黑色不透明部分沒有感光，於是在後續顯影（development）定影（fixing）製程中會被洗去，只留下感光後的光阻。

接著就可以進行晶片蝕刻，將未被感光後光阻覆蓋區域的氧化層蝕刻露出矽晶體，而被感光後光阻覆蓋的區域則會有氧化

層。最後將感光後的光阻去除，就可以在露出矽晶體區域進行雜質擴散，使該區域變成 N 或 P 型半導體。因為要使用感光液，故必須在黃光室內進行，以免感光液被市內其他光線感光。這項微影製程是半導體核心製程，類似早期照相機底片沖洗製程。

我記得我們在半導體實驗室進行實驗時，會用到很多化學藥品，像是溴化硼這個材料要用高溫爐去分解出硼，作為雜質原子（impurity atom）加入矽晶體，成為 P 型半導體。我們在操作儀器時，有時候不小心就會讓溴化硼漏出來，溴化硼有一種很刺激的奇怪味道，會一直停留在鼻腔中，要好幾天後才會消失，所以我們那個時候在做這一項實驗操作時，都要很小心，避免溴化硼洩漏。

碩士論文研究走向

我們當時的碩士生並不多，一班大概就二十多人左右，以我那屆的畢業生來說，碩士論文研究領域超過一半在半導體製程、元件與材料，因為相關老師共有五位之多，即吳慶源、郭雙發、陳茂傑、謝正雄及蘇翔老師。其次為電子電路領域，其他為雷射、網路理論、電磁波等。當時大家在找題目時，也並沒有考慮到是不是對以後就業有無幫助的問題，就是以自己的興趣為導向，去做自己感興趣的東西，沒有考慮到太多未來的事情。

吳慶源老師是一個有很多創新想法的老師，他非常勇於嘗試，所以會去買一些材料來進行實驗。我的碩士論文題目是〈鍍

光罩步進機，可將紅膠片上的圖樣微縮20倍，由技術人員操作投影到裝置在機臺另一側的工作母片表面。（陽明交大發展館館藏，嚴銘浩攝影）

於矽上鈦酸鋇薄膜的物理與電氣特性及其元件應用〉，這個是吳慶源老師的一個想法，鈦酸鋇是一種磁性材料，他想要來做這個記憶體，這樣的想法在當時是很先進的。我也覺得滿有趣的，就在吳教授指導下進行這個研究。交大當時正在進行中，關於半導體方面的小型專題計畫有：超微粒鈦酸鋇粉末之研製、液態晶體及其應用、半導體 III–V 化合物元件之開發與研究、矽閘技術之開發及其在金氧半元件之應用、矽太陽電池及面板之研究，我們那時候學生的論文都跟這些研究有相關連結。

我碩士班論文是做鐵電（ferroelectric）材料鈦酸鋇的薄膜，用於金氧半場效電晶體（Metal-Oxide-Semiconductor Field-effect Transistor, MOSFET）的絕緣層，來作為鐵電記憶體（ferroelectric memory）電晶體，希望做到停電也能儲存資訊，直

到現在台積電還是有在做鐵電記憶體。只是現在已是使用另一種材料，這個部分牽涉到的就是半導體的製程與材料。

實驗室晨昏

回想我們在實驗室做實驗其實也滿辛苦的，大家都很認真，我們除了對實驗室儀器的操作要很熟練外，常常需要開夜車，整晚在實驗室盯著整個製程，大概是晶片先進行清洗，送高溫爐加熱氧化做半導體的擴散，之後再進行鍍膜，最後做成電晶體。實驗室的高溫爐溫度達一千多度，相當耗電，都要一直開著，很怕停電。我們就要看著高溫爐裡的晶片，隔一段時間就要拿出來清洗，進行下一個製程，要一直到實驗告一個段落才能回去休息。

碩士畢業典禮，吳重雨（左二）與同學在竹銘館前合影。（吳重雨提供）

記得自己和同學常常熬夜做實驗，做完後走出實驗室大門時，已經隔天早晨陽光高照，回到宿舍就倒在床上呼呼大睡，睡到下午或傍晚，再繼續進實驗室做實驗到隔天早晨。

當時我們用的是2吋或3吋的晶片，不像現在有8吋或12吋的晶片，晶片越小厚度就越薄，所以那時候實驗中最常發生的意外是：在清洗的時候，用力太大，結果晶片就裂開；又或者是從高溫爐裡要拿出來時，晶片不小心掉到地上就碎掉了。因為實驗還是要繼續完成，如果碎片都要撿起來做的話，就要多花好幾倍時間，所以我們就會仔細去選出最大的那塊碎片留下來，因為可能等一下不小心又弄破了。就這樣子晶片會越做越小，到最後大家都是只剩下小小的一塊。

現在回想起來當初做實驗的情形，其實也是很好玩。當時有一位也是做鍍薄膜的同學，他甚至還把家裡的遙控器拆掉，把裡面的磁蕊棒帶來實驗室鍍膜。那時候感覺是滿快樂的，老師帶領著我們去做一些創新的嘗試，也鼓勵我們有這樣的精神。我們這些學生也常常在實驗室一起聊天，大家就會看著窗外，聊著國外已有很多半導體公司，我們就會說：「欸！臺灣不曉得甚麼時候才會有半導體產業，有我們在做的這些晶片的產業？」雖然我們都只是剛入門的研究生，但大家都懷抱著這樣的期望，想像著臺灣有朝一日也會發展出自己的半導體產業。

繼續攻讀電子所博士

　　念碩士班的過程，讓我更加確定了自己對於研究的興趣，雖然其中也有很辛苦的地方，但是當中解決問題的研究過程，卻讓我樂在其中。碩士班畢業時，仍然又要面對選擇就業還是要繼續讀博士班的問題。要考博士班時，我也有找媽媽商量過，媽媽還是維持著支持我唸博士班的想法，她告訴我反正經濟負擔也減輕很多，鼓勵我朝自己想走的路去走。

　　1976年我碩士班畢業繼續攻讀電子所博士班，當然仍是跟著吳慶源老師做研究。記得有一次我做完了電晶體去進行量測，平常電晶體的電阻應該都是正電阻，即電壓增加時電流一定會增加，但我那時候量測時，竟然出現電壓增加但電流減少，產生負電阻的狀況。那時候有一個電子元件很有名，就是江崎玲於奈（Reona Esaki）所發明的隧道二極體（tunnel diode or Esaki diode），平常二極體是電壓增加電流就會增加，但他發明的這個二極體卻能在電壓增加的情形下，讓電流減少，江崎也因這項發明於1973年獲得諾貝爾物理學獎。我把這個量測發現告訴吳慶源老師，他很激動也很高興地對我說：「哇，這樣研究下去說不定會得諾貝爾獎。」

　　我碩士班的的研究是在材料上，但是由於那時候的環境也沒有太足夠分析材料的儀器，要繼續做材料方面的研究，有一種很難突破的侷限性。剛好念博班時，我在進行電晶體量測時

有了這樣子的一個發現，我再跟吳老師進行幾次討論後，想要專門朝著負電阻的元件去做，吳老師很高興地支持我，說：「好、好，那我們就往這個方向走！」

　　我的研究方向從碩士班的材料，到了博班就轉向往電路。這個研究的起點，是先從電晶體中發現造成負電阻的原因，後來就根據這個原因慢慢再去往外延伸到很多電路。剛開始進行的時候，我跟吳老師也不確定這是不是最後能做成一篇博士論文，但是因為越做越覺得有興趣，也認為電路這方面很有發展性，我跟老師就一直往這個方向去進行探討，後來慢慢累積擴展成為我的博士論文《集積電壓控制微分負電阻元件之研究》[4]。

　　我博士論文是提出一新型負電阻元件與其應用。這個具有負電阻的元件其中一種架構是由一個雙載子接面電晶體（BJT）和一個金氧半場效電晶體（MOSFET）組成，本來電晶體電流是越來越大後變平，但我們的電流是上去之後就掉下來，就像希臘字母「Λ」的形狀，所以吳慶源老師就把它命名為「**拉姆達雙載子電晶體**」（Lambda Bipolar Transistor, LBT）；另一種架構由兩個金氧半場效電晶體組成，命名為「**拉姆達金氧半場效電晶體**」（lambda MOSFET）。這些元件及電路都可以在實驗室中由我親手製造出來，再加以量測。也各寫成論文投稿，分別在 1980 年 1

4　Chung-Yu Wu. "A study of the integrated voltage-controlled differential negative resistance devices." PhD diss., National Chiao Tung University, 1980.

月發表於 *Solid-State Electronics*(《固態電子》期刊)[5] 及 1980 年 2 月
發表於 *IEEE Transaction on Electron Devices*(《電子元件》期刊)[6]。另
外也提出另一個新型負電阻元件,由一個 NPN 雙載子電晶體及
一個 PNP 雙載子電晶體組成,結構緊密,面積很小,命名為「**雙
基電晶體**」(Dual-Base Transistor, DUBAT),發表於 *Solid-State
Electronics*[7]。

後來針對該負電阻元件設計原理、方法及特性,寫成另一篇
論文,在 1981 年 5 月發表於 *IEEE Transaction on Circuits and Systems*
(《國際電子電機學會電路與系統》期刊)[8]。在當時臺灣投稿發表
在 IEEE 期刊的論文還很少,能獲刊登表示研究具有領先性,期
刊華籍編輯還在論文接受信中特別稱讚。我的博士論文整理發表
的期刊論文總共六篇及一篇國際會議論文。

以前在做研究的時候,不像現在有數位圖書館,也沒有網路
可以搜尋,所以就很需要圖書館的紙本館藏資料,我常常到圖書

5　Ching-Yuan Wu, Khun-Nan Lai, and Chung-Yu Wu, "Generalized theory and realization of
voltage-controlled negative resistance MOS device (lambda MOSFET)," *Solid-State Electronics,*
vol.23 (Jan. 1980): 1-7.

6　Ching-Yuan Wu and Chung-Yu Wu, "An analysis and the fabrication technology of the lambda
bipolar transistor," *IEEE Trans. Electron Devices*, vol. ED-27, no. 2(Feb. 1980): 414-419.

7　Ching-Yuan Wu and Chung-Yu Wu, " Theoretical and experimental characterization of the
DUal-BAse transistor (DUBAT)" *Solid-State Electronics*, vol.23 (Nov. 1980): 1113-1122..

8　Chung-Yu Wu and Chin-Yuan Wu, "The new general realization theory of FET-like integrated
voltage-controlled negative differential resistance devices," *IEEE Trans. Circuits and Systems,* vol.
CAS-28, no. 5 (May 1981): 382-390.

館去把又厚又重的期刊合訂本搬下來，一一翻找論文來讀，然後再去影印下來。那時候電子所規定博士要畢業必須要在國外期刊上發表論文，這規定很硬，吳老師更會要求我們投稿到一流的期刊，所以我們大部分都投到IEEE的期刊。

我們最怕的事情就是論文投出去了，結果審查委員告訴你這個東西別人已經做過而退稿，那可是會畢不了業。為了能夠拿到博士學位，我們都很認真去做文獻回顧，澈底搜尋期刊論文，也會注意每篇論文後的參考文獻，去找這些文獻來看。以當時候臺灣環境，要到國外學術交流的管道幾乎是沒有，我讀博士班期間從未出國參加過任何學術研討會，第一次出國參加國際研討會是已經取得博士學位在交大教書的時候了，更不要說能有甚麼認識國外學者的機會。

所以我們唸書時對國外學術發展的認識，就相當依賴國際學術期刊，這是了解最新的學術發展動態的管道。寫論文除了跟老師討論之外，其他就完全要靠自己的力量。把論文投稿出去後，收到的期刊會找三個委員來審查，這些審查委員回饋的審查意見，可說是我們那時候唯一能夠跟外界接觸交流的機會。為了投稿論文能被採用，我們都很謹慎，大概會確認是沒有人做過的題目，已經比較有把握時才投出去，所幸大多是一投出去就被審查通過，接受刊登。當然也曾有同學因為被退稿而感到沮喪。那時候我們是去投元件或電路相關的期刊，這個領域在臺灣有領先的國際期刊論文發表，應該都是交大做出來的成果居多。

母親驟逝

我讀博二時，媽媽已是一人獨居在東石鄉猿樹村的老家，1977年11月有一天我突然接到家鄉來的通知，說我媽媽暈倒了，要我趕快回家。我就趕緊跟老師請假，馬上趕回嘉義老家。

回家後，我媽媽已經是昏迷狀態了，她好像是早上要走路去東石村買菜時，在路上突然暈倒。由於東石這邊是很鄉下的地方，沒有醫療院所，所以大家就把我媽媽送到衛生所給那邊的醫師看。當時醫療沒有現在發達，更不可能有機會轉診到外面的大型醫院，衛生所醫師看了狀況，就說我媽媽是阻塞性中風，恐怕已經沒辦法救了，就要我們將昏迷的媽媽帶回家，我媽媽就在家中過世了。媽媽過世時，我跟哥哥、姊姊們一直陪在她身邊。

媽媽突然就這樣走了，給我帶來相當大的打擊，當時我除了內心非常難過之外，更多懊悔與灰心的情緒。畢竟我想要唸書，除了是因為興趣，也是希望能在日後可以找到更好的工作，賺錢讓媽媽過比較好的生活，因為媽媽的一生都在艱苦中很努力地生活，也一直全心支持著我，給我們很多愛，我很希望有一天有能力好好孝順媽媽。但現在媽媽突然沒有了，我就想是不是如果我早一點出社會工作，媽媽就可以早一點過好生活。很多自責的想法使我感到心灰意懶，甚至還有了不要回去讀書了，不要唸博士班的念頭出現。

媽媽停靈在家客廳有好一段時間，我們這些子女都很不捨媽媽的離開。我很想為媽媽做一點甚麼事情，但是又覺得一切好像都太遲了，實在感到意志消沉，相當沮喪。我想到了自己大學時曾經有一段時間跟同學很著迷於佛學的研究，尤其是禪宗，那時候還去參加校內的佛學社，也跑去參加佛光山所舉辦的佛學夏令營。所以我就去找了像是《金剛經》、《地藏經》等等的經書，每天從早到晚不斷幫媽媽誦經。有一天姊姊進到客廳時，突然告訴我說，她感覺到客廳充滿著一股莊嚴的氣息，應該是我一直不停幫媽媽誦經的關係。後來我看了一些佛教的書籍，才知道這樣子誦經是能迴向給媽媽。

　　在專心誦經的過程中，我好像比較不會去胡思亂想，心情也能比較平靜下來，後來慢慢有一個畫面在我的腦海中浮現出來，我感覺到其實媽媽還是在，只是在天上看顧著我，只要把自己該做的事情做好，媽媽就會很高興。後來我才慢慢從心中的陰影走出，媽媽的去世對我的影響很大。

忍悲完成博士學位

　　媽媽的後事處理完後，我又繼續回學校，吳慶源老師知道我心情受到影響，就很鼓勵我，希望我能把學位完成，不要中途跑掉了。他雖然在課業上對我們的要求很嚴格，但是在生活上是滿關心學生，對學生很好的老師。他有時候還會請同學到家裡吃東

西，我們學生也都跟師母很親近，師母對我們都很好。

　　我們實驗室中的博、碩士生之間感情也很不錯，博士生會帶著碩士生做實驗，實驗室也常會安排一些活動，大家一起出去玩，吳老師也會參加。記得我博士班快畢業時，有一次大家去南橫玩，要先在嘉義過夜，當時我已經結婚，太太的娘家就在嘉義市，當時就請吳老師跟同學們到我太太娘家借住一晚，我記得那時候魏哲家已經是我同門碩士班學弟，他也跟著我們一起來玩，現在已是台積電總裁。

　　1977年交大為了配合國科會的國家電子大型計畫新蓋了一棟半導體中心（現名為「奈米中心」），這是一棟二層樓的建

博士班畢業前剛與曾昭玲女士結為連理，攝於南橫出遊。（吳重雨提供）

築，位於實驗二館旁邊，主持人是吳慶源老師。半導體中心因為有國科會經費的補助，購置了很多先進的設備儀器，是全國第一，我們的實驗也搬過去那邊進行。半導體中心的成立，對交大半導體製程研發是相當重要的里程碑，代表著交大在半導體的研究能力已有突破，能更上一層樓。半導體中心內的設備除了提供交大校內的計畫使用外，也對外提供其他從事半導體研究的大專院校來進行申請使用，肩擔支援國內大專院校半導體研究的重要任務。[9]

讀博士班時，我就在校內擔任實驗室與課程的助教，帶學弟們做實驗。大概是到了博三、博四，我開始在外面學校兼課，那

9　交大開創國內半導體研究先河，始於 1964 年由張瑞夫博士、張俊彥教授與郭雙發教授共同創立全國第一座半導體實驗室，並在持續發展下於 1965 年在博愛校區成立第一代半導體中心（第一屆主任為張俊彥教授），培養半導體人才。至 1977 年在吳慶源教授主導下，取得國科會經費補助，擴大興建第二代半導體中心，更獲教育部納入正式編制，支援全國各大專院校從事半導體研究。1981 年與國科會合作成立「半導體貴重儀器使用中心」，開始對外提供服務。1985 年開始策劃籌建「國家次微米元件實驗室」（National Nano Device Laboratories,NDL）。1988 年吳慶源教授向當時國科會陳履安主委提出「次微米元件實驗室」構想，於 1989 年獲得行政院通過設立，開始興建光復校區「固態電子系統大樓」半導體中心（第三代）。1991 年獲得教育部、國科會補助二億五千萬元，1992 年光復校區固態電子系統大樓落成，半導體中心與 NDL 遷入固態電子系統大樓。2003 年半導體中心改名為「奈米中心」（Nano Facility Center, NFC）。參考自蘇翔，〈母校電子研究所憶往〉，《交大友聲》365（1997），頁 8-9。參考自「陽明交通大學奈米中心」網站，〈歷史發展〉網址：https://nanofc.web.nycu.edu.tw/%e6%ad%b7%e5%8f%b2%e7%99%bc%e5%b1%95-2/（下載日期：2021 年 12 月 5 日）。

國家次微米元件實驗室則於 1993 年更名為「國家毫微米元件實驗室」，2002 年國家毫微米元件實驗室更名為「國家奈米元件實驗室」，並於 2004 年搬遷至緊鄰固態電子系統大樓之奈米電子研究大樓。參考自「國研院台灣半導體研究中心」網站，〈關於中心〉之〈大事記要〉網址：https://www.tsri.org.tw/tw/commonPage.jsp?kindId=A0002（下載日期：2021 年 12 月 30 日）。

1977年，交通大學新建半導體中心落成啟用。（陽明交大發展館提供）

時候我曾在新竹芎林的大華工專（2020年已改名為大華學校財團法人敏實科技大學）當過兼任講師，在電子工程科開設比較能實際應用的課程，例如AM/FM，也就是調幅／調頻，這是收音機的技術相關課程，一學期有一門課。另外，在吳慶源老師的介紹下我也去苗栗的聯合工專（2003年改名為國立聯合大學）電子工程科當過兼任講師，博士班最後一年我還轉任他們學校的專任講師，也開始教電子學。當時我都是搭客運去上課，賺賺鐘點費，也因此發現自己對教學的興趣。

1980年博士班畢業，當時能取得博士學位實在難能可
貴，留下著博士袍沙龍照作為紀念。（吳重雨提供）

　　吳慶源老師當時告訴我交大很缺師資，認為我既然對教書很
有興趣，不如就留在交大教書。1980年我拿到交大博士學位，交
大因為需要師資，就直接聘我為副教授，開始了我的教學與研究
生涯。

第三章

探索與奠基

1980-1989

我很希望從（交大）實驗室出去的學生們，在畢業後的求職上都能夠順利，我會一直對學生強調實作的重要性，認為學生既然學了積體電路，一定要有能力去做一個晶片出來，然後實際去量測還要能 work，而不是只在電腦上面做模擬，這樣只是紙上談兵。……我尤其認為，學生如果能在求學階段就有跟業界合作的經驗，對於他們畢業後去求職是有很大的幫助，所以當業界來找我們進行產學合作計畫時，我都很鼓勵學生盡量去參與計畫，跟產業界接觸、互動。

1980年我取得交大博士學位，受交大聘任進入「電子工程系/電子研究所」（簡稱電子系/電子所）教書。依當時舊制的教育部教育人員任用條例，學校教職講師之上就是副教授，並沒有助理教授這個職層，所以我博士畢業後就獲得交大以副教授資格起聘。

當時我還很年輕，雖然唸書時已經有兼課跟做研究的經驗，但正式踏入教職是一個全新的起點。教書跟研究都是我的興趣，那時候我會把在期刊所看到的最新研究論文，整合到課堂教材裡面，再去教給學生。教書之後我特別感受到所謂的「教學相長」，

副教授證書。（吳重雨提供）

透過教學的過程也可以幫助我自己持續學習、進步，就這樣我再把因應教學所看期刊論文的研究成果轉變成自己的研究方向。

不負學子，備課講義下足功夫

記得我一進交大，吳慶源所長就找我去接下電子所已經有的「數位積體電路設計」與「類比積體電路設計」這二門課。這二門課雖然開在研究所，但是大四同學也可以修。由於所上並沒有特別規定這二門課的教學內容，也沒有完全適用的教科書，這給了我很大的自主空間。我就去參考一些國外大學所開設的相同課程，找這些課程使用的教材來看，再加上自己的想法，就寫了課程大綱繳交給學校，同時也編寫上課講義，上課時發給同學。

剛開始教書最忙碌的事情是準備教學，因為都是沒有教過的課程，所有的教材及講義就要從頭開始準備，必須花費很多時間。後來我也增加教大學部的「電子學」，這門是基礎課程。電子學課程有教科書，但我還是編寫講義，增加教科書沒有的內容或刪去不適用內容，增進同學學習效率。

我從以前開始兼課時，對自我的要求就是要自己動手寫課堂講義，這也成為了我日後上課的習慣。我常常去圖書館查閱期刊論文，看看有甚麼新的研究成果，經過閱讀吸收後，我會整合到教材中寫成講義，再試著用學生能了解的方式把這些東西教給學生。

自備上課講義之手稿。（吳重雨提供）

　　那時候國內在做積體電路的教授本來就不多，我開的IC設計應該是當時國內學校中還很少見的課程，能使用的專業教科書很少，實際來說就是相當冷門。因為需要閱讀與整理期刊論文，所以我會去找類比IC設計領域著名學者發表的論文來看，也受到他們的啟發，其中影響我最多就是Paul Gray（美國加州柏克萊大學

名譽教授，所著作 *Analysis and Design of Analog Integrated Circuits* 為 IC 設計領域著名的教科書）。

在機構方面，當時較有印象的美國大學為 UC Berkeley 及 Stanford，較有印象的美國公司為 Intel 及 IBM。Intel 及 IBM 當時設計 memory ICs 產品很有名，常會讀到他們發表的 memory ICs 的論文，並引用到數位積體電路設計的課程中，把這些知識傳授給學生。

現在回想起來，早期教書時的壓力實在相當大，主要常常都是很擔心自己教材準備得不夠充分。我一直最害怕的事情是一堂五十分鐘的課，結果我費盡心力準備的教材只用了二十分鐘就講完，剩下的三十分鐘該怎麼辦？這樣的擔憂讓我不斷提醒自己，要更用功去準備講義，設法讓講義的內容更充實。所以備課寫講義到凌晨三、四點對我來說都是很平常的事情，那時候可能都是一大早才把當天上課講義交給學生，讓學生趕快送去系辦公室影印，然後可能八、九點就要上課，我以前的學生對這件事情應該都有深刻印象。

教學豐富紮實，三學分要上四堂課

我很重視修課學生的反應與回饋，上課時我常會問學生：「講課時進度會不會太快或太慢？」確認他們都可以吸收內容，也會聽聽學生對於作業量多寡的建議等等，我的授課方式就會參

考學生的反應隨時進行調整。有時學生會提出希望能多了解某些電路或者基本半導體製程，我就會把內容隨後補充到講義，在課堂上教學解說，有時會遇到來不及補進去的時候，我也會放在下次開課的課程中作為補充。

我認為自己是個嚴格的老師，因為我通常會要求同學要弄懂當天上課的內容，回去要確實複習。我會盡量去解答上課學生的問題，常提醒學生們要養成正確的學習態度與方法。

學生的提問互動，對增進學生的學習有很明顯的效果，我上課時也不斷鼓勵學生們發問，再加以解釋。由學生的提問中，我就會知道哪些內容是學生比較不懂，需要多加說明。另外我也會在考試前安排時間，專門讓學生來提問，並進行複習，讓同學們可以把不懂的問題都弄清楚。

由於我上課的方式習慣不寫黑板板書，都是印講義給學生按著講義來教，這種方式上課速度會比較快。像是我上電子學這門課時，用講義上課的進度快，再加上內容很多，所以一堂課三小時下來都不夠有時間讓學生發問，我往往會利用下課十分鐘時間留在教室給學生提問題，再加以解答，但是這十分鐘的時間常常都不夠用，所以有時課上完了，如果下一節沒有課，我還會繼續留在教室內給學生提問題，我來解答，結果好幾次問答的時間都長達一小時以上。後來我就去系上建議說：「能不能將原本一堂三小時的電子學改成一堂四小時？」系上也照我的建議來改了，從此之後電子學就變成了一門三學分但要上四小時的課。很多人

都不知道原因，我最近還聽到有教授在問說：「為什麼電子學只有三學分，卻要上四節的課？」其實來源就是我教電子學那個時候改的。

吳重雨早期所所開設「數位電子學」、「Analog IC Design」、「Digital IC Design」的課堂考卷（1981 -1983年間）。（吳重雨提供）

隨著教學經驗的增加，我比較重視學生對類比IC、數位IC及電子學基本原理的了解，在編寫講義時會強調基本原理。由於上課內容很多，我又覺得都很重要，會想多教很多東西給學生，希望能幫同學去把那些知識補充起來。所以在早期教書時，有一陣子我常常主動找課餘的時間，有時是找寒暑假的時間來幫同學進行課外「補習」，這些學分以外的課程規劃，都是我補充認為學生應該要懂的東西，因為對他們建立觀念很有用。後來由於無法安排時間出來，這樣的補習才停止。

我印象中曾經有問過同學：「有沒有興趣額外來學switched-capacitor（開關電容）電路？」因為我當時正在做switched-capacitor電路的研究，後來也發表了相關的研究論文，所以知道這個部分很重要，就希望讓學生也能了解。當時學生也都願意來，看到同學們都很有學習意願，是作為老師在教書上很高興的事情。

研究起步：走廊上的實驗室

在學校除了教學工作，另一個重點就是做研究了。教書第一年我就申請了國科會研究計畫，因為做實驗需要儀器，我那時候甚麼設備都沒有，很需要找錢來添購實驗設備，記得是1982年，我們計畫才開始有一些採購的儀器設備進來。當時實驗二館（博愛校區）裡面已有電子工程系、電子研究所等系所辦公室，還有

1981年攝於博愛校區實驗二館的研究室中。（陽明交大發展館提供）

其他老師的實驗室等，空間非常擁擠，明顯已不夠使用，所以我
們就把實驗儀器跟工作站擺在實驗二館的走廊上，就這樣開始做
起實驗。本來以為只是暫時寄放在走廊，沒想到竟然也「暫放」
了將近十年，直到1991年系所單位搬遷到新建立的光復校區工程
四館後[1]，到了1992年我們才有真正屬於自己的實驗室空間。

　　最早我們實驗室是設在實驗二館的走廊，位於靠近洗手間的
一個角落，所以每位老師與學生要去洗手間時都會經過我們的實
驗器材，我想當時的學生與老師們應該都留下很深刻的印象。在
走廊將近十年的時間中，購入的儀器設備越來越多，大部分是IC

1　1980年光復校區行政大樓落成啟用，校本部由博愛校區遷往光復校區。工程四館為光復校區
　　第二期建設工程，落成後供電子工程學系、電信工程學系、控制工程學系及電機資訊學院使
　　用。

量測用儀器，另外還有光學桌、電腦工作站等。

　　早期我們實驗室並沒有正式名稱，甚至也沒有宣稱自己是甚麼實驗室。我們搬到光復校區的工四館後，直到1992年實驗室才正式有了自己的名字，叫做「類比IC實驗室」，英文為Analog IC LAB，有同學覺得名稱太長了，就縮寫為「ALAB」，於是大家在私底下就戲稱為「阿拉伯實驗室」，另外也由於實驗室是被安排在307室空間，所以又被叫做「307實驗室」。到了2007年以後，由於我先後曾任「晶片系統國家型科技計畫」（National System-on-Chip Program, NSoC）總主持人（任期2007-2011年）、「奈米國家型科技計畫」（National Program on Nano Technology, NPNT）總主持人（任期2009-2014年），後來就又將實驗室正式名稱改為「奈米電子與晶片系統實驗室」。

　　一轉眼間我們實驗室到現在也已經持續運作超過四十年了，不論是業界、學界都已經有很多從我們實驗室教授出來的碩、博士畢業生，人數可能有數百人。記得很多年前的某一天我到聯發科（聯發科技股份有限公司，MediaTek Inc.）開董事會的時候，蔡明介董事長突然告訴我說：「我們公司有一位你們『阿拉伯實驗室』出來的學生，現在要升為副總了。」聽到學生有好發展我很開心，同時也對蔡董事長還記得「阿拉伯實驗室」覺得很驚奇。在IC設計產業界，大家也很習慣用「307實驗室」或「阿拉伯實驗室」來稱呼我們的實驗室。

先成家後立業

我是在博士班畢業的前一年（1979年）完成人生大事，隔年任職交大時我的兒子出生，成家立業都算完成了。

我跟太太曾昭玲認識於我讀碩士班的最後一年，當時由一位親戚介紹，其實就是安排我們相親。那時我太太給我的第一印象是看起來很文靜溫柔，好相處的女孩子。

早年臺灣的社會只要適婚年齡一到，家中長輩就會開始催促年輕一輩去找對象，趕快成家立業，小孩的婚姻是父母很在意的大事。我媽媽也承襲著傳統的想法，希望小孩子們年紀到了就趕快找對象嫁娶，不能不結婚。雖然我大學畢業後繼續讀碩士、博士，一直是學生身分，我媽媽還是覺得我結婚年紀也到了，多次跟我提到如果有認識適合的對象就可以結婚。雖然我媽媽沒有直接表達出來，但這次的相親安排，我想背後也有媽媽對於我婚姻的著急。

相親之後，由於我太太那時是在臺北的味全公司上班，而我在新竹讀書，分隔兩地之下互動機會也不太多，大概就是開始先寫寫信或者打打電話，才漸漸熟悉起來。

我唸書時代想打電話都要去找投幣式公共電話，校外學府路上有一支公共電話，我都常常在那裡打電話給我太太，那時候為了打電話，我會特地去蒐集很多銅板。我唯一一次假日去臺北找我太太是去她公司那邊找她，然後在臺北逛逛街，吃個飯，我都

還有印象。後來我太太就離開臺北，回到嘉義去國中教書。由於我學校課業很忙碌，還有考量到經濟問題，所以我很少到處去，比較多的時候都是我太太利用假日從嘉義搭火車到新竹找我，或者我回嘉義時去找她。總之我們持續保持著聯繫，相處的感覺很合得來，感情也慢慢地自然而然產生了。

我媽媽在我讀博士班二年級時突然過世，讓我受到很大的打擊，那時我的岳母也有來東石參加我媽媽的喪禮。我跟我太太當時已算是穩定交往中，雙方家人也都有我們以後會結婚的共識。我岳母問過我關於結婚的打算，可是我還是學生，沒有正式的工作也沒有賺錢能力，很難去想結婚的問題。到了我博士班三年級之後開始有些兼課收入，再加上我太太自己有收入，她曾這樣告訴我：「沒有錢沒關係，可以先結婚，反正以後一定會找到工作。」快畢業之前我覺得應該是到了可以結婚的時候，這也算是完成我媽媽生前對我的心願，所以我跟太太就先訂婚後結婚。

辦婚禮的事情全由我岳父、岳母他們處理，因為那時我正在撰寫畢業論文的最後階段，而且對於如何規畫婚禮也沒有概念，所以相當感謝他們幫忙打點好所有的事情，讓結婚過程很順利。我的婚宴就安排在臺北國賓飯店舉行，由於全部都已安排好，我幾乎是結婚那天出現就好了。

婚姻與家庭生活的經營哲學

　　婚後我跟太太暫時過著分隔二地的生活，我在新竹繼續完成學業，太太則住在嘉義繼續她的教書工作，不過婚後我幾乎每個假日都會回嘉義。畢業後我在交大教書，還是先住在九龍宿舍的培英館。雖然申請了眷屬宿舍，但要到隔年才有宿舍住進去，宿舍就在博愛校區門口旁，是二層樓的小房子，與學校只有一牆之隔。1980 年 5 月我的大兒子吳佳穎在嘉義出生，我太太產後因為還要教書，就找了保母幫忙照顧孩子，當時我太太雖試著看看能不能調到新竹這邊的國中，但是一直沒有機會，後來決定辭掉工作到新竹這邊當全職家庭主婦照顧小孩與家庭。

　　1981 年我太太帶著兒子搬到新竹，可能婚後我都只是在假日回嘉義跟太太相處，所以對於自己已經成家這件事情好像沒有甚麼特別的感覺，並沒有想像過要去經營一個甚麼樣的家庭生活。當開始跟太太還有小孩子住在一起時，我想到的就是大家可以互相照顧，很自然過生活。我太太都會準備三餐，只要沒有開會的中午我都會回家吃飯。回家就可以有三餐吃，不用再去外面吃自助餐，我那時覺得能有太太幫我做了很多事情，很有被照顧的感覺，實在很好。

　　不過對我來說結婚有了家庭後，我的生活重心還是放在做研究跟教書上面，除了晚上要幫忙照顧小孩之外，似乎沒有太大的變化，但是我太太卻是放棄工作離開原來的生活圈，來到新竹過

一個跟以前不一樣的生活。我白天幾乎都在學校上班，我太太就必須一個人在家買菜、煮飯、帶小孩、整理家事，張羅家裡的所有大小事情，她需要做出更多改變來適應新的家庭生活，很不容易。

剛開始我跟太太兩個人的生活習慣相當不一樣，可能我以前男生宿舍住慣了，一個人生活比較隨便，但是我太太很愛乾淨，就會常常要管我東西亂丟這件事情。夫妻一起生活難免需要彼此磨合，我跟太太經歷了一段相互適應的生活調適期，我知道太太已經做了很多調整，花很多心力照顧家庭，我的做法就是照著太太的要求去做，學著去改變自己的生活習慣，因為這是我能做到的事情。日常生活中的事情大部分我都是配合太太來改變自己，該讓就讓，有事情都會溝通，所以我們二人幾乎不太會吵架。

在家帶小孩子是一件很累、很辛苦的事情，我會跟太太做好分工，晚上回家後就由我來照顧小孩，讓太太有休息的時間。等小孩子睡了之後，我才開始去做一些備課、看論文等等的工作，忙到半夜都是常有的事情。有時候備完課已經是清晨，剛好寶寶就會在清晨醒來，他醒來時就會哭，為了讓我太太可以多睡一點，我就會趕快抱孩子到樓下的搖籃裡，慢慢推著搖籃安撫孩子讓他再入睡，我自己也會一邊打瞌睡，可能就在沙發上小睡一下之後才去學校上班。

照顧小孩子雖然累，但我認為很有趣。我家老大不算是調皮的孩子，大人講的話也都會聽，還算好帶。等孩子大了一點的時

候，就會要求我每天都要講睡前故事。不論工作有多忙碌，我也一定都會把時間留下來讀故事陪孩子睡覺。在家中我太太教導小孩比較嚴格，她會訂下很多規定要小孩子去遵守，我則是因為自己個性樂觀的關係，再加上陪小孩的時間比較短，所以對小孩子的管教上都是由我太太扮黑臉，我扮白臉，倒也還滿能取得平衡。

我很感謝太太願意全職照顧家庭，讓我可以全心全力專心在教學與研究的工作上。因為有太太的支持與付出，讓我更加感覺到自己對於家庭的責任感，不是只在自己發展事業上面用心，還應該要把家人都照顧好。能夠跟我太太結婚共組家庭，一路上有著家人之間互相照顧扶持，對我而言是人生一路走來很重要的力量。

赴美教學增廣見識

由於我是一路在交大讀完大學、碩士、博士，學位都是在國內完成，在教書之後，我感到自己有一個缺憾，就是從沒有去過國外的環境看看。畢竟不論是讀書學習還是做研究，到後來自己準備上課教材，所看的大量教科書與論文幾乎都是來自國外的成果，再加上接觸到在國外取得學位的學者，就開始冒出這樣的念頭：「我應該親自到國外去看一看，不管去當研究人員也好，或者去當訪問教授也行，應該要去找機會。」

我跟太太提起心中這個想要出國的想法時，她非常的支持

我，更常常鼓勵我要趕快去找機會。不過任教後，一方面是希望可以把教學做好而忙於備課；另一方面是也很希望自己可以趕快升等，想要多發表論文，所以在研究上面也投入很多時間，對於想找機會出國這件事情就先放在心上。當時我心中的打算是先拚升等教授，這樣比較沒有後顧之憂，就可以專心找去國外做研究或教學的機會。

我是在 1983 年升等教授後才比較積極注意國外期刊所刊登各校應徵教授的資訊，並試著投遞履歷去應徵，不過一直都不順利。我想美國的大學大概也不會想從臺灣這邊聘一位他們不認識的人過去。雖然到處碰壁，但我仍繼續努力找機會。後來看到美國的波特蘭州立大學（Portland State University, PSU）電機系刊出徵人廣告，他們要找一位能教電子學與積體電路的老師，我於是準備了份豐富的履歷表寫信去應徵。沒想到他們系主任願意給我機會，我就收到了 offer，那時我申請的是訪問教授，但他們跟我聯繫時表示可以給我正式的教職而不是訪問的身分。當時我覺得他們系主任也滿勇敢，敢這樣子就聘人，我很快答應下來。

我第一次出國是在 1984 年，教書的第四年，剛好有一個去美國發表 conference 論文的機會，這是我第一篇發表於 conference 的論文[2]，因此有機會去了趟美國，但也只有會議期間待三、四天

---

2 Chung-Yu Wu, Jen-Sheng Hwang, and Ching-Giu Chang, "Efficient timing model for characteristic waveforms of CMOS logic gates," *Proc. 27th Midwest Symposium on Circuits and Systems*. West Virginia, U.S.A., June 11-12, 1984.

就回來了，根本對美國沒有留下任何印象。沒想到再次去美國，就是要到那邊工作長住了。確定要去波特蘭州立大學任教後，我先把一些相關資料寄給對方，由他們幫我辦理H1的工作簽證，我太太是眷屬身分則是拿H4簽證。交大這邊我是提出申請要出國研究講學，先辦理留職留薪一年。

　　確定出發去美國任職是在1984年的時候，我女兒吳映萱才出生滿周歲，我們那時候覺得她還太小，不敢帶著她搭那麼久的飛機去美國，更擔心到一個完全陌生的地方我們無法照顧好小寶寶。我岳母也覺得不合適帶小嬰兒出國，所以我們就決定先將女兒放在岳母家，另外請了保母來幫忙照顧，我跟我太太就先帶著已經四歲的兒子去美國。

　　行前我太太要打包去美國的行李，因為這一趟等於要長期居住美國，但我們對於波特蘭那個地方一無所知，因此相當擔心生活上可能會有不方便的地方，所以我太太就整理了很多日常所需的用品，甚至連一些鍋子，還有電鍋等等的東西都帶上了。有人告訴我，在美國都需要開車，要有汽車駕照才比較方便。我當時在臺灣都是騎摩托車代步，從沒有開過車，所以為了去美國，我就趕快去考了汽車駕照。

　　我記得九月中旬美國那邊學校就開學，但我的簽證一直遲遲沒有下來，我們就一直等，後來終於在十月初拿到簽證。一拿到簽證我就馬上買機票帶著太太跟兒子趕快前往美國。

大膽克服種種挑戰

現在回想以前赴美所發生的一些事情，覺得自己也實在大膽，做了很多「勇敢」的事情。那時候我們就行李包一包，連去波特蘭後要住哪裡還不知道，我們夫妻二人就帶著一個小小孩遠渡重洋到陌生的國度去。原本波特蘭州立大學電機系系主任安排了一位教授來機場接機，但是因為我們飛機delay，他沒有接到人。我們後來才知道這件事情，當時只好自己想辦法搭乘計程車，終於住進電機系幫我們安排的旅館。

由於抵達美國時學校已經開學，所以落地美國的第二天就有一門課等著我去上。那時候我還沒有用英文上過課的經驗，實在是一大考驗。幸好我已準備英文講義，當時想如果用英文講得不好的地方，學生至少還有講義可以看。第二天我還在調整時差中，只能先把太太跟小孩丟在旅館，自己從旅館這邊搭公車到學校，跑去上在美國的第一堂課。現在想起整個過程，都還覺得實在很不可思議。

剛到一個陌生的環境，馬上要硬著頭皮站上講臺用英文跟一群美國學生上課，當時的衝擊感實在相當大。尤其是在此之前我都是用中文上課，一下子要用全英文表達時就會有很多轉不過來的時候，所以常常一不小心就把慣用的中文口語脫口而出，像是「再來」、「這麼」、「然後」等等，我的學生裡面有少數幾個懂中文的學生，只有他們知道我在講中文了，外國學生們聽不懂，也

不知道講了什麼。還好課堂上學生問我的問題都是專業相關，所以只要掌握他們問題的關鍵字就會知道他們在問什麼，這部分還算可以過關；再加上我有將自己寫的英文講義發給同學，或許我當時上課過程中沒有講得很好，但是搭配講義所幸還是可以讓學生聽懂。

第一次用英文講課的過程實在讓人很緊張，還好同學的反應是都聽得懂。後來幾堂課下來倒也逐漸適應，上起課來順利很多。只是我自己講英文所面臨最大的困難不是在課堂上，而是在日常跟同事的互動上面。因為上課時只要能掌握專業術語，其他在說明與問答的溝通上就沒有太大問題。比較大的挑戰是來自於同事們的日常聊天，也許是因為文化差異，有很多口語、俚語是我不了解的，對於比較深入一點的聊天內容常常出現很多我聽不懂的地方，這就是讓我覺得難以融入，感覺困難的地方。

鄉親熱心協助，異國生活漸上軌道

我們到美國前透過當時聯合工專戴正芳主任的輾轉介紹，認識了一位住在波特蘭的臺灣人沈伯儀先生，大家都稱他「沈伯伯」。到了美國後我跟沈伯伯聯絡上，他的夫人我們都稱呼「沈媽媽」。他們夫妻都是非常熱心的人，給了我們不少的幫助。我剛到美國居住的旅館是由系上幫我們訂的，只能住一個禮拜，所以要趕快在這幾天內找好房子，沈媽媽知道後，就叫他兒子開車

載著我們到處去看房子，讓我們得以很快租到房子。

　　沈媽媽的兒子也樂於相助，還載著我去車行買車子，畢竟在美國沒有車子是相當不方便的事情。但買完車子後，才發現只有我跟沈媽媽的兒子二人，就必須要由我自己把新買的車子開回去，但那時我除了在臺灣考駕照時開過車子外，幾乎可說完全沒有實際開車上路的經驗。沈媽媽的兒子也沒想到我竟然是從未開過車的人，但當時沒其他辦法，我只好在沒有任何練習下，戰戰兢兢地進行我人生第一次的開車上路，竟然就是要直接開上美國的高速公路。由於我對路不熟，只能緊緊跟著沈媽媽兒子的車，雖然開得歪歪扭扭，還好一路交通狀況順暢，總算安全把車開回來。現在回想，實在也不知道自己那時候竟然如此大膽，每次把這件事情告訴朋友時，大家都很吃驚，無不認為這樣子真的太驚險了。

　　有了沈媽媽一家人的幫忙，讓我在一個禮拜內趕緊把房子租好，車子也買了，解決了住跟行的問題。這段期間我太太跟我兒子都還在調整時差，所以我每次一上完課回旅館都看見他們在睡覺。剛好旅館到期的時候，我們就可以搬到租屋處，慢慢地生活就逐漸步上軌道。剛開始我太太要去買東西時，最大的困難是語言，很多不認識的單字都要查，不過她很快就進入狀況。美國的生活習慣跟臺灣很不同，文化上的差異在很多地方給我們帶來很大的衝擊，需要一段時間來適應。但是美國有很多超級市場、速食店、餐廳等等，對我們而言生活條件算十分便利，對比於那時

候的臺灣，環境可說是很好。

　　我們也很快幫兒子找到了一間幼稚園，送兒子去上學。幼稚園老師接到我兒子時，心中應該嚇了一跳，因為我兒子一句英文都不會。老師教我兒子的第一句英文是restroom要怎麼講，就是如果想要上廁所了就要趕快講這句話。不知道為什麼當時我們有那樣的勇氣，就這樣把小孩子獨自放在一個完全語言不通的環境中。我兒子那時候表現也滿勇敢，竟然就在一句英文都不通的狀況下也沒有退卻，開始去上幼稚園。想想也是因為幼稚園的老師都很好，環境也很友善，再加上小孩子的適應力比大人認為的還要強，學習能力很快。

　　我兒子的語言能力還算不錯，去幼稚園一陣子後他就會講很多英文，能跟其他小朋友玩在一起，甚至到了讀完第一年的幼稚園時，兒子在家已幾乎都講英文，後來還覺得自己是美國人，想留在美國，非常有趣。後來我們才了解這間幼稚園採用蒙特梭利（Montessori）教育方法，現在在臺灣也很普遍採用，但在當時算是比臺灣的幼稚園先進很多。

　　除了上幼稚園外，我們在朋友介紹下，也帶兒子假日去上中文學校，學習中文。中文學校採用中文注音課本，教小孩講和寫國字，我記得我太太常常很用心教兒子寫國字，因為太太在小孩的教育上要求比較嚴格，只要有寫錯的地方就要兒子再重新寫好幾次，大人小孩都很用心，過程也算辛苦。

　　我們和沈媽媽家的互動很密切，他們很關心我們在美國的生

活狀況，也常常請我們吃飯。沈媽媽一家都是基督教徒，星期天會上教會，有時候我們就跟著一起到教會去參加活動，不過我們一直都不是教徒。記得有一次我們參加教會活動時，牧師講完話後就傳給大家一個奉獻袋，傳到我們的時候搞不清楚那是甚麼，坐在我們旁邊的沈媽媽看到就趕緊說：「你們不用、你們不用。」把奉獻袋拿走。後來才知道是教徒會奉獻金錢給教會，沈媽媽告訴我們不是教徒可以不用奉獻。沈媽媽常幫忙我們注意很多在美國生活的細節，也會留意我們需要幫忙的地方，他們一家人對我們都非常好，非常照顧我們，讓我們在異國的生活感到許多溫暖，我跟太太都相當感謝她和她的家人。

教會中很多華人教徒，沈媽媽介紹了很多教徒給我們認識，我也因此認識了其他在波特蘭州立大學教書的教授。由於沈媽媽的介紹，我在波特蘭才能夠接觸跟認識到其他華人朋友。

在波特蘭大學執教的收穫

我到美國時已在交大授課四年，也開過電子學跟積體電路設計的課，算已有一些經驗，也有做好的上課用英文講義，這些在美國上課時正好都可以派得上用場。不過我還是花不少功夫與時間備課，在美國這邊的教學過程讓我發現自己所不足的地方，替我帶來相當多的收穫。

雖然波特蘭州立大學並不算是很有名的頂尖學校，但他們大

學部的教學安排其實是非常嚴謹，像是大學部期末考是由學校統一安排時間，而不是讓老師自由調整可以隨意提前或延後，老師平常也不能隨便請假，剛開學時就要將一學期每個禮拜的授課內容、考試時間、分數如何分配等告知學生，每個星期就要按進度去進行教學，這些都有規定。可能因為交大基本上算是依循美式的教學方法，所以我到美國教書時，對於學校文化很快就能適應，反而是生活中遇到的文化差異衝擊感比較大。

我印象很深刻的是在辦公室裡面的同仁們彼此有很多的互動，他們大部分人都很願意來跟我進行交流，例如像是分享講義、教學經驗等等。老師們在教學上都保持很嚴謹的態度，有時候一門課剛開始時，課堂上會有一位是教學的老師，另外還有一位幫忙的老師，這位幫忙的老師也會一起聽課，下課後這位聽課的老師還可以提供授課老師一些建議，我覺得這不失為是一種好的方法，因為對於教學上的提升很有幫助，那時候我還滿驚訝老師們在教學竟然可以投入到這樣子。

我在波特蘭州立大學電機系只有教大學部的課程，我去的時候有一門電子學的課程是二個班級要上，當時就由我與另外一位教授 Dr. Morris 來分擔這門課，我們各教一個班。Dr. Morris 非常認真，他也有自己製作的講義。他把他的講義都給我一份，還告訴我可以使用。我仔細看過這位教授的講義，寫得非常好，當時我的講義做得還不算成熟，因為我都是自己摸索，但從這位教授的講義中，我學到了很多方法讓我可以改進自己講義的內容。

由於我們二個人是開同一門課，雖然分為二個班級但授課的進度要一致，所以我跟那位教授常常需要一起討論上課內容，還有進度該怎麼控制，如何與學生互動等等之類的問題。在這個過程中我從那位教授身上學到很多東西，他在教學上認真謹慎，還非常無私地跟我分享教學相關的經驗，給了我很多實用的建議。這位教授提供的許多幫助，對於像我這樣要取得經驗的新進老師來說，實在有很大的受益。在美國所學到的教學經驗帶給我很大的影響，日後回臺灣，我的教學方式與講義內容都是依照著這個時期所建立起的模式來教導學生。

　　在波特蘭州立大學期間我都是在大學部教書，雖然我曾嘗試著寫一些研究計畫去申請，卻都沒有通過。在美國要做研究等於是要靠自己再重新建立起環境，波特蘭州立大學並非研究型大學，沒有計畫支持要進行研究幾乎不可能，但申請計畫非常不容易，另外也沒有收研究生可以幫忙，所以在美國這邊我並沒有進行任何研究。不過，我雖然人在美國，但是還有持續指導交大這邊的博、碩士生，所以我原來在交大的研究仍得以持續。以研究方面來說，我認為還是交大這邊比較能夠提供給我資源與條件。

　　教學過程中我看到的美國學生都非常認真，學習意願也很強烈，跟臺灣學生相比起來用功程度不分軒輊，最大的差異是美國學生非常勇於發問，在課堂上面常常主動問很多問題。我另外還有帶著一些大學生做專題研究，學生們的表現也都不錯。課程結束後也收到學生給我的正向回饋，比方說我有開設類比積體電路

設計的課，這門課對他們來講也是算很新的課，所以有不少學生來修課之後就產生很大的興趣。我也依照自己的備課習慣，將期刊論文中的最新研究成果放入講義中介紹給學生認識，學生們學習的反應都很不錯。

我授課對象是大三、大四的高年級學生，這裡多數的大學生畢業後就會直接去找工作就業，幾乎沒有繼續考研究所的想法，曾有多位學生畢業後也都還跟我有一些聯絡。當時我的學生中，有不少人都會去西雅圖的波音公司應徵工作，就曾有學生回來告訴我說：「老師你教的那些積體電路的內容，應徵工作時都有被問到。」由於他們都會回答，所以就被錄取而能進入波音工作，因而特地來感謝我。

我也曾收到來自好幾位畢業生的道謝，都表示因為從我課堂所學到的東西，讓他們在求職時能派上用場，進而獲得理想工作。能夠知道自己的上課內容對學生在就業有幫助，是身為老師很有成就感的一件事情。

取得美國經驗，回交大貢獻所學

我在美國的第一年很快就過去，這個時候也已經覺得在這裡的生活開始能適應。由於我跟交大申請出國研究教學一年的時間已經到了，就需考慮到是不是要回臺灣的問題。當時身邊有很多人都告訴我說：「有這麼好的機會應該要繼續留在美國！」畢竟

在那個年代還很流行到美國唸書，然後不少人會繼續待在美國工作、生活。當時美國有很多很好的機會，尤其是科技相關的研究領域與行業發展蓬勃，環境又好，大多數人都會想要留在美國。

波特蘭州立大學電機系的系主任Prof. Pieter Frick一直希望我留下來，我記得他這樣告訴過我：「你就繼續在這裡教書，我們可以努力再申請研究計畫，繼續發展。」Prof. Frick和他夫人對我們很好，會邀我們去他們家聚餐。我們也會邀請Prof. Frick夫婦及系裡的同事們來我們家吃飯，每次都是由我太太下廚，準備中式菜餚跟大家分享。他們很喜歡中式料理，尤其是Prof. Frick夫人，我太太還送她一本英文版中式料理食譜。Prof. Frick夫婦告訴我們，當年他們從南非移居美國，也曾經歷我們類似的經驗，所以頗能了解我們的感受。也許因為這樣，他們特別照顧我們，我們都很感謝他們。

當時我自己的確也有留在美國的考慮，因為繼續留下來就可以申請美國居留證，而最主要是我心中還一直有著想要「再去試一試」的想法。所以我就向當時交大的郭南宏校長表達我還想要繼續延長一年，就用教師休假研究名義向交大請假一年，郭校長很大方地答應我，然後就說：「按照規定再來你就要留職停薪了。」我回答說：「好，我想要再去試看看。」

後來我也把女兒接過來美國，一家四口又在美國生活了一年。回想當時留在波特蘭州立大學的狀況，我大概也就只能走專職教書，研究上面似乎是比較不可能有發揮的機會。但是對於

研究，我仍有相當大的興趣與熱愛，所以那時大概也有做一些準備，打算或許可以試著去找其他能夠在研究上能有所發揮的學校。

當時我雖身在美國，在擷取新的研究資訊確實比在臺灣容易而且快速，學校的圖書館使用起來也很便利，但跟在交大時比較起來，我認為差異也沒有到很大。可能我所在的環境不是頂尖的研究型大學，對於美國的研究環境沒有接觸與了解，所以在我的想法上還是認為交大的研究環境與資源是算滿好的，而且交大的學生很優秀，在研究上都很努力、認真。

我去美國的年代沒有像現在有非常方便的網路與通訊軟體，想要跟臺灣的親人聯絡就是打國際長途電話。我記得剛到美國的時候，我們還要去找公共電話才能打回臺灣，而且公共電話也不是電話卡式，只能準備零錢投幣。平常我們會把零錢都蒐集起來，因為打一次電話就要準備很多銅板，而通話費非常昂貴，也只能簡單報報平安長話短說，久久才能聯絡一次。臺灣與美國距離遙遠，生活狀況傳達不容易，那個時候在臺灣的親人不免會擔心我們在美國好不好。我想，我跟太太、小孩們在美國的生活雖然慢慢能建立起來，但是畢竟沒有親友在旁，總是不如在臺灣生活那般感覺有依靠，這部分我想我太太應該會更有所感。當時遇到寒暑假期我們就都會安排回臺，在美國的二年時間竟然就回臺好幾次。

其實決定第二年再繼續待在美國的時候，我曾跟太太一起思

考過「是不是就這樣留在美國了？」這樣的問題。我心中的想法是那就頂多再給自己一年的時間來決定這個問題的答案。這段時間中，我認為對於家族親人情感的羈絆，是我跟我太太最後決定回臺灣的拉力之一。而另外的拉力還有就是考慮我在研究上是否可以能有發揮的機會？我認為還是交大能夠滿足於我在研究上面發展的需求。

郭校長的提點和鼓勵

最後，主要是郭校長的一席話提點了我，讓我決定回臺不再做他想。是在有一次回臺灣時郭校長把我找去，一見面他劈頭就開口跟我說：「你應該要回來交大指導我們自己的學生了！我們交大現在很缺老師，都苦於找不到好老師來教學生。你應該要回來教我們自己優秀的學生，而不是在國外幫忙別人培養人才。」

郭校長希望我可以回交大貢獻，他認為我是交大畢業，受到交大的栽培，現在有能力可以回饋給母校，應該回交大幫忙。郭校長是很有說服力的人，他一直鼓勵我要回交大好好發揮，他還說：「你要回來幫忙照顧電子系，要當系主任。」郭校長很堅持，讓我印象深刻。

跟郭校長談完後，我有很深的感觸，回想起自己當初想出國的原因是在取得在國外見識的經驗。我的出國經驗跟很多人不一樣的地方，是在於一般多數人出國是透過求學管道，取得留學的

經驗；而我則是出國去教書。我想對於一個臺灣本土培育出來的博士來說，有這種能夠被國外學校接受，取得教職機會的經驗更加難得，對於我個人而言非常寶貴。既然我已經完成了想要出國取得經驗的心願，再加上我從求學時期就受惠於交大老師們的教導、提攜，我認為自己一路走來都是因為有交大的培育而讓我可以取得一些機會，對於交大有很深的情感。交大很重視的是「飲水思源」的精神，當然我有能力了，就是要回臺灣、回交大服務。

　　這段說來時間不長的國外教書經驗，給我個人帶來很大的影響。重要的影響有二個方面：第一是在教學方式，例如怎麼跟學生互動、怎麼設計課程等等，這裡體驗到的授課相關技巧與方法，給我帶來很良好的提升，也有更加成熟的想法；第二個影響是我看到了國外一些系統的運作與規劃，讓我增長見識。回交大後，這二方面的影響對於我在日後的教書與做行政工作上帶來很多啟發，也讓我能在後來的工作上得以運用。

　　見完郭校長，我回到家就馬上跟太太商量我想回臺灣的打算，我太太一聽很贊成，她也認為已經有了這樣的經驗就足夠，回臺灣是比較好的選擇。於是我們就毫不猶豫揮別了波特蘭，在1986年舉家返回臺灣。

接任交大電子工程系主任

我回來交大後，首先的行政工作是接下電子工程學系系主任的職位（任期為1986-1989年），後來則接著擔任電子所所長（任期為1989-1991年），開始有了行政工作經驗的累積。

我接系主任的時候，電子所所長是魏哲和（任期為1982-1989年），當時整個系所是所長最大，代表整個系所。我們系主任是管理所下面的系，那時候我都要跟魏哲和所長報告，電子系系主任的身分則有點像是副所長。早期行政運作大概多是先擔任系主任後，就會去接所長職位這樣的狀況。

我當時接觸到整個系務的運作時，感覺跟美國有一些差距，就想是不是能借用一些國外的方式，可以有更好的改善。由於我還滿留意老師的教學，所以就跟老師們溝通做一些修改，比如盡量能固定期末考時間，不要提前或延後。關於教學方式的溝通，大部分老師也都能慢慢達成共識，教學方面的調整並不難做到，目標是把大學部教好。

另外，我在美國的時候看到大學很重視招生，都會去高中進行宣傳，像是波特蘭州立大學還會安排讓高中學生、家長來校參觀、參加活動，這樣的做法目的就是希望可以主動吸引好的學生。由於當時在臺灣的大學院校還沒有這種主動到高中招生的風氣，所以我看到國外校方系所如此積極的做法，認為這樣子的方式很值得效法。

我擔任系主任的期間，主要做最多的事情是在「怎麼樣能吸引好的學生進來」上面，其中包含了幾個方面，例如：去高中宣傳、建議學校辦營隊活動、從學生需求的角度來做一些系上的改變。

舉辦微電子營

於是電子系在1987年開辦了第一屆的「微電子營」（Micro Electronic Camp, MEC），提供給有興趣的高中生來參加。營隊是由大學部的學生組織起來，帶著這些高中生來認識一些基本的電子學知識，看看實驗室怎麼運作，並介紹交大這邊可以學習到的東西，另外還進行一些活潑的團康活動，增加趣味性。後來這個營隊甚至還有安排到竹科去進行參訪，目的就是讓高中生不僅對交大電子系有基本的認識，也能對產業有初步的了解，進而確認自己的學習興趣。這個「微電子營」是交大校內第一個高中生營隊，獲得的迴響是非常好的，後來「微電子營」持續舉辦了超過三十年（因應校方學系整合之故，2019年電子系停招後微電子營始停辦）。教書多年下來，常常有學生告訴我，他們都是因為高中時曾參加過「微電子營」，而決定選擇到交大讀電子系。

另外我也希望能站在學生角度出發，來改變系上一些比較不符合時宜的做法，讓學生可以在更舒適的環境中學習。不然我們用好聽話一直大力向高中生宣傳，結果學生被吸引進來後卻發現

好像不是那一回事，這樣可不行，必須是要一致。學生進來後應該要好好照顧，我們也做了一些內部的改變，比方說老師可以更關心學生，盡量協助解決學生所面臨的一些難題。我很努力想要改變，希望能爭取到好的學生來讀，我就去跟系上的老師說明，也獲得支持。

改變入學錄取方式

當時還是實行大學聯考升學掛帥時代，在招生上我們的競爭對象是臺大、清華。各校各系當然希望能夠吸引到好學生，讓系的排名提升，這也是我擔任系主任時所肩負的一個很重要任務。當時聯招已經可以讓各科系自訂加重計分標準，也就是說我們系可以決定聯招考試中要在哪幾科加重計分（1984年實施「大學入學考試改進方案」，放寬讓各系可以自訂各考科中加權及高低分標準），比如說把英文、數學、物理、化學等加重百分之二十、百分之五十，透過從學生的原始分數去加重計分，錄取分數就會提高。

但是其實加重計分會出現一個問題，就是表面上會讓科系的錄取分數看起來變高，但是當回到大學科系排名時，排名的分數則是以原始分數計算，結果當加重計分比例越高時，原始分數就越低，這樣就產生出錄取成績高的學校排名卻不一定高的落差現象。當時的清華電機系應該是已經先看到這個狀況，所以他們就

把原加重計分取消。我記得這是在我剛接系主任職務時的事情，本來我們電子系的排名都是在清華電機系之前，結果清華電機系突然取消聯招加重計分，一下子他們的排名就提高，把我們拚過去了，我們就想「喔，你們來玩這一招！」那時候印象很深刻。這樣的事情給系主任很重的壓力，我們也馬上取消下一年聯招的加重計分，錄取分數只採計原始分數。另一方面舉辦微電子營，增加對高中生的宣傳，還好後來我們的排名恢復原來的領先，超過清華電機系。

80年代交大畢業生出路的轉變

當時交大電子系的學生在我看來，跟我當初進交大讀大學時的樣子並沒有很大的變化，就是學生都很認真、比較乖，比較會遵守學校的一些規定，雖然有一些規定可能不是很合理。那時候來讀電子系的大學生以及跟我做研究的博、碩士生，都有很強烈的企圖心，就是全心全力投入於學業上，不論是在半導體方面、IC 設計方面等等，只要選定了研究領域，學生們幾乎都是很盡力在拚。學生們對於攻讀博士學位的意願也是很踴躍，會盡所有的力量去把研究做好、把功課照顧好，在他們身上都能看到一種非拿到學位不可的決心。

可能是因為早期交大很多學生家裡的環境並沒有很好，當時普遍的想法是要靠讀書的機會來改變自己家庭的環境，我自己也

是如此。不過近年來我在學生身上已經比較沒有看到這樣子的精神，因為現在學生所身處的外在環境條件相對是比較富足，家庭環境普遍都比較好了，而學生本身的自主性意識越來越高，比較有自己的想法，大環境的選擇性也比以前的學生多很多，所以在求學上面的企圖心相較於以前的學生就比較沒有那麼強烈，他們會花更多時間去尋找不同的嘗試、探索更多可能性，這也算是新生代學生的特色。

當我還是交大學生的時代（指1968-1980年間），有很多大學部的畢業生選擇出國深造，當然人數是比不上臺大的畢業生那麼多。我想假如臺大的學生出國的比例是百分之八十、九十的話，交大畢業生出國的比例可能就是在百分之五十、六十左右。沒有出國的學生中，大概分別就是像我這樣出不了國的，或是不想出國的，其中不少人會選擇在國內繼續讀研究所。一旦在國內讀研究所，拿到碩士後再出國的人相對就又更少了，大部分不是繼續在國內唸博士，就是直接去就業，但是當時除了一些公家單位，幾乎沒有產業界的機會（可參考第二章，〈研究之路的起始點〉一節）。

如果讓我現在來回顧求學時期的1970年代，其實有很多半導體產業正在萌芽發生的重要事情，例如早期即有國人自行成立的半導體公司「寰宇電子」（1969年施敏所推動設立）、「萬邦電子」（1970年由張俊彥帶領交大校友籌設）、「華泰電子」（1971年由杜俊元創辦）等。但是對於當時還是學生的我們來說，似乎

是不太清楚有這些公司的出現。至少我那時候是沒有印象，也沒有特別聽到同學們之間有在討論要到那些公司去求職，也許是規模有限，要找的人很少，當時學生要知道這樣的消息就很不容易。有關的事情都是要到以後，我才從一些資訊中知道有這些公司的發展。

半導體產業崛起

至於在1974年，國家因要推動IC計畫而在工研院成立「電子工業研究發展中心」（今電子工業研究所），負責進行引入美國RCA的積體電路技術並加以研究發展，以今日的眼光來看，這真是臺灣半導體產業具關鍵性的起點，非常重要。在IC計畫引入技術前，臺灣的電子公司技術所能製造的是二極體、電晶體這些是半導體元件；要等執行IC計畫之後，才有製作IC的技術，才開始有能力做出像電子錶以及音樂卡片中能發出聲音的晶片。

當時工研院分批送往美國受訓的人當中，就有很多是交大畢業的校友，因為交大是臺灣最早有能教授半導體的師資，及設有專業半導體實驗室跟設備的學校，在1960年代已有能力進行半導體研究。多年下來也訓練、培育出許多具有半導體基礎的學生，1970年代應該也是國內除了工研院外，研究半導體的重鎮（交大於1976年8月進行國科會國家電子大型計畫──「半導體元件及積體電路技術發展」，迄1979年7月完成。1977年半導體實驗

室改制為半導體研究中心，納入教育部正式編制）。但是回到當下時空，那時的我們對這樣產業政策未來的發展狀況並不是很清楚，又怎麼想得到這會成為臺灣半導體產業很重要的里程碑？但是那時候就是機會來了，可以讓這些專業人才聚集起來發揮專長，共同去開創出後面的路。

教書之後，就我自己的觀察，在80年代以後交大電子系畢業生選擇出國讀書的比例，在前期跟後期上出現一些變化，跟我當學生的時代不太一樣，原因在於當時剛好是臺灣半導體業開始進入發展提升的轉捩點。尤其是1980年新竹科學園區成立，而由工研院所衍生而設立的聯電（聯華電子股份有限公司，United Microelectronics Corporation, UMC）也在同年成立，成為第一家進駐竹科的公司，早期聯電是兼具IC設計與製造的公司，要到90年代以後聯電轉型成為純製造IC的公司，才把IC設計部門切割獨立出去。回頭看1980年竹科跟聯電的成立，可以算是臺灣半導體產業的開始。到了1987年同樣是由工研院所衍生成立的台積電（台灣積體電路製造股份有限公司，Taiwan Semiconductor Manufacturing Co., Ltd., TSMC）開始營運，是全世界第一家只專門代工製作IC的製造廠。

在聯電、台積電這二家公司先後成立的幾年當中，竹科裡面陸續開始有了半導體的公司設立，也有IC設計的公司出現，例如有：太欣、和德、華智、其朋、通泰、普誠等等，臺灣的半導體產業在整個80年代逐漸發展起來。

畢業生大量投入電子相關工作

如果以整個80年代來看，在前期交大的大學生畢業出國比例還是會比較高，像是我們常常都需要幫學生寫很多推薦信，讓他們去申請國外的學校，但是到了後期人數就減少很多，甚至還出現了只有個位數的狀況。主要原因在於隨著臺灣半導體產業廠商的增加，其他電子相關產業也帶動起來，整個產業市場對於人才的需求大增，就漸漸有比較多的交大學生選擇在臺灣唸研究所，或是直接進入就業市場。中後期以後，交大研究所畢業生直接投入到電子相關產業的人數也更多了，自然影響到出國求學人數。

我想，這是1980年代交大學生跟臺大學生在出路選擇上算是不太一樣的地方，因為在當時臺大學生都仍然以出國為優先選擇的時候，已經有不少交大學生投入到臺灣正在發芽的半導體產業中就業，從基層的代工中取得經驗，然後再去進行提升，這就是為什麼早年竹科裡面幾乎都是交大人，而後出現有所謂的「交大幫」這樣的稱呼。

臺大畢業學生回臺投入臺灣半導體產業創業或進入公司服務的時機點，似乎是到了90年代後人數才開始相對比較多起來，當時的竹科已經發展起來，臺大人多數是已經在國外繞了一圈，有了歷練、成就後才回臺工作；相較之下交大人則多是在國內產業的基層一路做上來。不過到了今日，產業界中已經也不那麼區分，不論是交大（陽明交大）、臺大、清大、成大等等各校的人

才在產業的比例都有增加，大家都在這個產業中共同合作，付出很大的貢獻。

如果回到產業發展歷史來看，我認為交大的學生是產業發展中很重要的奠基者，可以說是靠著許多交大學生投入基層，替早期臺灣半導體產業一步一步打下雄厚的基底，應該值得肯定。這些交大學生有了工作歷練後，不少人就選擇自己出來創業，現在可能都是科技業的大老闆，或者很多都是業界大公司的中高階幹部，帶動產業的成熟化。從我實驗室歷年畢業學生的就業狀況來看，正好反映了交大人在產業裡面的發展趨勢，就是一個很好的例子。我認為這是臺灣後來半導體產業能夠得以起飛，走到現在達到世界頂尖規模的重要因素之一。

研究方向的摸索

回到交大除了接系主任行政職，教學指導學生仍是重點，手上也仍有許多研究計畫持續進行中。我印象很深刻的是，讀博士班時所接觸到的最新知識都是來自於國外期刊文獻。剛開始讀期刊的時候，我們心中都會冒出這樣的想法：「為什麼每一期的期刊中都有那麼多新的東西跑出來？為什麼有這麼多東西是我們所沒想到的？」這樣的疑問，表示我們跟國外研究中間存在著巨大差距。意識到這種落差，會讓我們感覺到有一種想要追求更多新知的慾望，辦法就是透過大量閱讀文獻的方式，替自己打下知識

基礎。擁有知識基礎很重要，因為一定要先有基礎，才能夠進一步去思考自己能從研究中發現甚麼樣的新問題。

我們早期在臺灣做半導體研究的學生，很多大概都會面臨同樣的一個問題，因為這是一個很新的領域，臺灣當時也幾乎沒有相關研究可以參考，我們必須靠自己摸索出一條路來。我們一開始是比較辛苦，一方面要靠自己勤於閱讀論文去把知識基礎建立起來；另一方面要嘗試去從別人的研究中，找出有沒有可以創新的地方？就這樣一步一步去完成出具有水準，足以發表的研究論文。我讀博士班期間的研究就是用這樣的方式走過來，完成了能在IEEE期刊發表的論文。

從元件製程到IC設計再到生醫電子

由於我博士論文內容是在研究元件的特性與應用，由於涉及應用，就包含了需探討由元件組成的積體電路的特性，還有它的模式建立，其中也接觸到一些類比積體電路。（相關內容請見第二章〈繼續攻讀電子所博士〉一節）

博士班畢業後，我延伸應用博士論文研究的LAMBDA雙載子電晶體來設計新型的靜態隨意出入記憶體 [Static Random Access Memory（SRAM）] 或動態RAM（Dynamic RAM, DRAM），並在1983年發表 *IEEE Transactions on Electron Devices* 一

篇長文[3]及 *IEEE Journal of Solid-State Circuits*（《固態電路期刊》）一篇短文[4]。1983 之後我的研究先聚焦在製程跟電晶體元件方面的研究，然後才逐步走到積體電路設計上。

從我自己的研究經歷來看，80 年代算是奠定基礎的時期。一開始我所帶博士班學生的論文題目是在製程跟元件方面，這也是當時我們實驗室在做的研究，是比較偏向技術方面；然後才是往數位積體電路發展，就是 0101 的電路開始，因為那相對比較簡單，但都是與半導體相關，是屬於積體電路設計。

先簡單來講一下我早期的研究題目是跟著這樣的方向走，先是元件、製程，後來開始做起數位積體電路設計、類比積體電路設計，持續累積經驗；但我的研究要走到能真正在類比積體電路領域上發表一些論文已約是在 1989 年左右，大概至少也已是十年後了，這段為研究打基礎的累積過程就需要如此費時，回想起來也實在不容易。

之後我逐漸把研究重心投入到類比積體電路領域，我在整個 90 年代研究轉變的方向，主軸是我在類比積體電路的研究就轉往聚焦在類神經網路的方向，主要是從仿生的電子視網膜開始切入，開始跨入結合生物醫學與電子工程的生醫電子領域。這樣的

---

3 Chung-Yu Wu,"A new dynamic random access memory cell using a bipolar-MOS composite structure," *IEEE Transactions Electron Devices*, vol. 30, no. 8, pp. 886-894, Aug. 1983.

4 Chung-Yu Wu and Yin-Fang Liu, "A new high density MOS static RAM cell using the lambda bipolar transistor," *IEEE Journal Solid-State Circuits,* vol. 18, no. 2, pp. 222-224, Apr. 1983.

選擇一方面是因為興趣；另一方面是想要去試試新的挑戰。（相關內容請見第四章〈類神經網路的研究，啟發視網膜功能以IC實現〉一節）

跨越2000年之後，我專注在生醫電子的領域中耕耘，看過的研究論文多了，也就能有自己創新的想法，可以找出做得更好的方法，走出自己的新方向，開創自己一個領域出來。我想到了這個階段，我的研究應該才算進入穩定的發展期。（相關研究內容請見第五章）

研究成果卓越，榮獲國科會傑出研究獎

當時候（1980年代）有一個時空背景，就是那時候臺灣有了能製作IC的工廠（聯電），但是IC設計能力尚待提升，所以國科會有組織性地要在國內推動「超大型積體電路」（Very Large-Scale Integration, VLSI）與計算機（電腦）輔助設計（Computer Aided Design, CAD）能力的發展。

國科會最早是先在交大以跨系的方式進行VLSI／CAD研究，建立起模式後，才將這樣的方式推廣到臺大、清大、成大，由各校組成研究團隊來訓練人才。交大當時重點是各層次CAD工具建立與研究；工研院電子研究所則推廣CAD的研究訓練，舉辦了好幾次研討會、演講等活動，也曾推動邀請學校教授在暑期至該所移地研究二到三個月，目的是培育老師IC設計能力

及技巧，我當時也受邀參加過。當時電子所移轉了相關CAD軟體給一些研究機構，交大這邊也因此取得了CAD的軟體，如：SPICE、SPICE II、MOTIS-C、LOSP、SUPREM、SIMPIL、SEDAM、ELOGS等[5]。

我第一個國科會研究計畫是「**半導體記憶器之研製**」（執行日期1981年8月－1982年7月），接著是「**新型雙載子靜態隨意出入記憶 [bipolar Static Random Access Memory-（SRAM）]細胞（cell）之研製**」（執行日期1982年8月－1983年7月），係研究以LAMBDA雙載子電晶體組成SRAM的細胞電路，儲存一個位元，並由此連接擴充成更大位元的記憶體，當時雙載子及金氧半電晶體的SRAM記憶體正在發展中，我想研發新型LAMBDA雙載子電晶體，結合兩種電晶體組成細胞單元電路，希望能做出性能更好的記憶體。又連續取得第二年擴展計畫「**新型雙載子靜態RAM CELLS之研製**」，進行深入的研究。

在80年代初期，我開始研究三個具有貢獻的主題：**第一個主題是CMOS晶片的閂鎖（latchup）效應**，研究如何避免閂鎖，以提升晶片可靠度，第一篇論文發表於1985年 *IEEE Transactions on Electron Devices*，1989年又在同一期刊發表另一篇論文，直到今日，這個主題大家仍在研究；**第二個主題是數位積體電路邏輯閘**

5　SPICE為Simulation Program with Integrated Circuit Emphasis縮寫，模擬電子電路內的類比訊號的軟體，有多種版本。其他為IC電路模擬、製程模擬軟體，以及邏輯模擬程式等。

（logic gate）時序模型（timing model）及新型高性能邏輯閘電路，分別在 *IEEE Transactions on CAD of Integrated Circuits and Systems*（《積體電路系統電腦輔助設計》期刊）及 *IEEE Journal of Solid-State Circuits* 發表三篇論文；**第三個主題為矽化鈦薄膜製程研究**，用於有效降低複晶矽（polysilicon）接線串聯電阻，以提升速度，此研究在電化學學會期刊發表兩篇論文。矽化鈦曾實際應用於半導體產業上。

從畢業後在1983到1989年間，我共發表二十二篇期刊論文，其中IEEE期刊發表八篇。以年度區分來看，即1988年發表六篇，1989年發表九篇。也因為這一路研究上面的貢獻，讓我於**1989年獲得第一次國科會傑出研究獎的肯定[6]**。「國科會傑出研究獎」是國科會為了要鼓勵科學技術研究人員能夠長期進行基礎與應用研究而設立，提供給大專院校與各學術研究機構的研究者申請。能獲獎實在是身為一個研究者很開心的事情。

我覺得自己有著工程師的性格，我認為的工程師教育就是培養對於技術問題的解決能力，最終是能夠有實際運用在產業上的創新發明，只要有階段性的成果出現就算達成目標。我認為這點是跟科學家追求基礎知識是很不同的地方，也是我後來能一直在研究中保持熱情與嘗試在不同領域中去解決問題的動力。

驅使我們持續在這個研究領域中追求創新的突破，每天忙碌

6　吳重雨曾分別於1989、1995、1997年獲三次國科會傑出研究獎。

於科技與產業的發展，最大的想法還是在於希望能藉由科技的發展帶給人更多便利或者改善生活，進一步能帶動產業的發展。

我認為研究必須是一段漫長時間下的累積，需要有耐心投入時間、花很多功夫，沒有速成的方法。我自己也是要到了 90 年代才開始逐漸清晰自己的研究已經走在想要走的路，步入開始成熟的階段，也能發表出較多水準足以能讓 IEEE 期刊所接受的論文。當我們臺灣的研究成果能夠有越多獲得國際期刊的審查刊登，在國際上的能見度就能增高，表示我們的研究跟世界的標準很接近了。

以啟發的方式指導學生

由於我自己在研究上面是一路摸索過來的，所以我在指導學生時，會採用啟發的方式。我可能先給學生一些建議的題目，其中會有新研究的主題；也有實驗室進行中研究的延伸，就看學生自己的興趣在哪裡，然後再給學生一些新的想法，讓學生自己去嘗試把研究題目做出來。

當然學生在做研究的過程中會碰到各種問題，他們也會有自己的想法跑出來，這種時候學生都會來跟我討論，我們就一起來找出可以解決問題的方法。而我也會每週安排固定的時間聚集所有研究生們一起來開會，互相報告一下研究近況，看看有沒有遇到甚麼樣的問題？讓學生們也能聽聽其他題目研究的重點。我認

為這種方式可以增加研究生們的視野以及對其他領域的知識，可以不侷限在自己的題目裡面。

最早我博士班學生的博士論文題目是聚焦在製程跟元件方面，然後慢慢隨著我們實驗室研究主題的轉移，後來的博士生才踏進去做類比積體電路跟數位積體電路。剛開始時，類比積體電路在臺灣是相當冷門的研究領域，幾乎就只有我們實驗室在做，所以那時候都會面臨到學生要畢業口試卻找不到口試委員的問題，我大部分就是去找產業界的人，或者找一些雖然不是這個領域，但是有相關的人來口試。

重視實作經驗，做出能 work 的晶片

學生讀書最終還是得必須面臨就業問題，我很希望從實驗室出去的學生們，在畢業後的求職上都能夠順利，所以我會一直對學生強調實作的重要性，認為學生既然學了積體電路，一定要有能力去做一個晶片出來，然後實際去量測還要能 work，而不是只在電腦上面做模擬，這樣只是紙上談兵。

在早期電腦模擬的軟體還沒有太大的發展時，我就已經讓學生們去做晶片，早期我們是找工研院合作，早先我們是將學生做好的 IC 設計電路交給工研院做光罩。工研院自從引進 RCA 的技術後，就有了製作 IC 佈局圖（IC Layout）的軟體，能依據設計的 IC 電路製作佈局圖，再自製出比較好的光罩。IC 設計好後到

能送去做成晶片中間，需要先把IC電路圖畫成IC佈局圖，然後做成光罩。我在交大讀書時，是要使用紅膠片（rubylith）用手工的方式來畫光罩（參見第二章中〈從早期的土法煉鋼走向專業精進〉一節），而工研院使用Layout軟體，即透過電腦將設計好的IC電路圖，製作出IC佈局圖，且能夠做出線條更精細的IC佈局圖。IC 佈局圖設計後，再來就是要製作光罩（Mask Making），基板材料是鍍有鉻金屬的石英玻璃，先塗佈光阻劑，再用電子束或精準雷射光束依照IC佈局圖的圖案加以曝光，經過顯影、鉻金屬蝕刻、及光阻劑去除步驟，就能把佈局圖對應每一個製程步驟，需曝光區及不需曝光區的圖案，轉到光罩上。光罩就像是底片的概念，透過微光刻（microlithography）技術，以紫外線曝光，將光罩上的圖形轉印在晶圓上，以便在不同區域進行半導體製程。當時有了光罩就送去聯電把晶片做出來，然後我們學生再拿回來實驗室量測。

等到後來產業界的公司慢慢發展上來的時候，我們就改跟一些IC設計公司進行合作專案，這些IC公司都會跟聯電與台積電下晶片，我們就透過合作專案的機會，爭取到讓我們實驗室學生設計的晶片跟他們公司的晶片一起下的條件。這樣對學生的訓練方式，應該算是比較扎實。有許多學生都曾在畢業後告訴我，這種實驗室要求學生要實作的方式對他們非常有幫助，可以縮短他們進入職場後摸索的時間。

我尤其認為，學生如果能在求學階段就有跟業界合作的經

驗，對於他們畢業後去求職是有很大的幫助，所以當業界來找我們進行產學合作計畫時，我都很鼓勵學生盡量去參與計畫，跟產業界接觸、互動。

深耕實驗室與業界的產學合作模式

會跟產業界合作的緣由主要是來自二個因素的考量，第一是因為我們實驗室的目標是「研究的成果最終總是要成為產品」，如果要成為產品就不能只是在實驗室中做研究，需要踏出去找產業界合作，才能變成產品；第二個因素是產業界很多新創的公司需要技術上的支援，就會來學校找我們實驗室協助解決技術上的問題。對我們學界跟業界來說，雙方都有共識認同合作是很重要的事情。

由於工研院自 RCA 技轉了積體電路的技術，很需要去把這樣的知識推廣出去，所以工研院當時也有邀請一些海外半導體的學者來院內演講。我去找工研院進行合作是在很早的時候就開始，也因此認識了當時還在電子所擔任研發經理的蔡明介董事長，還記得我到波特蘭大學教書時，蔡董事長還曾經到過我美國的家裡過。

我開始比較積極去找校外合作機會是從美國回來之後，對象是工研院與產業界的公司。那時候有一些剛成立的公司也很願意來交大找我們實驗室合作，以專案計畫方式由實驗室來幫忙進行

研發與解決問題。尤其是很多公司會邀請我去幫公司員工上數位積體電路跟類比積體電路的課，因為這是很新的東西，業界人士很迫切需要去充實這方面的知識。由於進公司去上課更需要符合他們需求的內容，跟學校的學生不同。我記得我也常需要備課到凌晨，然後一早八、九點就去公司上課。

　　我那時候一直有這樣的一個概念，認為學校實驗室應該跟業界要密切合作，業界也有這樣產學合作的想法，因為他們希望倚重教授學者的幫忙，讓他們可以比較容易去了解、掌握一些新的知識還有新的研究技術。就是在這樣的觀念之下，我們實驗室的研究就劃分為二個部分：一半的研究動能是放在作產業界需要的東西上；另一半的研究動能則是放在我們想要進行的創新研究上。

　　從美國回交大之後，由於我陸續接下系主任、所長的行政職務，這樣子的身分對於去推動產學合作的案子正好有優勢。我覺得學界跟產業界不應該是一種理論跟產業涇渭分明的狀態，所以先從帶自己實驗室的學生去做，後來我們也跟其他教授互動，鼓勵大家也來這樣做。

　　回想起來，就是因為我前面對產學合作的堅持，還有要求學生要把晶片做出來這樣的堅持，影響到了後來我借調到工程處時，我才會有機會去把這些經驗運用出來，推動了國科會第一次的產學合作計畫，以及推動晶片設計實作中心的誕生。

第四章

擘劃與開拓

1990-2000

我還記得曾經有人這樣問我,說:「你怎麼去推動這個?這樣不是把自己的技術都給別人知道了?這樣不是在製造自己的競爭對手嗎?本來是你自己獨強,現在卻讓其他人來追上你。」但是當時我認為不能有這樣的想法,就回答說:「因為我們一個實驗室的力量其實很有限,只有越來越多人的加入,IC設計產業才會發展出越大的空間,產業越蓬勃我們的機會才會越多……」,而不是為了怕競爭,只是去想把東西都藏起來,這樣反而是侷限自己。

1990年代，突來的機會讓我得以接下國科會工程處處長，並規劃推動「產學合作計畫」與成立CIC（Chip Implementation Center），後續又參與規劃南科，讓我能結合自己研究專業領域，提出建言與參與籌畫政策，實在是一段受益良多、大開眼界的歷練。

這段時期307實驗室在交大光復校區工程四館有了實驗空間，還有吳介琮與吳錦川二位教授加入，擴展307實驗室規模，透過團隊合作爭取到更多資源，能持續前瞻性研究，沒想到這種新的實驗室模式，卻可以讓307實驗室穩健發展成為一個大的優秀團隊。而我的研究也先以「仿生」──仿人工視網膜晶片實現為契機，朝向生醫電子研究之路邁進。

現在想來這段時期的自己相當幸運，能獲得很多的機會。而剛好我自己也已經累積一些行政與研究上的基礎了，我可以運用自己的經驗，踏實地一步步完成任務，實現自己的想法。

接任國科會工程處處長

我擔任電子所所長的時候，突然來了一個機會，時間可能是鄧啟福校長（於1992-1998年任交通大學校長）卸任國科會副主委（任期為1987-1990年）歸建回交大後，他有一天告訴我，要找我去接「國科會工程技術發展處」（以下簡稱「工程處」）的位

子。原來是國科會工程處處長出缺[1]，當時國科會夏漢民主委找鄧校長幫忙推薦一個人選，聽說夏主委有提出二個條件：一、是要獲得過國科會傑出研究獎；二、是希望是找四十多到五十多歲左右年紀，要年輕一點的。

我想可能是因為那時我才剛拿到國科會傑出研究獎（1989年）[2]，又有系所主管的行政經驗，所以鄧校長找了我。所長一任的任期是三年，我當時才做了二年，還有一年的任期，但鄧校長認為我是相當符合夏主委要的人選，就一直告訴我這是一個很不錯的機會，要我把握。在鄧校長的推薦之下，我把自己的資料整理好，由鄧校長送給夏主委看。夏主委也找了我去跟他談一談，就這樣確定要借調我去國科會當工程處的處長。

決定借調到工程處後，我辭去所長職位，到國科會報到是1991年8月1日。我上任處長，首先碰到的是上班交通問題，因為工程處沒有提供宿舍，所以我只好每天從新竹坐車到臺北上班，開始通勤生活。想起來那時每天一大早由我太太開車從博愛街宿舍載我到光復路清華大學門口旁的公路局站牌搭車，一路搭到臺北中華路的公路局總站，下車後我再轉搭計程車到位於和平東路二段的國科會。下班也是先搭計程車到中華路的公路局總

---

1 1990年9月鄧啟福辭國科會副主委一職，由國科會工程處胡錦標處長接任副主委，由徐享崑任代理處長。

2 曾三次獲國科會傑出研究獎，分別於1989-90年、1995-96年、1997-98年。

站，再搭公路局的車回新竹，我太太就會開車去清華那邊的車站接我。

當時公路局往返新竹的班車不多，我曾經多次在星期五下班時碰到搭車人潮，排隊等車的人龍長到可以繞車站建築物好幾圈，我也在隊伍裡面跟大家排很長的隊等上車，這實在是通勤交通上避免不了的辛苦。搭公路局好一陣子後，有同事知道我從新竹通勤，就告訴我工研院每天早上好像都有專車會直達國科會。我去打聽後，原來工研院有一個辦公室在國科會所在的科技大樓，他們每天一大早都會有一輛小巴士從「光明新村」（工研院宿舍，位於清華大學旁）發車到國科會大樓，下班時間也有一班回程車回新竹可搭。工研院方面的人也很不錯，一下就同意讓我搭他們的便車，免去了我原來通車要趕車、候車的狀況。

到國科會工程處上班跟在學校很不一樣，不過在適應上倒是沒有太大的問題，因為平常我們在學校申請計畫都是要透過工程處，所以已接觸過一些工程處的承辦人，都算認識。處裡面的狀況是處長有一個自己的辦公室，外面則是其他同仁的辦公室。

各學門工作的推動及調整

工程處裡面分有多個學門，涵蓋像是電子（後更名為微電子）、電機、資訊、環境工程、土木、化工、材料、航太、機械

等等諸多領域。每個學門都請來所屬領域中傑出的優秀學者擔任學門召集人，負責規劃推動學門的研究發展，以及進行學門的溝通協調工作，並推動國內外的學術合作與交流活動。處內則是設有學門的承辦人，這些承辦人負責學門的計畫管理，也肩負著與學門召集人合作的重要角色，一起來推動學門的工作執行，以達到預定目標。

而這些學門也非沒有變動，因為科技發展的日新月異，每個領域都會有新的技術不斷研發，也可能是策略調整、資源運用、環境需求等的改變，總之透過學門召集人找來各界專家學者，綜合學術界、產業界、研究機構的意見，隨著實際的發展狀況進行學門的評估與調整。

以工程處的「微電子工程」學門為例，該學門原來是叫「電子」學門（1980年成立）[3]，推動半導體元件與製造及積體電路設計與封裝等研究。大約到了1980年代末期，當時擔任工程處電子學門召集人的交大吳慶源教授（任期為1980年–1987年）就已開始進行該學門規劃，並擔任總召集人，針對當時臺灣的電子科技產業發展狀況進行了解，開始著手規劃「微電子工程」領域研究重點，當時還有四位分項計畫召集人，分別是：交大的李崇仁教

3　工程處學門召集人是由李卓顯處長任內所設置，始於1980年。目的是希望透過從學門中遴選出資深之專業學者，協助進行學門規劃與考核等工作。參考國科會網站，「工程技術研究發展處」內之「學門召集人」所列「設立目的與任務」資料，網頁：https://www.nstc.gov.tw/eng/ch/detail/4958aa70-007c-4326-9c49-e013fa73be17（瀏覽日期：2023年4月5日）。

1997年微電子學門成果發表會暨研討會在彰化民俗村舉辦,於嘯月山莊(現已改名為日華大飯店)之會場外合影。吳重雨(前右二)、陳力俊(前右三)、張俊彥(前左三)。(吳重雨提供)

授、張俊彥教授、雷添福教授,清大黃瑞星教授共同參與[4]。

　　但是要一直到1995年,才由時任電子學門召集人的張俊彥教授完成微電子學門的成立,並於1996年起以微電子學門取代原來的電子學門。當時我已卸任工程處處長,即被選任為微電子學門第一任學門召集人(任期為1996–1999年),接著則是由臺大陳

4　在此補充1987年吳慶源教授作為「微電子工程學門」規劃資料之總召集人,提出四個「微電子工程學門」重要研究領域,分別為:超大型積體電路之計算機輔助設計、矽材超大型積體電路及元件技術、砷化鎵積體電路技術及相關III—IV族半導體元件之技術、感測元件及相關材料。參考自行政院國家科學委員會工程技術發展規劃,〈前言〉,《行政院國家科學委員會學門規劃資料—微電子工程》,(臺北:行政院國家科學委員會,1987)。

良基教授擔任召集人。電子學門更名為微電子學門，以半導體領域研發為主，正反映了當時臺灣對半導體領域發展重視的趨勢，由學術研究及人才培育開始啟動，希望逐步強化臺灣半導體科技與產業的發展。

學門的變化往往一段時間後就會進行一些調整，趨勢是越發展越多，這也反映了國內學界與產業朝往更多元性的領域開創發展。我擔任處長的時間是1991年至1995年，這四年中也增加了幾個學門[5]。當時的副處長是張立教授（任期為1992–1997年），另外還有何有忠科長等等，整個工程處的工作人員還不少，都提供我很多協助，是很優秀的工作夥伴，讓我深刻感受到是個很有活力的工作單位。

我印象中在當處長的工作期間，每天都很忙，要批很多公文。處裡面有相當多的計畫，經過評審核定以後，最後都要送到處長這邊來簽，簽完以後上呈國科會，國科會內部就會召開一個專門審查各處內提報計畫的審核會議，這個會議通常是由副主委主持，我們處長都要去會議上報告自己處裡面的計畫，這算是很重要的工作之一。

5　1991年（80年度）工程處內計有以下學門：「化工」（化學工程）、「高分子」、「固力·自動化」、「熱傳·流力」、「資訊」、「電子」、「電機」、「環工」（環境工程）、「土木」。1992年（81年度）則增加「金屬」、「海工」（海洋工程）二學門。1993年（82年度）則增加「航空」。1994年（83年度）則增加「電信」、「工工」（工業工程）。1995年（84年度）則增加「太空」。參考國科會網站，「工程技術研究發展處」內之「學門召集人」所列「歷任召集人」資料，網頁：https://www.nstc.gov.tw/eng/ch/detail/4ea053ec-aac1-442f-9592-80e15deff7d3（瀏覽日期：2023年4月5日）。

呼應產業界需求，提出具體合作方案

當時行政院呼應產業界的需求，希望國科會能與產業界密切合作。在這個氛圍下，工程處當然要負起推動與產業界合作的重責，於是我開始與相關學門召集人及教授討論，研究提出具體方案。初步規劃的主要方案就是「**產學合作計畫**」以及在產學合作架構下發展的「**晶片設計實作專案**」計畫。那一段發想計畫形成的期間，我常常利用在往返新竹、臺北通勤的車上，仔細構思計畫的方案及推動方式。經過處內討論及向夏主委簡報後，再提到國科會委員會簡報，獲得各部會支持後，夏主委還曾經帶著我們去行政院向院長進行國科會第一次推動產學合作計畫，以及晶片設計實作專案計畫的報告，我印象很深刻，所報告的事情均獲得肯定。

我認為這二個計畫也是我在工程處處長四年的任內中所推動很重要的任務與工作之一，後來也證明了對於臺灣半導體產業發展有很大的助力，很有意義。由於這是我所熟悉且首次推動的方案，尤其晶片設計實作專案計畫的領域正是我專長的研究領域，我認為需要特別來談談推動這二個專案的一些過程。

國科會的第一次產學合作研究計畫

我剛到任時，夏主委就直接找我問了一個問題，說：「要如

何讓學術界的研究可以幫助到產業界技術的提升？」因為當時行政院認為國科會的計畫太過於偏向學術，應該要投入去幫忙產業界升級，進行產學合作。

那時政府要推動國家建設六年計畫（簡稱六年國建），促進國內的經濟成長發展，其中希望能夠用科技研究來帶動產業的升級。為了配合六年國建中規劃關於科技政策的目標，國科會也提出相對應的計畫來執行（即「國家科學技術發展六年中程計畫」）[6]。其中就包含了如何把學術研發的動能導入到民間企業，透過雙方產學合作促進產業界轉型往高技術發展。而且當時美國跟日本都已經有學術界與產業界進行產學合作案的先例，並達到效果；我們也有迫切的需求來進行這樣的計畫，以提高臺灣產業在國際上的競爭力。

由於我在到國科會前，自己的實驗室就已經有跟工研院、產業界合作計畫的經驗，所以我就向夏主委報告了一些我以前的經驗與想法。但是我的經驗只是在學校內所執行的小型計畫，對於國科會來說，需要的是去推動大規模的產學合作計畫，所以要考慮的層面就更多、更廣，而且也沒有人做過這樣的嘗試，需要非常詳細的構思。

6 國科會所規劃是以國家科學計畫發展十二年長程計畫（1991-2002年）為總目標，前六年為國家科學計畫發展六年中程計畫，重點目標為與六年國建之規劃關聯。參考行政院國家科學委員會編，《行政院國家科學委員會八十一年度年報》（臺北：行政院國家科學委員會，1993）1-3頁。

夏主委認為產學合作的計畫應該要從工程處開始做起,就把這件工作交給我。我當時也認為工程處適合來進行這樣的事情,因為我們對應的學校都是工學院、電機學院,而這些領域的研究都有很強的應用取向。

得到夏主委的認同與取得共識之後,我回到處裡就開始跟同仁來進行推動產學合作計畫的規劃。在工程處的主導下首先著手進行「鼓勵民間企業與學術界合作研究計畫實施要點」,在1992年將實施辦法訂出來後,我們就開始去向學術界跟產業界進行推廣、說明,希望取得大家的支持。

從現在的角度來看,校內的產學合作計畫已經是相當習以為常,廣被接受,每年全國都不知道有多少大大小小的產學合作計畫在執行。但是回到當時的時空背景,我們第一次要開始推動,其實是遭受一些困難與質疑的聲音,因為這是新的政策,大家都還不太清楚。我們花了很多時間到產業界跟學術界去解說,回應大家有疑問的地方,並且聽取大家的意見。

我們跟產業界開了一些說明會,業界對於產學合作計畫的反應都很支持,因為對他們來說,跟學校教授合作可以提升技術,也能取得人才,就是參與計畫的學生畢業後就能進入產業立即工作。

消除合作疑慮

但是在學術界這邊推動的時候，產學合作計畫就獲得比較多疑問的聲音，這部分需要我們花比較多的工夫去跟老師們進行解釋。主要的疑問是在於以下幾個方面：首先，學校老師們最擔心的部分是經費排擠的問題，因為怕國科會編列了產學合作計畫的經費後會對其他類型經費產生排擠效應，導致其他經費的縮減。關於產學合作計畫經費的問題，我們的規劃是不會去影響到其他類型計畫的預算，而且老師接了產學合作計畫，還是可以同時接其他學術型研究計畫，並不互相影響。

第二、是老師們擔心產學合作計畫會影響到學術論文的發表，因為跟業界做計畫的題目都很實際，成果可能沒有辦法發表學術論文。關於這個部分，由於早期臺灣產業界研發的技術不像現在有很多領先突破的狀況，當時在學術界所做的研究比業界都還要具前瞻性，所以我都跟老師們解釋說，雖然產學合作需要的成果是很實際的層面，但是還是可以找出前瞻性成果可以來發表論文；又或者是將計畫規劃為50%的力量進行跟產業界的合作，另外50%的力量放在發展自己的學術研究，這些都是可以達到滿足產學合作的成效又能有學術研究的產出的方法，我想當時大家都還滿能接受這樣的說法。

第三、是認為產學合作有圖利廠商的嫌疑，我們也跟老師解釋，合作計畫都是經過公開徵求，只要有意願的廠商都可以來提

出申請，其中不論是計畫申請跟成果都設有審查與評審的機制來監督檢視，而執行的成果則會有完整規範，例如專利是共有，老師也有使用上的優先權，以及如何以公開方式技術轉移給合作企業及其他有興趣的企業等。

當時我們多方蒐集很多意見，想辦法解決有問題的地方。總之我們透過很多的宣傳跟說明，去化解老師們的疑慮，我們也跟老師們提到產學合作計畫的好處，像是幫助產業界技術的提升，也讓學生可以有接觸產業界的管道，對學生畢業後的就業很有幫助。我們就這樣一步步將產學合作的行政程序跟申請辦法建立起來。

積極推廣，為產業發展添動能

1993年郭南宏校長（於1979-1987年任交通大學校長）接任國科會主委後，看到了產學合作計畫初步產生的成果，決定更積極大規模來推行產學合作計畫，在國科會設立了「產學合作委員會」，並在底下分成三個小組，明訂出像是技術合作審查、策略制定、進行國際合作、管理考核跟成果推廣等等的這些工作，小組跟委員會都會定期開會，在國科會內把產學合作研究計畫擴大推動。

產學合作計畫推出的第一年提出申請並通過的案子是工程處與生物處，數量不多，但是後續就開始有比較踴躍的申請來遞

案，有電子類、資訊類、機械類、醫藥類等等，而以電子類為最多，當時產學合作計畫主要是放在當時國家想要發展的產業領域跟技術上[7]。

在接觸產、學、研界的過程中，我常常聽到一種擔憂的聲音，就是發展半導體產業都要向歐、美、日購買半導體製造設備，擔心臺灣在沒有掌握半導體設備的情況下，如果有一天因故買不到設備，半導體產業就會無法繼續發展。由於我對於半導體領域較熟悉，所以就聯繫了產、官、學、研相關領域的專家、學者討論成立了「半導體設備研究推動小組」。因為半導體設備需要自動化控制，且設備內有很多精密機械，加上所進行的製程都是無機化學反應，所以需要鼓勵推動國內自動化、機械跟化工等領域教授來跟半導體業合作，進行半導體設備合作研發，也爭取到了矽谷「華美半導體協會」（Chinese American Semiconductor Professional Association, CASPA）[8] 跟 Lam Research（美商柯林研發）[9] 的協助。另一方面鼓勵企業投入半導體設備開發，讓臺灣半

---

7 六年國建計畫訂出「十大新興工業」（通訊工業、資訊工業、消費性電子工業、半導體工業、精密器械與自動化工業、航太工業、高級材料工業、特用化學品與製藥工業、醫療保健工業、污染防治工業）與「八大關鍵技術」（光電技術、軟體技術、工業自動化技術、材料應用技術、高級感測技術、生物技術、資源開發技術、節能節約技術），參見蕭敏玲〈國科會推動產學合作研究計畫概況〉，《科學發展月刊》22：11（1994），1515頁。

8 1991年成立於美國加州矽谷，是全球最大美國籍華人半導體專業組織，並於新竹設立分會。

9 1980年成立於美國矽谷，專長在半導體製作的蝕刻（etch）和薄膜沉積（deposition）製程領域，名列全球五大半導體設備供應商之一。

導體設備的領域可以逐漸發展起來，甚至在一些技術上超越了國外的廠商。現在臺灣已經有很多優秀的在地半導體周邊設備廠商，吸引國外半導體儀器廠商來進行合作，共組成供應鏈，這也是今日臺灣半導體實力能領先很重要的環節之一。

晶片設計實作專案

基於進行產學合作計畫的推動，我認為可以在這個架構下發揮成立一個「晶片設計製作中心」（Chip Implementation Center, CIC）。這個想法其實是來自於我自己主持的307實驗室就已經進行的做法，由實驗室跟產業界合作的方式來爭取讓學生設計的晶片能送去製作出來。而我一到工程處就面臨MPC計畫的問題，這也是一個能夠讓CIC計畫能實行的重要契機。

所謂的MPC是Multi-Projects Chip的縮寫，意思是「**多計畫晶片**」，就是將已經設計好的不同晶片整合在同一套光罩，然後再交給廠商進行製作成晶片。概念就像是把不同設計圖案的郵票合併在同一大全張後去印刷，印好後再撕下來成為個別的單張。Multi-Project Chip做出來的時候，一整片晶圓上面會有很多來自不同單位的晶片，之後再進行切割，分交給不同單位回去進行量測。這種方式的技術並不太困難，目的就是省錢，很適合學生進行實作設計研究。

MPC計畫確切開始的時間點我不太清楚，應該是在很早期，

或許有可能是在鄧校長擔任工程處處長或是國科會副主委的時候就開始推動[10]。不知道這個計畫是否跟1983年國科會要推動發展VLSI（Very Large-Scale Integration，超大型積體電路）計畫有直接關係[11]，但似乎可以看到兩者是有相互的影響。而國科會是最早在交通大學推動跨系合作進行「VLSI／CAD」（Computer-Aided Design，計算機輔助設計或稱電腦輔助設計）研究，即「超大積體電路之計算機輔助設計」研究。在交大推動後隔年就推廣到臺大、成大、清大執行。所以交大在VLSI／CAD這一部分是比其他學校更早，也累積更多研究的基礎。

　　「超大型積體電路」早期的定義是指一萬個到十萬個電晶

---

10 相關鄧啟福回憶MPC計畫的描述可參見鄧啟福口述，周湘雲紀錄，《無求常安：鄧啟福口述歷史》（新竹：國立陽明交通大學出版社，2021）210-213頁。

11 根據曾於1980至1984年間任國科會助理研究員的蔡志群先生口述回憶表示，他在國科會任內受工程處李卓顯處長直接指示，專責承辦MPC（Multi-Projects Chip）計畫的規劃與執行。以下為成立說明：
1980年代初期臺灣的電機電子相關科系，並未開設積體電路設計課程。積體電路設計工程師的培訓都是由用人單位自行辦理，訓練時間很長且供應量有限。大學電機電子相關科系必須具備合格的師資及設計軟體設備，才能開設積體電路設計課程，大量訓練IC設計工程師。為擴充國內積體電路設計師資，國科會工程處與美國UC Berkeley EECS及Carnegie Mellon University EECS合作；選派國內大學電機電子相關科系教授分批赴此二校進修IC設計課程，再回臺開設IC設計課程。1983年國科會工程處與工研院電子所合作，啟動國內首屆MPC計畫；下設「線路設計」及「EDA工具開發」二小組，計畫參與者除教授外均為碩士班學生。國科會工程處負責計劃審核及經費支援；工研院電子所負責提供EDA工具的使用訓練，Library提供，GDS file整合及光罩製作，晶圓製造等最繁重的工作，直到國科會成立CIC來接手。1985年國科會與參與MPC計畫的教授舉辦首屆成果發表會。特別感謝UC Berkeley EECS prof. Diogenes Angelakos與Carnegie Mellon University EECS孔祥重教授協助國內教授赴該校培訓。MPC計畫執行時間早於VLSI計畫，二個計畫構想的出發點並不相同。（周湘雲訪談，受訪人蔡志群先生，訪談地點：國立陽明交通大學交大校區圖書館七樓發展館，訪談日期：2023年7月13日，2023年10月20日進行二次校對）。

體整合進單一的晶片上，超過這個數量之上的還有Ultra Large-Scale Integration（ULSI）、Giga-Scale Integration（GSI），但是現在ULSI、GSI已經幾乎不太使用，即使是電晶體數量達上億的IC也都是以超大型積體電路來統稱。當電晶體數量越來越多時，會讓晶片設計所牽涉到元件、系統、邏輯、佈局等等的考慮變得更複雜，就無法像早期可以用手工來繪製設計圖，這時就必須使用CAD才能完成。我早期就參與交大校內相關VLSI電腦輔助設計系統領域計畫的研究，也就是在此階段（1982年）開始投入IC設計。

在發展VLSI中，MPC計畫的重要性是進一步在學校培養設計IC的人才，讓IC可以實際做出來。早期國科會應該是找交大的吳慶源教授合作，因為他是當時國內少數在半導體領域的專家之一。不過印象中只聽聞是吳慶源教授在主持，印象中大概就只知道MPC計畫也是先在交大執行後，才擴充到清大、臺大、成大等進行跨校合作，其中還有送老師去國外短期進修，也有找工研院電子所開辦暑期訓練班等等。由於我並沒有參與，也有可能是因為在我出國教書的那二年期間進行。所以對於交大校內所執行的MPC計畫沒有太多記憶，至於計畫其他實際狀況就不了解。

擴大培育IC設計人才

我進工程處後看到MPC計畫已經有累積一些執行成果，但

是面臨幾個主要問題就是：經費不多、師資仍不足、規模侷限於幾所學校，讓計畫的效果無法擴大發揮出來。當時也有一些其他學校的老師們很有興趣，就來工程處跟我們建議說是不是也能讓他們加入。MPC計畫是非常好的構想，我想如果能讓更多學校、更多老師、更多學生進來參與，成果及貢獻應會更顯著。所以有必要把規模變大，開放更多人都可以來認識跟學習IC設計。

因為當時臺灣的半導體製程產業已打下基礎，再來就是需要規畫往半導體產業上游端的IC設計去發展。以我自己主持實驗室的經驗為例，我們一開始要做IC設計是很困難的，學生進來唸IC設計連成熟設計軟體都沒有。所以早期我們學生都還要自己來寫一些很簡單的設計軟體、模擬軟體，像是我們就曾使用MATLAB[12]這個軟體將原本是學生要用手推導的公式，轉換成為可以用程式自動計算出來，但這些都是很簡單的計算，工作站的功能也都很差。在還沒有CAD這一類的工具時，都是要用手畫，設計出來的IC都是非常簡單的。所以我們實驗室就去找工研院進行合作，因為他們有做IC佈局的軟體，也能做光罩；另外我們也跟園區的公司進行研究計畫，才能讓學生把晶片設計製作做出來。但是這樣培養人才的效率是很差的，我認為這就是一個瓶頸，如果不打破這個瓶頸，想做IC設計的人根本很難進來這個領域。如果沒有人來做IC設計，半導體產業大概也只能停留在傳統

---

12 數學軟體，為動態系統模擬、數位訊號處理、科學計算等的程式語言。

用一顆一顆電晶體來兜成一個電路。

IC設計產業最重要的是「人」，這就非常需要從培養人才做起。當時我就找了臺、清、交、成四校曾參與MPC計畫的幾位教授來談談，像是臺大的陳良基教授、交大的沈文仁教授、清大的林永隆教授、成大的王駿發教授等來討論怎麼樣把MPC計畫擴大，他們也都給了很多良好的建議。

那時美國已有MOSIS（Metal Oxide Semiconductor Implementation System）Service，這是一個在南加州大學（University of Southern California, USC）內的組織，最早剛開始是提供美國國防部單位DARPA（Defense Advanced Research Projects Agency，國防高等研究計畫署）製作IC，他們是最早開發出MPW（Multi Project Wafer，多計畫晶圓）的服務，而MPW即是MPC。後來DARPA與NSF（National Science Foundation，國家科學基金會）合作將這項服務對外開放給學校教師與課程學生，增加學校內的實作經驗。

我很希望能在臺灣推動成立一個像美國MOSIS那樣的中心級單位，這樣才可以找來充足的經費，擴大人力，爭取到設備，尤其是取得更進步的設計軟體，打破臺灣IC設計學習的瓶頸，並且將全臺灣想要往這方面領域發展的學校都納進來，擴大訓練IC設計的人才。

創設CIC，提升IC設計力

要做IC設計最重要的是EDA（Electronic Design Automation，電子設計自動化）[13]工具軟體。EDA商業用軟體單單一套可能都動輒數百、數千萬臺幣，這不是學校跟研究機構所能負擔的價錢，需要有政府預算支持及正確的策略才能做得到。

我們當時規劃的策略是成立一個由官方所主持，能統籌製作晶片的中心機構，由該官方機構出面跟廠商洽談，以商用價格購買一或二套EDA商用軟體，所需預算則由國科會來編列，再由該官方機構提供申請辦法，讓所有學校可以用便宜的價格取得EDA商用軟體授權，以提供師生使用。我們認為，能由國科會推動成立這樣一個機構，來作為學術界與產業界的橋樑會是最恰當的。政府單位扮演提供資源的角色，號召學校來訓練跟提升IC設計研究能力，然後推動學術界跟產業界合作，既可以減少學術界跟產業界在理論跟實作上的落差，也可以透過技術移轉來帶動產業界的創新發展。

我把這樣的想法跟夏漢民主委報告，獲得他很大的支持。經過集思廣益後撰寫出「晶片設計製作中心」（以下皆簡稱為CIC）計畫書，由於須經過國科會內部的委員會同意，當時會內各單

---

13 指利用電腦輔助設計（CAD）軟體來進行完成超大型積體電路晶片功能之方式，其中包含從設計到製程的規則模擬、驗證等所需之整套流程。

位主管都會來列席，我就在委員會內報告成立CIC計畫並取得核准。後來夏漢民主委還帶著我們到行政院，向行政院郝柏村院長報告國科會要推動成立CIC。1992年5月CIC開始籌備，設立地點選在新竹科學園區內。1993年2月由夏主委來主持CIC的啟用典禮，當時產、官、學界都有不少人來出席參加，還頗具盛況。

1993年「晶片設計製作中心」成立掛牌，在中心前留影，吳重雨(左)、黃振昇(右)。(吳重雨提供)

由於CIC是臺灣首創，雖然很多人都提供了非常好的意見，但是要如何來建立運作？當時我們有參考美國、歐洲的做法，但主要是運用了來自於我們307實驗室的運作經驗。因為我們實驗室當時已有很多跟工研院、聯電、台積電等企業合作專案的技術資料，也累積了不少使用EAD軟體的經驗，所以我就找了我指導的博士班畢業學生黃振昇博士來幫忙進行整個籌備CIC的工作。他後來也擔任多年CIC的主任，投入相當大的心力做了很多事情，也常常找我跟很多學者來談所遇到的問題如何改進，他對於CIC運作的建立有很多貢獻。

　　CIC最重要的工作目標之一就是去跟國外EDA廠商像是Cadence（益華電腦）、Synopsys（新思科技）等洽談購買電腦輔助設計軟體。我們出面以提供臺灣學校做學術研究的合作方式，爭取到了用商業價格購入二套完整的EDA商用軟體，並以200美元的特殊價格授權EDA軟體給我們的學校跟研究單位使用，不過這個優惠條件有一個但書，就是廠商不提供軟體的相關服務，所有軟體的維護及使用培訓工作都要由CIC負責。

　　CIC訂定出代購教學與學術研究用電腦輔助設計軟體的實施辦法，提供給所有要購買的學校與研究單位來申請。申請者只要透過CIC就能用200美金代購到所需EDA軟體，讓老師與學生可以在研究與課堂上使用。軟體授權價格便宜，所有想研發IC設計的老師都負擔得起，因此鼓勵很多老師投入IC設計研發，包括私立大學院校的老師，同時也培養很多IC設計的學生。

第二個目標是幫忙學校單位進行免費的教育性質IC設計晶片的製作；另外也提供讓產業界與研究機構得以用付費方式申請進行MPC製作。因為IC設計完成後，如要送到聯電或台積電去製作出晶片價格不菲，並非是學校與一些比較小型公司或研究單位在經費所能負荷。但是學生設計完成的IC，一定要真正研製出來，加以量測驗證，學生的訓練才算完整，而非紙上談兵。基於這樣的經驗與理念，我積極請CIC出面去跟晶圓廠談好合作，我們補助讓學校的課程教學與研究計畫的IC設計成果，可以免費去製作成晶片，提供學生完整實作的經驗，以及提供教師取得研究成果可以完成論文，這對於人才的培育跟研究實力的提升有很大效果。而我們給產業界跟研究單位優惠的付費服務，也對於產業提升能力的廣度跟深度有很大的幫助。

　　我們去找聯電、台積電談合作時，獲得了很大的回饋。對晶圓廠來講，能有CIC來推廣IC設計，對他們來說是很有利的事情，因為促進IC產業發展就是增加他們未來的客戶，何樂而不為？我們非常感謝聯電及台積電的慷慨協助，他們願意在製程的費用上給CIC免費或很優待的價格，讓國科會可以用經費來幫助學校取得製作免費的晶片。比較當時國外的相似機構，就算是提供給教學研究，同樣的服務都是需要收取一筆費用。而CIC採用的策略方式，對精進臺灣IC設計人員的實力起很大的作用，而且質與量均大幅提升。

借307經驗，協助他校建置IC設計實驗室

當時我們也在CIC內添購工作站跟儀器，規劃了數位跟類比IC的測試系統，開放讓國內各大學院校來使用進行IC成品驗證。由於CIC提供很好的資源，有很多學校也開始想要成立IC設計實驗室，紛紛來詢問如何設立。再加上CIC需要肩負起軟體的維護及使用培訓工作，一方面要規劃相關教育課程；一方面也要去協助處理很多製程與軟體使用上的疑難雜症，實在忙得不可開交。

早期IC設計在臺灣學界算很冷門，也只有交大的307實驗室因為透過跟產業界與工研院合作的機會而有較多的研究經驗，也已經建立起一套IC設計軟體的架構與使用準則。由於廠商沒有提供軟體的相關服務，所以當時我們就把307實驗室中累積的全部相關資料以及技術轉移給任何想要建置IC實驗室的學校，我的很多學生也都跑出來支援，前往其他學校幫忙建置實驗室，只要有問題就去幫忙解決，協助其他學校把IC設計的環境建立起來，讓大家的實驗室都可以很快可以運作。

打造理想的IC設計學習環境

我還記得曾經有人這樣問我，說：「你怎麼去推動這個？這樣不是把自己的技術都給別人知道了？這樣不是在製造自己的競

爭對手嗎？本來是你自己獨強，現在卻讓其他人來追上你。」但是當時我認為不能有這樣的想法，就回答說：「因為我們一個實驗室的力量其實很有限，只有越來越多人的加入，IC設計產業才會發展出越大的空間，產業越蓬勃我們的機會才會越多……」，而不是為了怕競爭，只是去想把東西都藏起來，這樣反而是侷限自己。後來我們也看到有些國家在發展過程中，因為學術界領導教授害怕競爭而過度狹隘的想法，反而造成無法成功擴展開來的例子，我更加認為自己當初在CIC推動時採取開放的心態，是很正確的做法。

然而CIC當時雖然有「中心」之名，實際上卻是以專案計畫方式來執行運作，所以並非是一個正式的單位，當時私下都被戲稱是「黑單位」。由於受限於是「計畫」的緣故，所以在做事上不免會有一些行政上的限制，背後有很多辛苦的地方。

剛開始第一位專職人員就是黃振昇，早期CIC的業務都是靠他來推動，我的角色大概就是去產、官、學界做一些協調，了解各界需求與溝通。後來雖陸續增加約聘人員進來幫忙，因為我們需要很多人，像是管理軟體、聯繫學校的承辦人及師生、聯繫聯電與台積電等廠商的人員等等，還需要去協助處理各種問題，但受限於薪資經費與人員聘任方式，人力還是非常有限。CIC都是黃振昇在安排處理，想必他跟當時的工作人員都很忙碌、很辛勞，在資源很有限的情況下，可以一直保持著要把事情做好的積極信念，我認為是非常不容易。

CIC成立後得到的反應非常好，很多公私立學校都來申請，只要學校有建立實驗室環境需求，CIC就會去幫忙，所以都要跑一些偏遠地方的學校。記得高雄工學院（於1997年更名為義守大學）一開始就來申請，CIC去幫忙設置實驗室時，他們還特地說：「從來都沒有國科會的人來過我們學校，現在竟然還特地派人來幫忙設立起IC設計實驗室。」很多資源比較有限的學校也來對CIC表示感謝，因為協助建立起實驗環境，還有取得這些EDA軟體，這些事情都是以前他們所無法想像得到，竟然也可以讓校內學生有機會來學習IC設計，所以都很鼓勵學生來參加課程。CIC也開設很多課程，例如教軟體使用、介紹甚麼是數位IC跟類比IC、IC設計原理等等，到處安排授課，目的在於推廣以及讓大家都能來學IC設計。

CIC——IC設計產業發展的重要里程碑

CIC裡面的人員都很辛苦，因為幾乎全臺灣的學校都要去跑，但也正是因為有他們熱心的付出，讓CIC可以在很有限的條件下能一直去推動這些目標，再加上很多學校很努力積極參與，這個結果最後就是產生很大的力量，讓學生變多起來，我印象中全盛時期在一年中可以培養出多達二千名以上的學生。

CIC內有設立一個審查會，幫忙審查來申請件的設計有沒有問題，如果有問題就退回請他們修改，修改好確定沒問題後，就

去聯電或台積電下線，協助將這些設計製作成晶片。CIC的規模就這樣一步步建立起來。有一次去行政院報告時，當時國科會裡面有很多正式的中心，但是CIC卻取得服務成果最多、獲得學校滿意度最高的優良成績，那時有不少人私下笑談說：「黑單位做得比白單位好。」這真是一種肯定。因為國外的機構都只是做到幫忙製作晶片的服務的這一部分，但是CIC還能包含了提供IC設計軟體的授權使用，以及開設IC設計學習課程等的其他服務，我認為回頭再看CIC的成績，我們做得其實比美國、歐洲都好。

1994年為推動CIC相關業務，赴美參訪考察，攝於University of Maryland college Park。吳重雨（右三）、何有忠（左二）、蔡忠杓（右二）、黃振昇（右一）。（吳重雨提供）

我是1995年卸任處長歸建交大，要到1997年國科會才成立真正的「國家晶片系統設計中心」[14]，這段路很不容易，都是匯集很多人堅持朝往同一目標努力所走出來的成果。IC設計產業最重要的是人才，如果人才的供應不夠，產業發展就會受限。所以從1992年籌備到1993年設立CIC，重要的目的是進行人才培養，持續運作到1997年終於成為正式的國家級單位，一路已經把臺灣IC設計人才累積起來了，我認為這是臺灣後續發展IC設計產業很重要的動能之一。

國科會在2002年也通過了「晶片系統（System-on- Chip, SoC）國家型科技計畫」總體規劃案，並於2003年開始執行，持續於臺灣IC產業發展的推動。我也曾於2007年至 2011年間擔任過這個國家型計畫第二期的總主持人，不過這是後話了。前面有了這些成果的累積，2022年臺灣IC設計產值躍居為全球第二，僅次於美國，能達到這樣的成績是產、官、學、研界中有很多人默默在背後努力所共同創造的成果。

記得現任中央大學的周景揚校長，他曾擔任國家晶片系統設計中心主任（任期2004–2007年）、國科會副主委（任期2010–2012年），有一次來告訴我說：「CIC的設立在剛好的時間點上，還培養出了那麼多IC設計的人，才能使得我們的IC設計產業搭

_____

14 2019年「國家晶片系統設計中心」與「國家奈米元件實驗室」合併，改隸於財團法人國家實驗研究院（簡稱國研院）「台灣半導體研究中心」，是全球唯一整合半導體上中下游之積體電路設計、晶片下線製造及半導體元件製程研究的國家級科技研發中心。

1997年獲第四屆東元獎,攝於會場。吳重雨(右二)及其夫人曾昭玲(左二),東元基金會陳淑芬(右一)、工研院顧鴻濤(左一)。(吳重雨提供)

上起飛的趨勢開始蓬勃發展,成立CIC應該要列為我們IC設計產業發展的重要里程碑。」

　　在1997年我很榮幸獲得了財團法人東元科技基金會的「東元科技獎」,得獎的原因之一就是推動CIC[15]。但其實CIC的成功是因為有很多人願意持續不懈付出的成果,不是我個人的功勞,是我有幸能參與其中,貢獻一點自己的力量。

---

15 見財團法人東元科技文教基金會網站「東元獎」之得獎名單內之歷屆得獎人名錄所載,第四屆電機類獲獎人吳重雨之得獎評語:「吳重雨先生致力積體電路方面研發及推動CIC,協助計劃南科貢獻卓越,經本屆評審委員評議一致通過,特頒第四屆電機類東元科技獎,以資表揚。」網頁:http://www.tecofound.org.tw/teco-award/2013/prev-winner.php?p=4(瀏覽日期:2023年1月30日)。

國科會歷練收穫良多

在國科會的歷練讓我得以看見整個國家發展科技、制訂政策的運作方式，單是一個計畫專案從資料的蒐集到邀請各方專家的經過多次討論評估、跟其他部會的協調等過程，具有相當的深度；而透過其他專業領域的各式各樣計畫，認識很多產、學、官、研界的專家學者，他們的種種專業建議讓我大開眼界，增加見識廣度。執行一個大型計畫需要多方整合，接納更多的意見，實在非常不容易。

而我也非常樂於參與在這些工作之中，因為可以知道正在推動的是具有影響力的計畫，所以要更謹慎、更用心來做事。有一次我聽到有臺大的教授對我的評價是我這個處長做事還滿公平的，並沒有因為是交大出身就比較偏重交大。這讓我很高興，因為到了國科會我要面對的不只是交大校內，而是全臺灣所有的學校，我們所服務的對象是這些學校所有的老師，所以我們就要站在更高的思考角度才能來幫忙這麼多人解決問題。這個工作讓我學習到需用更open mind的觀點來看待事物，這對我對看事情的角度產生重大的影響。

我雖然很喜愛國科會的工作，但其實在擔任處長的四年期間，我仍然是保持著每學期固定開一門課，並持續進行學術研究、指導學生。我當時的課都是安排在一天的下午。當天一早我會先去臺北國科會上班，下午趕回學校上課，晚上就是我幫同學

看論文及約meeting的時間。因為我的宿舍與實驗室只有一牆之隔，那邊就有個可以出入的鐵門，所以同學們就會排時間依序一一來我家討論，每篇學生論文我都會仔細看，幾乎都要修改到半夜，我的學生應該有很多人都記得曾在半夜還來我家裡討論論文的事情。說實在整天工作下來，晚上跟碩、博士生討論時，會禁不住因太累而打瞌睡，學生都開玩笑說：「老師雖然閉著眼睛，但還是會揪出關鍵問題。」

　　這種白天一大早要通車去臺北上班，下班回新竹後又要改學生論文報告，跟學生meeting到半夜，可能很多人聽起這樣的行程就覺得累，但當時我對於在國科會推動產學合作計畫、CIC及其他策略性計畫，具有很大的熱誠，所以雖然忙得不可開交，卻能日復一日持續一直這樣做下去。由於處長一職是借調，當時教育部規定由各大學自訂借調期限，交大訂為四年，超過就要辭去教職。因為教學研究還是我的最愛，所以當處長任期一到，我覺得美好的推動工作告一段落，應該可以移交給新任處長在建立的基礎上繼續推動，就終止借調，回到交大繼續最愛的教學研究工作。

歸建交大任研發長，參與南科半導體產業規劃

　　1995年交大校長是鄧啟福校長，我回交大後，因為在國科會時有推動產學合作計畫及科技發展的經驗，所以鄧啟福校長就找我擔任校內研發長一職。**研發處（研究發展處）主要工作大概是**

1998年國立交通大學在臺復校四十週年校慶活動週，由鄧啟福校長（中）頒發傑出校友給友訊科技創辦人高次軒（左），他跟時任研發長的吳重雨（右）為大學同班同學。（吳重雨提供）

三大項：一是整合校內各系所的研發成果，對外去跟國科會、教育部、產業界等對象爭取研究經費；二是進行國際學術交流，接待外賓訪客，爭取國際學術機構或者產業廠商的合作計畫；三是協調與安排校內各單位的共用資源。

回到學校後，我除了忙於教學、研究，以及行政工作外，另外還受邀持續參與了南科半導體產業相關的規劃計畫。郭南宏校長在國科會主委任內推動「臺南科學工業園區」（簡稱「南科」）的籌設（1995年行政院核定通過），那時我身為工程處處長便被賦予一項進行規劃南科產業發展與投資的任務，印象中一起參與的有國科會胡錦標副主委、新竹園區管理局的薛香川局長、國科會生物處陳慶三處長等人，工作內容就是在南科內規劃出半導

體、微電子精密機械、農業生物技術等產業專區,以協助廠商需求,進行產學合作、招商投資設廠等。不過由於當時已是我任處長工作的尾聲,所以我認為對於這項任務整體的參與貢獻很粗淺,多依賴各方專家學者的合作力量。

回顧當時的過程,在規劃發展方向有些是基於自己實驗室前瞻研究的經驗,例如通信微波半導體及積體電路方面,當時自己的研究群已經有產出相關研究,並發表 IEEE 期刊論文;又如在生物電子方面,當時我的研究群正在進行研究人工視網膜感測、視覺神經與頭腦視覺皮層等功能及其 IC 實現,以及人工耳蝸與聽覺功能之 IC 實現等,成果也發表為 IEEE 期刊論文。

從研究過程中,我深覺到發展這二領域的重要性,建議應該要往這二方面進行推動發展,也獲得其他規劃委員的認同。在整個規劃過程中,看到許多產、官、學、研委員們一起集思廣益,大家討論的目標都是要找有助於國家未來產業與科技的發展重點,我對於自己能參與其中進行交流實在是深覺喜悅,非常希望這些規劃能加以實現,也期盼未來可以親自看到這些發展。當時我對產業與科技發展規劃很有興趣,也充滿了熱誠。

鎖定「通信微波半導體及積體電路」,制訂發展策略

由於南科產業投資規劃相關的工作都在進行中,卸任處長職務之後,我仍以學界教授身分參與南科半導體產業研發及投資的

中華民國行政院國科會臺南科學工業園區「微電子精密機械專業區」與「半導體專業區」赴美宣導團，由謝長宏副主委(前排右三)率領一行八人，於1995年12月5日至19日前往美國八個城市舉辦招商說明會。攝於達拉斯說明會會場。（吳重雨提供）

1995年12月5日至19日之間隨國科會臺南科學工業園區「微電子精密機械專業區」與「半導體專業區」宣導團赴美。留在美國發展的交大同窗好友梁德濠特前來見面敘舊。攝於美國達拉斯招商說明會會場。梁德濠(右)，吳重雨(左)。（吳重雨提供）

規劃。當時我擔任「特殊半導體產業研發小組」的分組召集人，共同召集人為工研院電子工業研究所邢智田所長，委員名單涵蓋了產、官、學、研界，重點是鎖定「通信微波半導體及積體電路」產業進行詳細評估，制訂發展策略。

為什麼選擇發展「通信微波半導體及積體電路」，有一個因素是六年國建中訂出推動通訊產業、資訊產業、消費性電子產業為目標，而這三種產業即是指Computer（電腦）、Communication（通訊）、Consumer Electronics（消費電子），就是一般所稱的「3C」產業。由於技術的發展及應用的需求，3C產品會逐步整合，例如電腦會具有通訊功能，而為消費者使用，即為3C整合產業。

3C產業涵蓋廣泛，就是集合包括電腦及相關方面產品；通訊則是包括無線通訊設備、用戶終端、交換、傳輸設備、行動電話及電信產業等等；消費性電子則是涵蓋了日常生活中數位化的商品，只要透過無線通訊技術就能讓3C產品串聯起來，這種數位整合（Digital Convergence）在當時還是「未來」發展的趨勢，當然對於今日的我們來看，已經是我們所處的日常生活必需用品。

3C產業整合發展的關鍵是在半導體技術發展，而無線通訊技術更是相當重要的一環，我們在規劃南科的年代，全球無線通訊產業正在起飛，具有相當大的市場；但那時候的臺灣很缺乏相關產業廠商，以至於相當依賴進口，我們都認為極需要去爭取，在這個市場佔有一席之地，所以就鎖定「通信微波半導體及

積體電路」，朝傳輸領域的微波半導體（Monolithic Microwave Integrated Circuits, MMIC）元件技術，以及射頻（Radio Frequency, RF）積體電路的元件製程與IC設計技術來規畫階段性的開發，希望能帶動無線通訊產業及3C整合產業的發展。

其他具前瞻性的半導體產業

經過討論評估，其他還有幾個被認為是臺灣能投入發展的半導體產業。其中有：

「功率IC」──功率IC是指與電源、電力控制有關的IC，目的是能提高能源轉換效率，應用在電子產品電源供應器、電源驅動控制等等。

「CCD」（Charge Coupled Device，感光耦合元件）──CCD是將光轉換成電子封包最後形成類比訊號輸出而形成影像，應用於數位相機、光學掃瞄器與攝影機等，在當時發展影音多媒體的趨勢中是影像數位化很關鍵的技術。

「生物電子」──當時候生物電子是一個還在萌芽階段的新興領域，研究內容聚焦於二個方向，第一是模仿生物腦部神經的感覺，如視覺、觸覺、聽覺、嗅覺、味覺等，以及發展能夠具有學習與辨識能力的電腦，也就是現在當紅的AI（Artificial Intelligence）人工智慧，可以應用在像是機器人、自動控制系統、人機介面的技術上；第二是結合生物、物理，以微電子技術

開發具有特定檢測功能的生物感測器（Biosensor），用於醫學上的檢測，以及外在相關環境監控等，這些領域在現在都是具相當重要性（即後來發展稱之為「生醫電子」）。

推動「半導體製程設備工業」

除了任「特殊半導體產業研發小組」的分組召集人，我另外也是「半導體製程設備產業投資促進小組」的小組成員，這個小組的召集人是成大電機系的蘇炎坤教授，共同召集人是華邦電子的溫清章協理。主要是在國科會成立「半導體設備研究推動小組」之後，持續引進半導體製程設備廠商在南科投資設廠，也希望借助臺灣已經擁有的半導體製程技術優勢，來帶動以及整合臺灣在機械、材料、化工、控制、電機等等領域資源，繼續將臺灣的半導體製程設備工業發展起來。

這些產業規劃的工作很重要也很有意義，我們要如何規劃臺灣未來的產業發展，實在事關重大；如何在眾多的聲音中，找到一個方向？在執行的過程中，需要不斷檢視修正，都是我一直在思索、學習的。

交大307實驗室的擴展

1991年我借調工程處時，正好電子所從博愛校區搬遷到光復

校區新完工的工程四館。我卸任電子所所長後由任建葳教授接任所長一職，由於當時我已經到工程處上班，所以搬遷後實驗室空間的問題，我也沒有時間處理，再加上我認為要優先禮讓所上的其他老師，就聽從所上的安排去分配。

那時候我收的學生人數已經算多，再加上之前做研究計畫也累積下不少工作站及儀器設備，一開始被分配到的實驗室空間可能比較小，實際使用的學生們都認為已經擠不下，後來實驗室中資深的學長們就去系上溝通，爭取到了更大的空間讓實驗室正式落腳在工程四館「307」室，也就是307實驗室。（相關307實驗室前期的發展請參見第三章〈研究起步：走廊上的實驗室〉一節）

2000年交大獲得李立博士與台揚科技聯合捐贈550萬美金，設立李立台揚網路研究中心作為支持網路及通訊研究計畫。307實驗室獲得該計畫支持，掛牌為「李立台揚網路研究中心積體電路及系統實驗室」。而另一招牌「類比積體電路及系統整合實驗室」為原307實驗室名稱。（吳重雨提供）

創立「三吳」老師合作新模式

1992年剛好吳介琮老師（2月）跟吳錦川老師（8月）先後從美國回到臺灣交大電子所任教，他們都是在美國拿到博士學位並且已經有在業界工作的經歷，研究專長都是在類比IC。我當時聽到所上有做類比IC領域的老師進來，很直接的想法是「有新老師跟我們實驗室要做的領域相同，是不是可以找他們進來一起做研究？」會想要找相同領域的老師加入實驗室，除了是因為我們實驗室已經有儀器設備跟軟體可以共享，也是希望有其他老師能來一起申請計畫，增加實驗室的經費。

所以當吳介琮老師一到交大，我就直接問他說：「你有沒有興趣加入我的實驗室？可以試試看一起來合作。」我邀請吳介琮老師來參加實驗室每星期都會舉行的研究群會議，來聽聽同學們正在進行的研究，以及了解實驗室運作狀況。我們也讓吳介琮老師看看實驗室的軟、硬體設備。

分進合擊，資源共享

對一位新進老師來說，剛進學校時會面臨甚麼設備都沒有，需要開始寫計畫，慢慢找經費來購入研究用設備器材的草創階段，要把一個實驗室弄起來，可能需要好幾年的時間。那時我的想法很簡單，就是認為我們307實驗室的環境大概已經都建置

307實驗室一隅。（吳重雨提供）

好，我們是很open的實驗室，只要有同領域的老師想要來使用，都歡迎他們來加入。而且透過一起合寫計畫，集合大家的力量可以找更多的錢來買更好的器材。我們也會將系上每年固定分配給每位教師使用的研究費拿出來，共同集合成為一筆作為提供實驗室裡面運作的經費。

後來吳錦川老師進來電子所任教，我也是同樣邀請他加入我們實驗室，剛好我們三人都姓吳，就被實驗室的同學們稱為「三吳」。我們三位吳老師在實驗室的合作都是第一次的嘗試，一開始我們曾想過規劃一個可以把大家的研究連結在一起的題目，大家在裡面各分擔一部分研究，然後完成一個共同主題的計畫，但是後來發現朝這樣子目標來規劃太難了，因為老師們的研究背景

跟興趣有所差異，不太可能有那麼剛好可以湊出一個主題，實在是可遇不可求。所以後來我們就改設定在類比IC領域的大範圍內，從這個範圍中來整合出一個由多個子計畫所組成的大型計畫。

我們實驗室的共識是固定合作一起去申請國科會的整合型計畫，因為整合型計畫比較容易通過，主要為三年期，經費也充裕，可以將子計畫經費整合採購高單價的器材。除了共同申請整合型計畫外，老師們則可以使用實驗室裡面的儀器設備，依照自己的研究興趣自由地申請其他個人計畫，仍保有學術研究發展上的自主性跟自由度。

所以我們實驗室產生出一套自己的做法，就是：一方面由老師們來打團體戰，合作申請整合型計畫，可以讓實驗室找來更多的資源，一起共享；另一方面則是讓老師在實驗室裡也可以做個人的研究保持獨立性。沒想到307實驗室也就這樣慢慢開始發展起來，多年下來陸續加入了柯明道教授、陳巍仁教授、郭建男教授、陳柏宏教授等等，既增加了實驗室團隊的實力，也讓307實驗室的師生陣容擴大很多。

307實驗室與其他國家實驗室的比較

在接觸過美國、日本、歐洲的一些合作團隊後，發現307實驗室的運作方式跟這些國外的實驗室有很不一樣的地方。在美國

基本上是每個教授都有自己主持的實驗室，進行獨立研究，要彼此共同合作的機會很少，大概也只有在某專門主題或領域的研究中心裡面，才會共同進行內部的研究計畫。

而日本的實驗室則多是有一個領頭的大教授為主，底下集結了數位較資淺的教授一起組成團隊，進行共同題目研究。日本的實驗室採團隊合作模式，但可能受傳統文化的影響，在實驗室中有明顯的階層現象，領頭的教授有很大的權威性掌握資源，而底下的教授則跟從上面老師的研究，服從性高但是自主性就低了，這樣的制度就明顯僵化許多。而歐洲的實驗室則是較像美國的那樣，也是以個人的實驗室為主。

307實驗室一開始並沒有要朝甚麼模式去規劃，只是基於資源共享的理念，我認為這也是實驗室的價值之一。但其實這樣的方式要做起來也不太容易，因為畢竟要求老師把設備都分享出來這件事情，也不是大家都能認同的事情。現在回頭看307實驗室算是走出一種屬於自己的特色，剛好是擷取了美式跟日式實驗室的長處，我們既有團隊合作、共享儀器資源，但也讓老師保有自主研究的自由度，老師們在實驗室地位也都是平等的，一起共同管理實驗室。透過多位老師的加入，無形中提升實驗室的能力，累積更多研究動能，反而我們就慢慢走出來新的方向，這也是當初所料未及。我覺得我們實驗室的模式在研究上具有特別的優勢，所以能持續運作四十多年，並發展成為現在的大型規模。

由於我借調到國科會時期幾乎有很多時間無法到實驗室，而

手中已有不少指導學生，就面臨二個問題要解決，第一是實驗室管理；第二是仍要持續接計畫來養學生。

實驗室的管理與學生自治

實驗室是學生花很多時間停留的地方，當實驗室的規模變大，學生人數增加時，大家都要做實驗用設備，人多相處在一起就會有一些問題產生，所以在實驗室中建立紀律的管理制度就很重要。我對於實驗室管理的想法是，如果處處都有老師介入，那一定會做不好，應該是要由學生們進行自我管理。所以我當時就大概跟學生講要他們自己建立起實驗室內的制度，因為我們的人

在307實驗室內與研究生們合影。（吳重雨提供）

數多，儀器也多，一定要有紀律，就需要將學生組織起來。

當時的做法是我會先找一位比較資深的學生擔任實驗室內統籌的總管，再由他來組織，將實驗室內分成幾個組，我印象中大概是分為法制組、電腦組、測量儀器組等等，每組都有一個召集的學生，下面就有幾個組員，由學生們自己來訂定出實驗室使用規範與管理規則，基本上這些工作都是大家輪流來擔任。後來有新的老師加入後，也會找自己的一位學生來擔任他們研究群的總管，也就是說我們老師都會有一位自己研究群的總管，他們就可以在實驗室中相互協調安排工作，只要是在實驗室裡面的學生都要共同參與分組，並遵守規定。

由於大家在實驗室待的時間很長，同學們就在實驗室布置出一個休閒空間，裡面擺了很多大家喜歡看的漫畫書，還有可能會在裡面吃東西、聊天等。實驗室環境秩序的部分就是由法制組的學生來規範管理，法制組多是資深的學長，因為學弟們都比較尊敬學長，所以像是漫畫看完不能亂丟、保持實驗室環境清潔、不能太過吵鬧影響到其他人等，如果違規了可能就會有一些停權使用實驗室的懲罰，這種像是實驗室中的生活公約就由學長們來出面維持，應該大家會比較聽話。實驗室中也有安排每天的值日生，負責整理環境整潔。

另外實驗室內工作站、儀器設備有劃分出專門管理的人，負責軟體、硬體的安排，這些工作就是由電腦組、測量儀器組的學生來負責。儀器設備使用都會有一定標準流程，使用器材跟時段

就要有人管理登記，還有如果有初步的故障就需要去排除或找出問題，這些都需要有人負責處理。學長們也會對新進的研究生進行實驗室設備介紹以及操作訓練，要求大家在實驗室中就要遵守這些制定的紀律，畢竟新來的學生可能剛來會無法進入狀況。實驗室的設備都是共用，不能因為使用不當造成損壞，這樣會影響到實驗室其他人。

研究生們在實驗室相處的時間很長，需要去適應群體生活，如果有一些事情影響到了別人，就要去互相協調，所以這些實驗室運作的規範都是一種自律，只能靠著學生們自己學會自我管理的能力去建立起來，這是無法只靠老師一直在旁邊提醒的地方。我認為我們實驗室的學生在這方面都做得很好，透過學長帶學弟，以及同學們之間的互相提醒，建立起實驗室的紀律，確保實驗室運作上的順利，形成了一種能夠持續傳承的精神。這對學生也是一個很好的經驗培養方式，因為出社會去公司也是一樣要適應群體生活，或者遇到要帶新人時，如何去帶新人？後來一些畢業的學生回來都會講，他們在學校實驗室的組織與紀律的經驗，對於進業界後感到很受用。

訓練學生申請研究計畫

指導學生一多，老師就需要更多的計畫來養學生。國科會原來有規定處長不能申請國科會內部的計畫及獎勵，因為要避嫌。

實驗室學生幫老師辦慶生活動。（吳重雨提供）

後來才放寬讓學術界借調過來的處長可以申請一個國科會計畫，並且由副主委來核定。但借調期間我的實驗室仍在運作，也有許多研究生持續在進行實驗，所以我還是有跟其他機構像是中科院等，以及產業界的合作計畫在執行。

　　但是因為我的工作實在太忙了，所以無法有時間親自去寫那麼多計畫。當時我有一個想法，就是把博士生找來讓他們寫跟自己研究有關的計畫書，因為他們以後到業界也是需要寫計畫，正好可以給他們練習。我會事先告訴博士生一個題目方向，然後提供主要的資料，請博士生來參與幫忙寫計畫。博士生寫好後會來跟我討論，當然剛開始學生可能無法寫得很好，但是我會跟他們一起討論，再請他們回去修改，就這樣經過反覆討論、修改的步

驟,最後完成計畫書。

在這個過程當中,一方面我會節省到一些時間;另一方面學生也會學到如何寫計畫、編預算。我可以說我們培養的學生都具備有非常好的IC設計的能力,而且有創新設計的能力,都有嚴謹的精神,很會做事,也會寫計畫書。

參與三C整合科技發展計畫

在1996年任國策顧問的夏漢民董事長成立了「財團法人中華民國國家資訊基本建設產業發展協進會」(National Information Infrastructure Enterprise Promotion Association, NII),並任董事長。他是一位很積極,一心想在政府內推動事情的人,從政務委員職位退休後他仍在民間想盡一己之力來做事,所以成立了NII持續在做推動科技發展的事情。他非常關心臺灣科技產業轉型的問題,尤其是3C技術的整合與研發方面,因此就有了「三C整合科技研究及產業發展」計畫的構想。

我是在1997年到1998年間參與由夏漢民董事長擔任主持人的國科會三C整合科技研究計畫[16],他邀請我、林寶樹、黃振昇等多人參加。目的在於對臺灣3C整合科技研究與產業未來發展進

---

16 分別為「三C整合科技研究及產業發展前瞻規劃」與「三C整合科技研究及產業發展前置計畫」。

參與 NII 的「三 C 整合科技研究及產業發展前置計畫」，1998年前往歐洲荷蘭阿姆斯特丹進行考察。吳重雨（右一）、林寶樹（右二）、夏漢民（中）、劉濱達（左二）、蘇炎坤（左一）。（吳重雨提供）

行前瞻性規劃並進行推廣，也促進 IC 設計的發展及應用。我們當時規劃出幾個方案，其中有一個相當重要的方案是推動 SoC 的研發。

提升技術，讓SoC越做越小

SoC 是 System-on-a-Chip 或 System-on-Chip 的縮寫，稱為「晶片系統」或稱「系統單晶片」，簡單來說就是把記憶體跟類比及數位電路等縮小，將整個完整系統都做在晶片上。打個比方，就像是自己組電腦時，我們就需要分別把中央處理單元（Central

Processing Unit, CPU）、記憶體、硬碟等所需要裝置配置成為 motherboard（電路板），而 SoC 就是把這些裝置直接做在一個晶片上，這樣只需要一片小小的晶片就可以做到原本一大塊電路板的功能。

尤其是當科技進步，產品越來越小，功能越來越複雜時，所需要的系統就會越來越複雜，所需要的元件也就越多，這時候就要縮小電晶體，因為不縮小的話，晶片就會越做越大，但是晶片面積越大良率就會降低，原因是晶片變大，依照材料製作的特性，表示晶片面積內的瑕疵會變多，只要一個瑕疵就會讓電晶體壞掉，整片晶片就會報銷，所以晶片要做大也有一個限制。相對來說，晶片越小，瑕疵就會越少，所以晶片都是要越做越小。

而 SoC 的優點包含有：由於內、外部訊號傳輸距離縮短，因此能提高訊號傳輸速度與頻寬，大大提升效能；另外還能實現輕、薄、短、小的產品設計；還有可以減少原本 IC 元件間傳遞時所消耗的電能，達到很大的省電效果。

但因 SoC 整合技術較為複雜，良率控制較為困難，電晶體尺寸縮小也是挑戰，所以需要很多資源及腦力去發展。幸好大家都認為 SoC 及電晶體縮小很重要，世界上各主要國家的產、官、學、研都投入極多資源及人力全力發展，得以讓許多技術障礙在此動力下逐一克服，終至能順利發展到今日，成為全球最核心技術。

SoC 需克服的困難很多，但最終需要達成的目標是下一代的

技術要比這一代技術良率高、性能提升、單位面積電晶體數目增加、平均每項工作耗能降低等，這樣一代比一代進步，確實是一大挑戰。當時在推動發展3C整合技術中，SoC被視為是相當重要的核心技術，也是未來發展趨勢。

我們那時也成立「SoC推動委員會」，希望能推動SoC產學合作計畫，引進國外半導體IP（Semiconductor intellectual property，簡稱 IP，矽智慧財產權，簡稱為矽智財）。很簡單來說，IP是一種已經設計好，而且經過實作驗證可以在IC上重複使用的整合架構模組。因為核心關鍵IP為大部分SoC所必用，所以很重要。例如CPU IP、高性能數位類比轉換器（Analog-to-Digital Converter, ADC）等等。這對於IC設計產業的重要性在於透過IP授權而節省下大量的研發時間和設計成本，能促進臺灣IC設計產業發展。尤其SoC是將很多功能集中在一片晶片上，就更需要有IP來進行整合。

當時這個「三C整合科技計畫」是希望促使SoC研發能列入國家3C發展政策的主要方向，我想這應該是國科會在2002年推動「晶片系統（System-on- Chip, SoC）國家型科技計畫」的前身了。

由於我只參與了「三C整合科技研究及產業發展」的初期規劃與推廣工作。之後夏漢民董事長仍持續執行這個3C整合計畫，他在推動發展這方面產業上實在有很大的貢獻。

類比IC設計的相關研究

以方法來說，IC設計可分為「數位IC」跟「類比IC」二區塊。簡單來說，透過控制電流的關與開，以0與1呈現的「不連續訊號」稱為數位訊號，處理這種訊號的IC就是數位IC；類比訊號則是泛指大自然裡一切的連續訊號，例如聲音、光線、溫度、可見影像等，把類比訊號轉換成電壓或電流後，會得到連續的電壓或電流變化，這種「連續的訊號」被稱為類比訊號，處理這種訊號的IC就是類比IC。類比IC的範圍很廣，裡面也包含了數位訊號轉類比訊號或者類比訊號轉數位訊號等數位與類比結合的「混合訊號積體電路」（Mixed-signal IC）。

從電子濾波器到射頻電路

我首先接觸到的是數位IC領域，但是1983年左右就開始做一些類比IC，那時候是做電子濾波器（electronic filters），濾波器是在處理過濾訊號的電子元件。後來就從濾波器慢慢走到做射頻電路（radio-frequency integrated circuit），射頻電路是屬於類比IC裡面的一環，其頻率範圍9仟赫茲（KHz）到3000億赫茲。約在1993、94年，我就開始做射頻電路，也就是這個時候我完全轉向到類比IC的研究上。由於類比IC需要用到數位IC來進行控制，所以我們的研究也涵蓋了處理混合訊號IC這個部分，

數位IC的研究也差不多在此時期告一個段落,以後就不再做了。

　　射頻電路簡單說就是處理無線電波頻率的電子電路,不同頻率會有不同的應用用途,我們那時候是做高頻的無線通訊系統,有做到了現在的5G毫米波頻率,這是很高的頻率。做5G到最後時就面對到一個問題,因為越高頻的設計就會需要更前瞻製程的晶片,但是當時我們好像是只能拿到180奈米(0.18微米)或是130奈米(0.13微米)的晶片,由於沒有辦法再突破,所以這部分的研究也就在2010年左右停下來,但當時我們實驗室所做已算是滿超前的研究。

　　綜觀我們在射頻積體電路相關研究成果,首先是發表於1997年的 *IEEE Journal of Solid-State Circuit*(*JSSC*),係900百萬赫茲的CMOS帶通放大器(bandpass amplifier)[17]。接著陸續發表多篇主要論文於IEEE期刊上,包括2002年用於射頻發射器之具電壓控制震盪器與射頻放大器的20億赫茲(2GHz)直接轉換式四象限調變器(Direct-Conversion Quadrature Modulator)[18],2004年5-GHz CMOS雙四象限射頻接收器前端(Double-Quadrature

17 Chung-Yu Wu and Shuo-Yuan Hsiao, "The design of a 3 V 900 MHz CMOS bandpass amplifier," *IEEE Journal of Solid-State Circuits*, vol. 32, no. 2, pp. 159-168, Feb. 1997.

18 Chung-Yu Wu and Hong-Sing Kao, "A 2-V Low-Power CMOS Direct-Conversion Quadrature Modulator with Integrated Quadrature Voltage-Controlled Oscillator and RF Amplifier for GHz RF Transmitter Applications," *IEEE Transactions on Circuits and Systems II: Analog and Digital Signal Processing*, vol. 49, no. 2, pp.123-134, Feb. 2002.

Receiver Front-end）[19]，2007年發表於 *IEEE Transactions on Microwave Theory and Techniques* 的0.13微米CMOS 70-GHz毫米波除頻器[20]，及2008、2009年發表的多篇論文。

重要的代表性研究分別是：一、**CMOS電流模式之GHz射頻微波積體電路**，首創在CMOS 24GHz以上射頻微波積體電路採用電流模式電路，Coupling current-mode injection-locked frequency divider（CCMILFD）電路架構及整體injection-locked frequency divider晶片，此項創新技術適合應用於奈米CMOS積體電路技術，以設計77 GHz或更高頻之微波積體電路。二、**CMOS次諧波（Sub-harmonic）injection-locked頻率倍乘器（frequency multiplier）之設計及應用**，首次在CMOS做出五次諧波的injection-locked frequency multiplier（ILFM），將電壓控制震盪器（voltage-controlled oscillator, VCO）產生的11 GHz訊號，倍乘到55 GHz，以供V-band 鎖相迴路（Phase-Locked Loop, PLL）使用。首創在CMOS採用三次及五次諧波頻率倍乘器，應用於50 GHz以上之微波積體電路。

---

19 Chung-Yu Wu and Chung-Yun Chou, "A 5-GHz CMOS Double-Quadrature Receiver Front-End with Single-Stage Quadrature Generator," *IEEE Journal of Solid-State Circuits*, vol. 39, no. 3, pp. 519-521, Mar. 2004.

20 Chung-Yu Wu and Chi-Yao Yu, "Design and analysis of a millimeter-wave direct injection-locked frequency divider with large frequency locking range," *IEEE Transactions on Microwave Theory and Techniques*, vol. 55, no. 8, pp. 1649-1658, Aug. 2007.

與中科院合作紅外線偵測器

約在1980年代末期到1990年代初期，中科院（中山科學研究院）找上我們合作研發紅外線偵測器，當時是要應用到他們所開發的紅外線飛彈影像追蹤系統上，這個紅外線偵測器的功能是在於協助飛彈瞄準目標，當時的情況好像是因為美國不願意賣給我們，但這是系統中很關鍵的零組件，所以中科院就來找我們。我們算是當時很早有做感測器（Sensor）的實驗室，也已有比較多的經驗。

這個遠紅外線偵測器是利用類比IC去讀出紅外線光源的光電流變化，再將電流變化轉成數位訊號，這個研究也合作多年。這個紅外線偵測器的研究成果後來也擴大應用在我們其他的研究上，非常重要。

類神經網路的研究，啟發視網膜功能以IC實現

相較於數位IC，類比IC的挑戰性更大，研究性也更高。我接觸類比IC後，也開始注意到國際上關於神經網路（Neural network）的研究，深深受到吸引。人體神經細胞是透過釋放出電荷來進行傳遞溝通，這樣的特性就有人提出是否能將人類的神經網路視為電路，利用控制電荷的方式來模擬出神經細胞的行為。

這種「模仿生物神經系統」的概念其實很早期就出現，在電腦出現之後，人類就有著想要利用電腦來進行人工智慧的學習，但受限於硬體無法做出像頭腦860億個神經元以超過100兆條神經相連而形成的網路，因而發展並不理想，但是大概到了1980年代以後，半導體晶片發展快速，電子技術帶來了一些新方法。

在90年代初期，我在類比積體電路的研究開始聚焦在模仿人類神經網路的方向。當時我們就已經試著從腦部對應到視覺或者聽覺感應的特性，即人類的腦神經系統傳遞訊號到視網膜、耳膜的這一套功能，希望以IC加以實現出來。

我們首先是從視網膜結構開始，運用電子、電洞傳輸作用，來達成視覺平滑（smoothing）功能。我們應用多個共用基極（base）的PNP雙載子光電晶體（bipolar phototransistor），在受光時於基極區域產生電洞向外擴散原理，來達成電流平均功能，使對應視覺影像能有平滑效果，實現視網膜水平細胞（horizontal cells）影像平滑功能。該項成果發表於1995年 *IEEE JSSC*[21]。我們運用該矽視網膜，成功研製兩種視覺晶片，分別模仿視覺皮層功能，用在旋轉物體即時分類與即時偵測物體運動方向及速度，由此開啟我在視網膜及視覺皮層功能其IC設計實現的研究工作。我們的這項研究成果能運用在自動控制系統以及進行特定移動目標

---

21 Chung-Yu Wu and Chin-Fong Chiu, "A New Structure of the 2-Dimensional Silicon Retina," *IEEE Journal of Solid-State Circuits*, vol. 30, no. 8, pp. 890-897, Aug. 1995.

的動態偵測上，當時應該已算是世界上很領先的技術，也透過技轉給產業界廠商進行商品化的應用。

　　在同一段時期，我們也研究神經網路在IC的實現，在此之前神經網絡的研究都還僅是停留在於數學模型的理論上。我們依照Stephen Grossberg所創立的神經網路數學模式，首次成功製作出用電流式類比積體電路（current-mode analog IC）設計出的**類比比例式記憶**（ratio memory）**晶片**，作為聯想記憶體（associative memory），這項成果發表於1996年 *IEEE Transactions on Neural Networks*[22]。

　　在人類頭腦神經內，處理神經狀態及記憶都在同一處，不像是一般數位電腦須由「中央處理單元」及「記憶體」分別處理。透過研究發現，能同時處理神經狀態及進行記憶的關鍵，在於「類比比例式記憶」。以影像處理為例，透過利用比例式記憶能增加影像亮度對比，有利於進行影像辨識。根據電路模擬與量測結果，利用比例式記憶，能在一般漏電電流下，經過卅分鐘後還具有清晰影像，如果是一般數位記憶晶片，影像很快就會消失。這種增強效果，可印證為何過去記憶中彩色影像，最後會變為黑白。比例式記憶的功能，可以舉個例子說明：如果以比例式記憶記住一個影像，該影像所有像素的亮度總和為分母，個別像素亮

22 Chung-Yu Wu and Jeng-Feng Lan, "CMOS current-mode neural associative memory design with on-chip learning," *IEEE Transactions on Neural Networks*, vol. 7, no. 1, pp. 167-181, Jan. 1996.

度為分子，形成比例，比例式記憶會記住所有像素的比例。例如某個像素為二分之一比例，在漏電電流下，分母二和分子一都以相同時間常數衰減，經過很長時間，分子及分母的絕對值都變很小，如分子 0.001，分母 0.002，但比例仍維持二分之一，所以我們要記住事物，要以比例方式較易記憶。

有了第一步的成功後，我更加熱衷著迷於研究如何將人類的視網膜、耳膜等感官及頭腦視覺、聽覺及判斷決定等功能以 IC 實現，我心中常盼望著能將人類所有功能都在 IC 上實現，這樣不只可以大幅提升機器功能，同時也可幫助感官有失能的人，用 IC 來彌補其感官功能。雖然這樣的研究心願要達成是一條非常漫長的道路，直到今天我還在持續奮鬥前進，因為我仍然充滿熱情與希望，認為在越來越多人的共同努力下，必定可以看到這一天的到來。

以仿生 IC 為入門，跨足電子生醫領域

這個世界首創實現神經網路功能在 IC 上的研究成果，讓我於 1998 年分別獲得提名當選為 IEEE 會士（Fellow）[23] 以及獲得教育

---

23 Citation: For contributions to the implementation of neural network integrated circuits（獲選說明中即為「在類比類神經網絡積體電路研製之貢獻」）。引用自 IEEE Taipei Section 網站「IEEE Fellow」台北分會現有 IEEE Fellow 及其貢獻所載，1998 年獲選人吳重雨之貢獻評語。網頁：http://www.ieee.org.tw/index.php?page=01-lista13（瀏覽日期：2023 年 1 月 30 日）。

1998年榮獲IEEE Fellow，攝於美國加州蒙特瑞ISCAS頒贈會場，許炳堅（左）、吳重雨（中）、魏哲和（右），由柯明道拍攝。（吳重雨提供）

交大校方在1999年為慶祝吳重雨榮獲教育部工科學術獎（1998年）特舉辦茶會。吳重雨(左)與夫人曾昭玲(中)，學生林俐如(右)。（吳重雨提供）

部工科學術獎。我並未替我的研究成果申請專利，那時的想法是希望開放讓國際上感興趣的學者們能一起來研究，尤其是如果能跟國內醫學生物界人士合作，或許可以加快研發的腳步，早日變成真正能夠幫助到有需要的人的產品。

這個研究也是我從電子領域結合生醫，成為跨入到電子生醫領域的開端，我接下來轉入專注於這個研究領域中。也因為這個仿視網膜晶片的發明，促成了榮總林伯剛醫師來找我進行植入式人工視網膜晶片研究的契機，沒想到我們日後也為了合作人工視網膜晶片研究，一起投入了近二十年的心血。（詳見第五章〈植入式人工視網膜晶片研究〉一節）

交大發展生技領域的軌跡

其實鄧啟福校長在1992年上任後，就注意到交大在生物科技領域的發展上發展相當薄弱的問題。另外也因為90年代政府提出六年國建的政策方針中，即將「生物技術」列為急需發展的關鍵技術之一。所以鄧校長就積極行動，想要在交大將這方面研究給推動起來，於是就在1994年首先成立了生物科技研究所碩士班（設於理學院之內），等於打開了交大日後朝往生物技術領域發展的大門。

而當時張俊彥校長（於1998－2006年任國立交通大學校長）還是交大工學院院長，就已經相當支持鄧校長的規劃，他也一直

在推廣交大要發展生醫電子研究。所以他當校長後，在2003年成立生物科技學院。

由於我從1990年代初期到末期，在將近十年的投入之下，已在生物電子晶片上面的研究累積出一些成果，也持續有發展的興趣，所以張俊彥校長就找我跟南加州大學洛杉磯分校的許炳堅教授，一起合作在校內推動結合半導體與生物科技的研究計畫。

由許炳堅撰寫 Mr. Semiconductor Academia of Taiwan:An Interview with Dr. Chun-Yen Chang 一文訪談並介紹張俊彥校長，刊載於1999年1月的 *IEEE Circuits & Devices*（《線路與元件》期刊）。文中使用的相同系列照片，該照片展示了生物DNA（去氧核醣核酸）模型與晶圓，強調交大推動結合晶片與生物技術發展之生物工程領域的企圖心。張俊彥(中)、吳重雨(右)、許炳堅（左）。但可能是使用攝於1992年的照片。（吳重雨提供）

第五章

看見新世界

2001– 迄今

我們在學校做研發，最終應該都希望能夠真正應用到病人身上，可是學校不可能發展出產品，那就必要有產業界的公司，由公司將研發成果開發成產品。所以我認為生醫電子轉譯研究中心的目標不應僅僅是成為生醫電子領域世界一流的研究中心，更需要協助產業界進行神經系統高階植入式生醫電子醫療器材的開發、進行臨床試驗，兼為培育臺灣新興高階植入式醫材產業新創公司的搖籃。

2000年後，我先後任交大電機學院院長、交大校長重要行政職位，有機會以推動校務方式回饋母校。另外也有幸獲得主持NSoC（National Program on System-on-Chip）、NPNT（National Program on Nano Technology）二個國家型計畫的重大任務，我應該算是已有足夠的經驗，有信心於肩負起這些被交付的責任，在各式各樣的考驗下，盡力取得優秀成果。

在此階段我開始將重心投入到了開拓生醫電子領域的發展上，雖然中間遭遇很多失敗，但卻也能一一克服，成為讓我專注投入，充滿熱情的志業。

電資院長任內大力推動國際化與「不分系」

2002年我獲選擔任第四屆電機資訊學院院長，在2月1日上任，由於院長一任的任期是四年，所以預定任期是到2006年止。但在2005年時，電機與資訊分立為二個獨立學院，我的院長任期尚未屆滿，所以就繼續主持電機學院，擔任第一屆電機學院院長至2006年，之後由謝漢萍教授接任。

回顧當院長這四年之間，我認為重要的事情是去推動落實「國際化」策略及「不分系」教育理念，我們是站在如何讓學生與教師可以對外去接軌世界舞臺的角度去思考，完成了幾個重要事情：第一個就是創立「電機資訊學士班」，我覺得它基本上是一個教育理念的實現，希望學生可以依自己的興趣修習課程，

2002年電資學院院長就任茶會，吳重雨（左）、呂平幸（中）、姜信欽（右）。（吳重雨提供）

同時爭取到國際合作機會，推動「全班交換」送大學生到國外名校就學一學期；另一個是成立「全球化領袖型教授推動委員會」（Global Leadership Professor Promotion Committee, GLPPC），目的是鼓勵院內教授多參與IEEE的國際學術活動，主動進入國際學術領導圈，並爭取被提名為IEEE Fellow。

首創不分系「電資學院學士班」

我上任電機資訊學院院長時，即有一件很重要的事情就是「招生」，當時我提出成立不分系「電機資訊學院學士班」（以下

簡稱「電資學院學士班」）的構想，也獲得張俊彥校長的支持。交大的電資學院學士班是全國最早配合教育部推動的「大一大二不分系」，進行整合電機、資訊二大領域來規劃全新課程。進來就讀的學生在大一跟大二時期可以透過上電機、資訊的共同基礎課程來認識這二個領域，大三、大四就可以依照興趣自由選修電機、資工之間跨領域的專業核心課程，同時去國際名校就讀一學期。藉由優異的課程設計及國際名校就讀，吸引招收優秀學生。

　　我們非常重視電資學院學士班的設立，因為當時外在的環境已經是臺灣電子產業蓬勃發展求才若渴，產業界及學術界的研發能力大幅提升，有越來越多企業願意尋求與學校的合作，由學校來培養優秀的人才投身於產業中，提升企業的競爭力。我們當然也會希望吸引到全臺最優秀的高中生進來交大讀書，但是一方面也要思考如何因應外在世界快速的變化，去調整出更靈活、符合需求的教育方式來培養可以適應未來的跨領域人才。當然有一個比較現實的狀況就是大學之間的招生激烈，大家都想要收優秀的學生，志願排名是一個很重要的指標。當時我們交大在同類組排名最好的電子工程學系也只落在約第四、五名間，所以我們希望透過教育理念、課程設計上的調整，推出最高規格規劃的電資學院學士班，來吸引優秀學生，衝高排名。

開拓視野，免費送學生到國外名校就讀一學期

除了電資學院學士班是全國創舉，我認為還要提供讓學生提早接觸國際舞臺的機會，就在課程規劃中加入了「大三、大四得至國外著名大學進行半年至一年之交換學生就讀」這樣的想法。因為我們觀察到臺灣的大學生畢業後出國留學人數逐年下降，影響的原因在於當時臺灣環境變好，國內電子電機領域的博士班增多了，而且臺灣半導體與電子產業界發展成熟，國內就能提供很多不錯的就業機會；相較之下出國讀博士不僅需要努力去準備托福之類的留學考試，又要負擔高額的學費與生活費，在異國要拿到學位需克服很多適應上的問題，不只付出更多的時間成本，過程相較要辛苦很多，學生們也就傾向留在國內選擇比較好走的路。

我當時的想法認為，我們學校應該要提供一個打開學生國際視野的學習平台，讓來交大讀書的學生在就學期間就有機會到國外名校去跟國際學生一起學習、開拓視野，增加他們以後想要踏上國際舞臺去競爭的信心。我記得當時有人對這樣的提議有一些疑慮，認為大學部花了那麼大的力氣金錢培養學生，但這些大學生畢業後不一定會留在交大讀研究所，很多人可能也選擇去臺大或出國去。不過我當時是認為這樣也沒關係，因為大學部的校友向心力很強，交大是他們的母校。我們校方所要做到的是，在學生人生的一段求學階段中，能夠提供給他們最好的養分，成為他

們未來發揮長才的助力，應該是交大辦教育的精神。

　　雖然也有一些聲音認為資源都投入在一個學士班，對其他學系的學生有不公平的問題，但我們的想法是希望可以透過學士班的這個嘗試，以後慢慢擴大讓其他系的學生也能夠出國去就學修課。當時全院各系主管對於辦好電機資訊學院學士班的共識很強烈，基本上都願意來配合，加上有張俊彥校長的全力支持，我們就傾全院之力來辦理電資學院學士班。

　　除了提供學士班學生出國修課之外，我們還打出「榮譽導師制度」，找來好幾位國際重量級學者擔任學士班的榮譽導師，其中有我在柏克萊邀請到的執行副校長 Paul Gray 教授、工學院院長 Arthur Richard Newton 教授、電機資訊系系主任 Shankar Sastry 教授，另外還有哈佛大學的孔祥重院士、美國工程院士也是鈺創公司董事長的盧超群博士等人，讓學士班學生有機會與這些大師級學者面對面接受指導。另外我們還設計開設「創新資優課程」，集合了全院的五個系，分別是資訊科學系、資訊工程系、電子工程系、電信工程系、電機與控制工程系，共二百多位教授來提出專題題目，提供學生選擇有興趣的主題去找教授學習。

　　2002 年底經向教育部申請設立通過後，2003 年電資學院學士班就開始招收了第一屆的學生。成立過程中有許許多多事情需要去辦理，像是擬定組織章程、修業規定、學位授予實施細則等等，前置的行政工作相當繁瑣。我們找資工系陳榮傑教授擔當

在柏克萊期間與 Paul Gray（右）合影。（吳重雨提供）

電資學院學士班第一屆「班主任」，從籌備時期的行政工作外，他同時也開始忙碌於整合院內電機、資訊兩系資源來規劃設計課程，相當盡心盡力，後面的招生考試工作更是繁雜，非常辛苦。

　　我們所規劃讓全班學生都能夠去國外修課一學期的構想，不是一般的交換學生，而是目標很明確就定位在要讓我們的學生到對方學校去上課一學期，有一定的專業課程規定並須修完所規定的學分數，再由校方開出學分證明，回到學校後採計到畢業修課學分中。這種方式是當時國內還沒有學校做過的創舉，國外學校也沒有這樣的先例。所以為了籌備這項創舉，我們就要去找校友、企業募資送學生出國的費用。另外還要尋找能讓學生去修課

的名校，爭取國際合作的機會，這也需要花時間去跟國外的學校
洽談。

赴美訪問研究教學，洽談國際交流合作

為了找尋合作機會，我分別在2002年暑假及2003年上學
期先後前往美國加州大學柏克萊分校（University of California,
Berkeley）（以下簡稱柏克萊）做博士後研究，以及美國伊利諾
大學香檳分校（University of Illinois Urbana-Champaign, UIUC）
去訪問教學。

柏克萊葛守仁院士鼎力協助

2002年時，我在柏克萊的葛守仁（Ernest S. Kuh）院士協助
安排下，申請到J-1交換學者簽證，於8月1日獨自前往美國，以
博士後研究身分到柏克萊進行為期二個月的訪問研究行程。這二
個月的時間中，我進行了二項重要的目標：一是跟葛院士進行學
術研究；二是透過葛院士的引薦，與校內高層以及重要教授見面
洽談，取得雙方合作以及交換學生的共識。

葛院士是一位溫文儒雅令人景仰的大師級學者，他是電路與
系統領域中聞名世界的學者，在超大型積體電路與電腦輔助設計
研究上具有開創性的貢獻，曾於1998年獲得電子設計自動化領域

與葛守仁（左一）及其夫人（右一）在柏克萊期間的合影，吳重雨（中）。（吳重雨提供）

的最高獎項——Phil Kaufman Award。他早年就讀過上海交大，後來是到美國取得大學學士（1949年畢業於密西根大學）、碩士（1950年畢業於麻省理工學院）、博士（1952年畢業於史丹佛大學）學位。先在貝爾實驗室工作，後任教於柏克萊電機資訊系，曾任系主任（1968-1972年）以及工學院院長（1973-1980年）。他更獲得美國工程學院院士、臺灣中央研究院院士，以及多個中國大陸的院士的榮譽，也是交大的榮譽博士（1998年），是學界中備受景仰的大師。

　　我去美國的時候，葛守仁院士已是柏克萊終身教授，不須負責授課，專注投身於研究中。當時他在奈米尺度的IC與多晶片模

組（Multi-Chip Module, MCM）[1]設計上的研究已有成果。在這二個月內，我跟他學習IC電路模式的建立與模擬，因為當時（指2002年4月）在台積電、意法半導體（STMicroelectronics）、飛利浦共同合作下，已公開發表研發出90奈米半導體製程技術。「奈米」是nano meter，是公制長度的單位，也就是10^{-9}米，即十億分之一公尺，我們的一根頭髮的大小都要好幾萬奈米，從此晶片進入奈米尺寸。

面對90奈米及以下的奈米IC，IC電路設計以及自動化設計軟體都是一種相當大改變的挑戰，主要挑戰在於90奈米以下的金氧半電晶體及其接線，需要考慮縮小尺寸的三維效應，增加元件及接線模式的複雜性。在這二個月跟葛院士研習的過程讓我有很大的收穫，除了見識到葛院士在研究上的嚴謹，同時了解該領域關鍵性的研究方向。不過由於葛院士專業領域是電腦輔助設計，這個領域跟我的研究雖有密切相關，但並非是我直接專業的領域，所以無法繼續深入進行這個領域的關鍵性研究。

在葛院士的安排下，我先後拜訪了柏克萊的執行副校長Paul Gray教授、工學院院長Arthur Richard Newton教授、電機資訊系系主任Shankar Sastry教授等人，除了請教他們針對未來發展所規劃與推動的方向，也代表張俊彥校長邀請他們來訪問交大。

---

1 指一種能將二個以上的裸晶片容納封裝在一起的封裝技術，在此技術發展之前，一個封裝只能容納一個裸晶片。

對於來交大訪問跟進行合作的建議，他們都表示相當有興趣，也會盡快進行安排。我也說明了針對學士班學生交換的構想，獲得了贊同，我將這樣的共識帶回交大，後來也展開了二校的合作關係。

當時也協助推動了第一個交大、宏碁電腦、柏克萊三方合作進行研究計畫的方案。此外我也去拜訪了好幾位教授，以及參訪多處研究中心，並且跟這些中心的負責人交流，希望建立共同合作的機會，皆得到認同的回應。期間也持續參與了一些研討會與活動，像是去華盛頓特區參加第二屆「國際電子學會奈米技術國際研討會」，受邀在一場談論「奈米電子之重大挑戰」的座談會中擔任引言人，也在會中發表一篇論文，有很豐富的收穫。我也多次找許炳堅教授交流高科技發展方向以及人才培養的策略，他除了在學界任教，也有在矽谷的實務經驗，算是兼具學界與業界兩方研究的專家。他非常熱心，曾經來交大協助過很多計畫活動，長期以來曾獲交大聘任為電機資訊學院指導委員、榮譽教授、校務策略顧問、榮譽講座教授等職，對於交大的發展上有不少幫助，相當感謝他。

這二個月的行程中，不論是在研究上以及行政成果上的收穫相當多，但我印象最深的還是跟葛院士的接觸與相處。因為他非常關心我的起居生活，除了細心安排行程，也帶我走訪校內很多設施，甚至還帶著我去附近的一些餐館吃飯，讓我能加快熟悉適應陌生的環境，能深刻感受到他身為長者對於晚輩照顧的溫暖，

實在是非常感謝他。

由於我在柏克萊期間所提出學士班學生前往柏克萊進行交換就學修課的想法，已獲得校方支持，該校電機資訊系也同意進行合作，後於2003年，張俊彥校長就帶團去柏克萊正式商議合作事宜，其中包含了學士班學生前往柏克萊就學的辦法。對柏克萊來說，這種全班就學的方式也是首例，他們也願意推動大學生交換計畫，送自己的學生到交大來進行研讀，也有學生表示想要到竹科實習，我們也協助安排。我們二校之間至此開啟了長期的國際交流合作。

親赴UIUC授課，爭取交換學生合作

為了再爭取到更多美國名校的交換學生名額，2003年電資學院學士班成立後，我在張俊彥校長的支持下，又於同年的八月底單獨前往美國伊利諾大學香檳分校（以下簡稱UIUC）進行訪問教學一學期。UIUC在全美公立大學中排名在前三之內，全美工程學院排名在前五名左右，是相當優秀的學校。

當時我是看到UIUC電機系大學部在徵聘電子學的教師，就投履歷去應徵。然而其實我的目的是想要去跟他們談合作，我認為人如果不親自過去，很難去好好找人來談，所以剛好可以利用過去教書一段時間的機會，能有比較多的時間在學校內找人談談。UIUC那邊也同意我過去訪問教書一學期。我就向交大這邊

提出請假獲得同意，從九月開始到十二月底共四個月的時間都待在UIUC。

我在電機系大學部開設一門電子學，教學之餘就去找系主任Richard Blahut教授談學士班交換學生的program，因為我們要一次送十幾、二十個學生過去一學期，他們也從沒有做過這樣的事情，在各方面的安排都要考慮，不是一件容易的事情。經過系上一些教授們的討論，對於這樣的構想很支持，也同意來進行這一個program。

2004年7月Richard Blahut教授就率團來交大訪問，並代表UIUC跟交大簽訂了兩校合作協定，包含了交換學生、研究計畫等。UIUC後來長期都跟交大保持著合作關係，我們雙邊也長期有交換學生、教授的交流活動，UIUC也會安排學生來交大。我們同時也頒給了Richard Blahut教授榮譽教授。

可能是因為當時我不論是在語言上以及教學經驗上都已能駕輕就熟，所以感覺在UIUC的教學生活是比早年在Portland State University期間更為輕鬆。我在UIUC這邊跟很多人碰面，討論了很多學術研究的交流跟合作的可能性，都獲得了很好的回應，實在收穫豐碩。我也跟UIUC那邊建立起良好的關係，UIUC也給了我一個沒有開課之實的兼任國際教授（2004–2008年）頭銜，主要是更方便於二校之間的聯繫。

應該很少有學院院長會親自請假，獨自去國外做博士後研究以及爭取訪問教學機會，目的只是為了談合作計畫。現在回想，

2004年7月Richard Blahut教授率團來交大訪問，並代表UIUC跟交大簽訂了兩校合作協定，Richard Blahut（右六），吳重雨（右七）。（吳重雨提供）

2004年7月交大頒給UIUC的Richard Blahut教授榮譽教授，左起：Richard Blahut、張俊彥、吳重雨。（吳重雨提供）

2004年交大（右圖）與柏克萊大學（左圖）採用視訊連線方式舉行兩校合作簽約記者會。（吳重雨提供）

當時自己單槍匹馬就直接跑到國外去洽談這些合作計畫，憑藉著應該也是一股很樂觀的衝勁。畢竟在事前，都很難預料到是不是能夠順利取得想要的成果。所以去柏克萊與UIUC這二次的經驗，也是滿有趣的特殊回憶。

電資院長任內重要紀事

播下科技的種子，辦理高中教師營隊

2003年年初寒假期間，我們院內獲學校支持籌辦「奈米世紀營」，主要目的是希望能安排高中老師來交大認識電資學院的研究領域與學程內容，也安排介紹相關半導體產業基本知識的課程，並參觀實驗室。希望高中老師參與營隊後，能鼓勵更多高中學生投入電資科技領域。為了加強跟高中老師的互動，我們還成

立了「交大電資院高中老師諮詢團」，建立跟老師們有更積極的互動交流管道。藉由高中老師們的介紹來吸引優秀高中生，以提升學院各系的排名。為了奈米世紀營，我們還邀請多位教授、學者來寫文章，編成了一本《奈米世界—賦予大學新機會》[2]的書，裡面介紹奈米科技以及交大的研究。這個奈米世紀營吸引了116位高中老師來參加，效果非常好。

當時我收到了很多高中老師正向的回饋，甚至很多非理工科的老師也積極來參加，因為老師們對於像是半導體、IC科技的發展，奈米科技、資訊工程等等這些不易入門的知識，都苦於沒有系統性的管道可以了解，而交大的這個營隊正好能夠補上這樣的基礎認識。這個跟高中老師們直接接觸、交流的機會，讓我產生很大的感想，我認為科技的種子不應該是到大學裡面才播下，而是也要培育高中科技種子教師，讓高中老師就能將這些知識傳遞給他們的學生，所以應該要持續來辦這樣的高中教師營隊。

因為我是聯發科技教育基金會的董事，就把這樣的想法告訴聯發科的蔡明介董事長，受到他及基金會董事的大力支持後，就寫了一份「聯發科高中教師IC科技研習營」（以下簡稱「高中教師IC營」）的計畫書，由我擔任計畫總主持人，聯發科贊助全額費用，來擴大辦理。我找了臺大、成大一起加入，分別將高中教師IC營的場地安排在交大、臺大、成大，開放給全臺灣所有高中

2　吳重雨編著，《奈米世界—賦予大學新機會》，（新竹：國立交通大學出版社，2003）。

老師報名參加。印象中這個高中教師IC營是在2004年至2006年間舉辦，連續辦了三年。每年都吸引到三百位高中老師的報名參與，非常受到歡迎。我記得第一屆高中教師IC營蔡明介董事長有來交大演講，他後來跟我說這個營隊的成效非常好，原來蔡明介董事長的哥哥就是高中的物理老師，他也報名全程參加了這個高中教師IC營，對於營隊讚不絕口。這對於我們交大在招生上也有宣傳的效果。

爭取校友企業捐款，打響電資學院學士班名聲

電資學院學士班招生名額分配是申請入學的名額二十名，考試分發十名。不過當時有發生一個狀況，就是申請入學的學生中有多位後來還是選擇臺大電機系。我們認為是宣傳還不夠，所以校方就決定規劃要在七月大考完後舉辦大型記者會，希望透過媒體來把我們的優勢跟理念加強宣傳出去，吸引優秀學生來選填志願。當時由校方的公共事務委員會來廣邀媒體、發新聞稿，還選擇在臺北遠東飯店開記者會，邀請眾多媒體記者前來，希望能上全國版新聞。我們院則是全力支援配合所有宣傳活動。

我們的規劃是學士班學生出國修課的那學期只要繳交大這邊的學費，其他在國外學校的學費與食宿費用都是由我們全額補助，估算出一個學生出國一學期校方要負擔的學費與食宿花費約在一萬五美金左右，一年要支出的費用至少需要六十萬美金，這

不是一筆小數字。所以當時校方規劃是，一部分經費來源是使用行政院鼓勵國內各大學與國際各大學合作的預算[3]，另外不足的部分則是號召企業界的校友進行贊助。

知道消息後，眾多校友、企業界領袖也很願意幫忙，像是友訊的高次軒董事長、台積電的曾繁城副董事長和蔡力行總經理、矽統的宣明智董事長、矽品的林文柏董事長、聯發科的卓志哲總經理、聯電的張崇德副董事長和溫清章總經理等等，一開始就獲得十多位校友與企業界領袖響應組成「高科技專家資源團」，大家同意每年來贊助學士班學生出國的費用，培養自己的學弟妹免費出國學習。日後我們仍持續拜訪企業校友，爭取更多的贊助。

與業界建立永續與前瞻性的合作關係

學校跟企業界一般進行的產業合作計畫多為專案型，當時臺灣IC產業界發展成熟，對於研發的需求也增加很多，但前瞻性的研究通常都相當耗時，需要長遠規劃，所以我們認為應該要去推

---

3 指行政院於2002年5月核定推動國家發展重點計畫（2002–2007年），推動十大重點投資計畫，其中包含之一大重點為「E世代人才培養計畫」，該重點下列入其中的一項子計畫為規劃推動大專院校的國際化，因此將原已有於2002年1月的「大專院校教學國際化」計畫納入到該子計畫中執行，執行期程為2002年7月1日至2007年12月31日，原為行政院列管計畫，2006年後改由教育部列管。該計畫反映高等教育國際化開始受到重視。參見蘇彩足，《「推動大專院校國際化計畫」政策建議書結案報告》，（行政院研究發展考核委員，2007）3–4頁，網頁：https://ws.ndc.gov.tw/001/administrator/10/relfile/5644/2877/0058735.pdf（瀏覽日期：2023年8月5日）。

動業界與學界建立更具永續性的合作關係。

　　當時聯發科已經是臺灣IC設計產業的領導公司，對於研發相當重視，當時也非常積極跟國內多所優秀大學進行產學合作。而他們公司裡面包含卓志哲總經理在內大概有三分之一的工程師都是交大畢業生，佔比相當高，貢獻不少。因此我們就去找蔡明介董事長與卓志哲總經理洽談，希望我們雙方能建立起長期合作關係創造出雙贏的局面，一方面讓交大的研發能量導入企業；另一方面讓學生能盡早接觸與了解業界，幫助學校培養出更多具備產業競爭力的人才。爭取到了聯發科出資一億元在交大電資學院成立「聯發科研究中心」，共同合作進行產學合作，永續支持教授們跨領域的前瞻研發計畫。

　　當時我們也將此消息一併在電資學院學士班招生記者會中公布，讓外界可以更清楚了解交大校內有足夠充沛的研究動能與資源，可以提供學生非常頂尖的學習與研究環境。

成立「國際化與國際發展辦公室」

　　為了繼續朝著與國外更多學校進行交換學生與教授、互設辦公室、推動雙聯學位和合作計畫方向邁進。2004年，我在電資學院成立了「國際化與國際發展辦公室」（現為「電機學院國際化與發展辦公室」），並請杭學鳴教授擔任主任，主要來處理這些任務。後來也陸續增加了美國卡內基美隆大學（Carnegie Mellon

University, CMU），歐洲的比利時魯汶大學（Catholic University of Leuven）等等學校。

當時我們招生效果算是相當不錯，電資院學士班聯考排名第二，有一些學生成績甚至超過臺大電機系。第一屆學士班是在大三（2005年）分為二組人馬出國修課，一組人是到柏克萊；另一組人是到UIUC，由於到UIUC的學生中還有幾位是院內其他系中選出符合資格的學生，所以到UIUC的人數較多，當時由於是第一次，我還陪同學生到UIUC。

這些學生回國後給校方很多良好的回饋，我們也看到了這些學生們變得成熟很多。學生們都表示在美國看到不同國家學生在課堂上的積極表現，以及對於課業所投入的認真態度，受到很大激勵，更願意自動自發努力學習。還有學生主動跑來找我，提出爭取擔任課堂助教的機會，希望可以得到更多歷練的機會。有多位學生甚至決定將來要出國繼續攻讀學位。我們的學生在美國的課堂上表現都相當優秀，學期成績也很高，受到國外教授的好評。

我認為送學生出國一學期去修國際課程的辦法，成效很好值得肯定。這些去看看世界的學生，都變得更有自信，也更能夠找到自己想要努力的方向。對於我們來說，看到這些學生們的改變與正向回饋，就是一種很大的鼓勵，讓我們更有信心來持續推動、努力擴大進行國外交換計畫的發展。例如後來電子系的李鎮宜主任也規劃推動（95學年度）電子系招生分為甲、乙二組，二組的學習領域都一樣，差別只是在甲組另外加強國際學程，提

供給有意願出國研習的同學報考；而乙組的同學如果入學後有意願，也可以透過修課符合國際學程的標準，申請獎學金出國研習一學期。

成立GLPPC，鼓勵教授參與國際學會事務

為了鼓勵院內老師們多參加IEEE及其他國際學會活動，在張俊彥校長的支持下，2002年我從柏克萊回來後，就在電資學院成立「全球化領袖型教授推動委員會」（Global Leadership Professor Promotion Committee, GLPPC）並設立一辦公室，請來副院長林進燈教授跟莊仁輝教授幫忙來推動。

當時交大電資學院的GLPPC是全臺首創，不過這在諸多國外一流大學中已經是很普遍的組織。GLPPC開放給有興趣參與國際團體組織的老師們加入會員，特色是透過會員們的團體互動中，透過共享、互助的合作方式，讓更多的人可以進入到國際學會組織中，爭取到擔任幹部與主導活動的機會，以及增加獲得IEEE Fellow的機會。我們在GLPPC分別成立了海外與校內的指導委員會，邀請許炳堅教授擔任榮譽顧問，透過許教授邀請到了許多國際知名學者來臺跟我們進行交流。

會想要成立GLPPC，主要是源自於我自己的一些參與國際學會的經驗而來。大概是從1988年左右開始，我每年都會去參與IEEE電路系統分會（IEEE Circuits and Systems Society, IEEE

CASS）的學術活動以及電路與系統國際會議（International Symposium on Circuits and Systems, ISCAS），因而認識相當多傑出的國際學者，有很多交流機會，對於學術研究上的擴展與精進相當有幫助。

另外也積極參與學會內的事務並任幹部，例如我曾擔任過IEEE電路系統分會臺北分會（IEEE Circuits and Systems Society, Taipei Chapter）Chapter Chairman（任期1992–1994年）、IEEE臺北分會（IEEE Taipei Section）Section Chairman（任期1995–1996年）、其他還有像是IEEE電路系統分會的Vice President（IEEE CAS Society VP–Conference，任期2004年、2005年）。我也在IEEE電路系統分會中推動成立了「奈米電子與十億元件尺度集積系統技術委員會」（Nanoelectronics and Giga-scale Systems Technical Committee）為創會主席（Founding Chair）（任期2001–2003年），並獲選為IEEE電路系統分會Member of Board of Governor（參議委員，任期2003–2005年），這個委員是經由全球會員中選出五人，我當時是亞洲區唯一當選會員，讓我有機會來主導與推動學會中奈米相關研究活動。另外我也多次參與IEEE學術期刊的編輯活動，除了擔任編輯，也擔任過期刊諮詢委員及特刊（special issue）共同總編輯等。

這些自己參與國際學會的經驗，讓我很深刻感受到唯有透過積極主動去參與國際學會活動，直接去跟國際的學界進行交流，讓別人認識我們，吸引國外大學來進行合作，這樣才是能真正提

參與GLPPC教師的合照，吳重雨（前右三）、許炳堅（前右二），攝於2006年。（許炳堅提供）

升大學的「國際化」。其實校內有很多老師的研究都很傑出，絲毫不比國外遜色，但可能當時我們的學術界風氣還比較被動，因此在國際上能見度偏低，這是相當可惜的事情。所以希望能夠鼓勵並推動院內的老師們積極進入國際學術領導圈，爭取成為國際級教授，就成為GLPPC的目標。

當時我們也有一個重要目標就是希望能夠增加老師獲得IEEE Fellow的機會，因為那個時候臺灣大約有三千多位IEEE會員，取得IEEE Fellow的人數約在四十多人，而日本有七千多位會員，就有三百多位 Fellow。所以我們認為臺灣在這方面還有許多發展的空間，就很用力在這部分推動。有很多老師也因此受到鼓勵，去爭取提名並獲得IEEE Fellow。印象中在2005年臺灣有六人獲選IEEE Fellow，其中就有二位是交大老師，而當時臺灣歷年累積的IEEE Fellow人數約四十多位，但其中在交大任教中獲選的就有將近二十位，在臺灣學術界中是相當傑出的成績。

電機與資訊學院分立

我在院長任內，最後處理的一件大事應該是電機資訊學院的分立。2003年由資工系（資訊工程學系）與資訊系（資訊科學學系）一起提出，希望二系能夠合併另外成立資訊學院。原因是因為這二個系成立已經超過二十年，累積畢業校友已經有數千人，而二系的發展已相當具規模，二系的師資加起來也已超過七十

人，擁有當時全國最完整的資訊研究領域。

當時電機資訊學院已經是校內最大學院，電資學院學生人數佔全校學生人數的40％，老師人數則佔全校教師的三分之一，有學院發展過於龐大的問題，如果考慮到未來組織與學系上的發展，確實有進行調整的需要。關於成立資訊學院的議題討論上，主要還是得到多數的贊成聲音，雖然有一些疑慮的意見，但是電機、資訊分為二學院發展方向是正確的，老師們都願意彼此溝通達成共識。而在張俊彥校長的支持下，已核定成立「資訊學院籌備處」進行學院籌備工作與系所整併。資訊學院的成立案在報請教育部後，很順利在2005年成立，並由林進燈教授擔任資訊學院院長；而電機資訊學院則更名為「電機學院」，我也就成為電機學院院長，並完成任期至2006年1月31日卸任。

獲選交大校長，擘劃世界頂尖大學藍圖

我卸任電機學院院長後，剛好張俊彥校長的任期也屆滿，要開始進行校長遴選。當時就有一些教授跑來找我，傳達有很多教授希望我可以出來選校長的建議，那時候有不少教授很肯定我在擔任院長時所推動的事情，也鼓勵我。我聽到了這些聲音就想到自己從大學開始就受到交大的培養，一路唸到博士，相當幸運的是能夠在這個過程中找到自己的人生目標，並且在畢業後進入交大任教，有機會持續在自己所熱愛的教學與研究上有所發揮，進

而累積了一點小小成果。我一直都抱持著貢獻交大的想法。現在如果有一個機會，能將我在院內所推動的成果，擴大到整體學校內，可以促進學校不斷提升，那我想當校長也是一種回饋學校的機會，所以就決定出來參選校長。

參選校長就要提出治校理念，很感謝那時候有一些同仁主動出來幫忙規劃，我們就先到處去蒐集意見，畢竟不同學院的教授們也都有他們的期望，我們就先跑去聽聽別人的想法然後做一個彙整，我自己也將擔任院長時期的經驗再做一些回顧。我們大家的期待都是希望學校可以朝更好的方向提升，但是要往甚麼方向走？我認為交大在國際上的表現還可以更好，研究的動能可以更傑出。經過同仁們的協助、整理、建議，綜合了大家的期待與我自己的理想，完成了治校理念，提出了幾個重要方向：**第一、我們要擴大爭取國際合作，提升在國際上的能見度。第二、研究不應單打獨鬥，鼓勵老師們在研究方面進行團隊合作的模式，透過跟國內外學者合作研究計畫提升研究成果，爭取參與國際學會活動與發表機會。第三、交大跟竹科地理位置很近，又具有產業發展上的淵源，這是我們特有的優勢，我們可以善用這樣的優勢，鼓勵老師們多跟產業界進行產學合作。第四、提升教學環境，培養學生為國際一流人才，擴大送學生出國交換研習的制度，另外規劃與世界各名校建立博、碩士雙聯學位，招收國外優秀學生到交大就讀。**

經遴選過程，我獲選擔任交大校長，於2007年2月1日正式

上任到2011年卸任，這四年任期中經歷了非常忙碌的行政工作，相對於治理一個學院，帶領一個學校需要面臨更多的挑戰，除了延續原來我在電機學院內所推動「國際化」策略的擴大，另外一方面我也思考了要如何提升交大內部的研究動能，而參考了美國MIT（Massachusetts Institute of Technology）的做法推動「鑽石計畫」，建立以實驗室導向的研究人才培育模式，達到實驗室能發展永續研究，進而提升整體學校的研究能量與績效，邁向世界頂尖大學。我認為這應該是我在交大校長任內最重要的一項成果。其他在教學上的一些推動、校地的規劃等等，也都有成果。另外在五年五百億計畫的考評中連續拿到優等的成績，其他還有像是通識評鑑等，也獲得亮麗成績。

設立國際處，擴大加強國際化合作

我上任後認為學校需要有一個層級與專業度更高且能專責處理國際合作的單位，所以很快就先將「國際化事務辦公室」更名成立「國際事務處」（2007年5月）。之前我在電機學院內推動學士班與國外名校合作交換學生研修的策略，擔任校長之後，我認為應該要在「校」的架構下推動與國外名校合開「雙聯學位」，透過課程的規劃讓學生可以在達到要求之下，取得二校共同授予學位。

我記得當時是透過我在國科會時期的舊識——國科會駐歐盟

兼駐比利時代表處科技組許榮富組長及在 IEEE 電路與系統學會認識的魯汶大學 Georges Gielen 教授安排下，自己親自前往歐洲比利時的魯汶大學進行洽談關於合作「雙聯學位」一事。同時許組長也另外安排我到德國慕尼黑工業大學及挪威科技大學去進行拜訪，洽談合作雙聯學位，以及共同簽署姊妹校與交換生合作協議書等計畫。

　　由於魯汶大學是歐洲知名的學校之一，所以在成功跟魯汶大學簽訂合作協議後，後續我們再去拜訪歐洲其他學校，在合作意願上就相對更容易獲得成功。只是有一段小插曲，簽約不久後，有一位柯明道老師的學生去魯汶大學就讀雙聯學位，但因對方作業疏失，未能取得雙聯學位，直到 2022 年柯明道老師的另一位學生才獲得雙聯博士學位，成為第一位陽明交大與魯汶大學雙聯博士，距離當初簽約已超過十年！

　　除了我親自前往之外，我們也有請校內的教授去跟國外學校洽談簽約，非常積極去簽訂姊妹校進行雙聯學位，所以在我四年任內應該有完成了約十所國外大學雙聯學位的合作合約；另外也完成了將近三百份跟國外大學與研究機構的合約簽署，姊妹校遍及五大洲。

　　其他還有邀請國外學者來校進行學術交流參訪，以及鼓勵教師到國外學術機構進行交流，增加國際合作的機會。另外也提供更多的機會，鼓勵校內優秀學生到國外去研修。除了在國內的高中加強對交大的宣傳進行招生；另一方面我們認為向外積極去國

際招生也很重要，所以就想辦法提供獎助學金吸引優秀的外籍生到交大就讀。我任內也開始提供經費補助，協助校內各學院都能自行成立國際化辦公室，去推動發展國際化相關業務。

「鑽石計畫」提升研究動能

「鑽石計畫」是起於一個「透過實驗室，培育大學永續研究人才」的重要理念。我們在分析了世界各大學排名，發現排在很前面的學校內都有很多專職研究人員在各個實驗室研究。我們就以MIT來參考，發現MIT校內專職研究人員人數是超過專任教授人數。當時MIT有九百多位專任教授，但卻有超過一千位以上的專任研究人員，即為研究副教授、教授。

我們觀察到世界排名前面的大學都有類似狀況，透過為數眾多的專任研究人員，讓研究計畫及發表論文等研究績效大幅提升，而這些專任研究人員也能憑藉優異研究績效，爭取政府或產業界計畫來支持自己的薪資及研究費，既不會消耗學校既有資源，又能帶來外界更多的資源。我們也進行統計分析，發現大學排名與大學專任研究人員人數完全正相關。

這些學校是將教授與專職研究人員所發表的論文都加在一起計算，但分母是教授人數，這樣的算法就會得到很高的論文發表數量比。可是反觀國內學校，編制內的專任研究人員都是個位數，也沒有專任研究助理教授、副教授及教授制度，要聘任專任

研究人員則非常困難。由於只有專職教授在做研究發表論文，專職研究人員或研究教授極少，在研究發表的數量上就有人力上的侷限，而這就是我們在提升研究動能上最需要解決的問題。

在臺灣的大學之中只有專任教授可以申請研究計畫，然後以教授帶領自己的研究生，或者以在計畫中加入博士後研究的方式，來補充實驗室裡面所需的研究人力。這種以「計畫主導」的模式有很大的缺點，就是如果計畫產生變數，或者教授申請不到計畫，就會發生計畫無以為繼的狀況，迫使這些跟計畫的優秀研究人員也只好離開研究環境。這樣的影響是研究人員在聘期有限之下無法安心工作，而實驗室也無法持續留住好不容易開始培養起來的人才，造成研究進展的中斷，這對於我們在推動交大邁向國際頂尖研究上是一個相當大的阻礙。

為了構思與推動鑽石計畫以打造永續性研究的實驗室，我們特地前往MIT參訪他們的實驗室，印象最深刻的是由舒維都（Victor Zue）院士（研究教授）所領導的電腦暨人工智慧實驗室（Computer Science & Artificial Intelligence Laboratory, CSAIL），是全球首屈一指研究電腦科技與人工智慧的重鎮。這個頂尖的實驗室內集結了包含教授、專職研究員（研究教授、副教授）、研究生、大學生等，一個實驗室竟然就擁有多達八百多位專任研究人力，陣容相當驚人。尤其裡面專職研究人員的人數還是教授的二倍，專職研究人員在研究室中的地位跟貢獻都不輸給教授。這種狀況也挑戰到我們在臺灣一般都將研究人員視為教

授助手的觀念，但我認為這才是真正可以推動實驗室研究永續，提升研究動能的做法。我也邀請了舒維都教授來擔任我們的顧問，後續也與MIT簽訂合作計畫。

　　我那時候認為如果要提升交大研究能量，就一定要建立制度，設法聘任更多專任研究人才。於是決定仿效MIT模式，在學校體制內創造一些新的空間，提出「專職研究人員為永續經營的骨幹，建立永久的實驗室」的想法，著手推動實驗室設專職研究人員制度，即在實驗室內設立跟教授制度對等的助理研究員、副研究員、研究員職位，也提供這個系統內部比照教授規格的升等方式。但與MIT相同的研究助理教授、研究副教授及研究教授的模式，仍然無法順利建立，殊為可惜。

　　一直以來在臺灣的教育訓練裡面，讀博士的想法幾乎都是以拿到學位後，就要去學校當教授作為唯一選擇。所以我們推動這個專職研究教授的時候，就會發生比較難聘到合適人選的狀況。因為除了年輕的研究人員外，我們也很需要找到已經累積相當研究經驗的資深研究員，但是很難去找到這樣的人，畢竟大家都還是以找到有保障的教職為主。所以我們就希望透過鑽石計畫支持實驗室，設置長期的專任研究人員職位，讓喜歡做研究又喜歡學校研究環境的人，可以有機會能一直待在學校中持續做研究，如果日後他們想去產業界或其他的學校發展，也可以有累積的研究成果，幫助他們朝業界或教職去發展。

　　讓實驗室裡的專職研究人員可以持續去申請研究計畫、發表

論文，爭取自己的研究經費，就能增加實驗室的研究能量。如果實驗室的經費來源只是靠申請國科會或其他政府補助的經費，必定是不夠的，我當時決定採用產學合作方式，盡量去找產業界來支持，鼓勵產業界提出經費跟學校共同做研究計畫，一方面是實驗室有更多的資源，可以持續發展；另一方面是增加專職研究人員薪資的彈性，把薪水拉高，讓這些專職研究人員可以更有保障。

而從培養實驗室人才的概念出發，我們也希望自己學校的學生可以更早就進入實驗室，去了解實驗室研究的狀況，並從中找到自己研究的興趣。所以在鑽石計畫中也規劃了支持讓大學部學生參與實驗室研究的獎勵辦法，開放讓大三、大四學生到實驗室修習專題課程。

「鑽石計畫」的精神就是在交大建立永久的實驗室，增聘很多自食其力的專職研究人員，增加大學整體研究能量及績效，培訓學生人才，把研究動能推起來，讓交大可以邁向世界頂尖大學。後來國科會也開放專職研究人員在通過教評會三級三審後，可以申請研究計畫，算是朝「鑽石計畫」的精神前進一步，但研究教授制度，仍待建立。

成立「維基夥伴基金」

我們推動實驗室導向的研究人才培育模式，在臺灣學術界是創舉。當時我們就去找施振榮學長討論要在交大推動這樣的事

情，獲得施學長的大力支持，於是就催生出「鑽石計畫」。請來施學長擔任召集人，組織了一個「鑽石計畫產業指導委員會」，悅智顧問公司黃河明董事長擔任執行秘書，還找來了郭南宏校長，交大講座教授暨前臺大醫院院長的李源德教授，光寶集團宋恭源董事長、研華電子劉克振董事長、宏齊科技汪秉龍董事長等人擔任指導委員。

我們還為了鑽石計畫對外召開記者會（2009年3月31日），當時口號是打造交大成為亞洲的MIT。2009年（8月）通過了「國立交通大學鑽石計畫重點實驗室大學部專題課程實施暨獎勵辦法」。在鑽石計畫內設立「維基夥伴基金」，我們透過號召全球交大校友與科技業公司參與鑽石計畫，希望企業能以每年五百萬元為一單位，至少三年一期的方式，來讓交大的實驗室獲得永續的支持。另外也規劃頂級會員、專屬會員、基本會員，提供不同的研究合作方式。當時率先獲得了在美國創業的許基康學長（63級計算與控制系）響應，他捐出臺幣五百萬來支持維基夥伴基金，也感謝來自諸多交大校友的回饋及企業界的支持。

當我們一提出這個計畫的概念時，很快就在產業界得到共鳴與支持，因為當時的產業界都認同研發對於技術升級的重要性，也很願意在研發上進行投資。對於企業來說他們有研發上需求，而跟學校以產學合作方式進行前瞻性研究，則是風險較低，更具有較高投資報酬率，所以鑽石計畫在產業界很快能獲得響應，很多企業都來加入鑽石會員，像是聯發科、中華電信都投入五年

四千萬；合勤科技四年投入四千萬，其他還有喬鼎資訊、友訊科技簽訂三年投入二千四百萬等等，另外晶心科技以捐贈價值五千萬由他們公司所開發的IP與系統晶片設計平台給作為實驗室研究與教學上使用。總之，陸續有許多企業來加入會員，透過贊助基金、技術平台、協助成立實驗室等等方式，來進行長期資助實驗室與進行長期的前瞻研究計畫。我們也擴展跟上海交大、中國移動、美國MIT的實驗室等進行合作計畫。

當時規劃是希望可以每年都能在每個實驗室投入一億元的資金。我們邀請跨系所的教授們一起加入實驗室，另外目標是招聘三十位專任研究人員進駐，共同組成研究團隊。最早獲鑽石計畫支持成立的是生醫工程實驗室與光電實驗室，其中規劃生醫工程實驗室的重點研究放在研發高階醫療器材，我們還去找了臺灣與大陸的多家醫院結盟，例如：中國醫藥大學附設醫院、義守大學附設醫院、奇美醫院、馬偕醫院，及上海交大附設醫院等。

在鑽石計畫的支持下，交大成立了好幾個實驗室與研究中心，並一直長期持續獲得非常多企業的資助，對於提升交大研究動能是相當重要的力量。

開放式課程與TA制度的推動

我剛上任校長時，剛好遇到了世界教育資源開放的趨勢，在此之前，電子物理系的李威儀教授就已經找老師組成團隊，在理

學院推動開放式課程（Open Course Ware, OCW）的工作，他是臺灣最早推動開放式課程的教授。由於李威儀教授已經做出了很好的成果，我就繼續支持讓團隊可以有更多資源去擴大進行，在2007年我們學校就加入國際開放式課程聯盟（Open Course Ware Consortium, OCWC），成為臺灣第一所建立開放式課程並加入聯盟的大學，並將開放式課程推廣到全校。後續（2009年）我們還擴大邀請全臺灣超過二十所學校，一起共同組成「臺灣開放式課程聯盟（TOCWC）」，來充實華文高等教育線上課程資源。

在教學上我認為行之有年的TA（Teaching Assistant）制度需要做一些調整，因為當時校內的TA工作大多屬於幫課堂老師處理雜務性質，沒有強化運用。但是國外大學的教學上，TA其實是扮演很重要的角色，所以我就在交大校內推動「博士生教學助理」（簡稱「博士生助教」），並由教育部「五年五百億」經費中，撥入更多的預算去鼓勵老師聘用博士生。讓老師在專業課程外，可以另外提供助教複述課，讓博士生助教可以協助老師幫忙回覆學生課堂上的問題、加強教學、進行輔導等。這樣的方式，也可以協助博士生在學期間取得課堂的經驗。當時我們還有進行評鑑制度，透過設置意見箱、訪查、TA評量問卷等方式，來評估助教在教學上面的績效，並且辦理傑出教學助教的選拔，獎勵優良的助教。

善用五年五百億，朝頂大邁進

教育部為推動國內大學朝向國際一流頂尖發展，推出了「發展國際一流大學及頂尖研究中心計畫」[4]，編列五年（2006–2010年）五百億預算要給國內重點大學進行補助，所以這個計畫也普遍被大家簡稱為「五年五百億」計畫。我上任校長時，延續運用張俊彥校長時期所爭取到「五年五百億」的八億預算。基本上我們都將這筆經費運用在推動校內各種重要規劃、諮詢會議、推動學術交流與合作、設立研究中心等等，目的在進行學校研究與教學品質的提升。像是我在校長任內也將「五年五百億」經費，規劃於推動「博士生教學助理」制度、鑽石計畫、成立「智慧型仿生裝置研究中心」（2007年）、「生醫電子轉譯研究中心」（2011年）等。（「智慧型仿生裝置研究中心」與「生醫電子轉譯研究中心」的發展請見本章後文〈全力投入仿生IC與生醫電子領域〉一節）

在2007年底第一期的五年五百億計畫要進行第一次（指執行2006至2007年止的第一梯次）考評，教育部來交大進行實地考核，我們獲得了優等。我還親自赴教育部進行簡報，在下一階段（指2008年至2010年的第二梯次）獲得每年九億補助，比前期增

---

4 教育部推動「發展國際一流大學及頂尖研究中心計畫」為第一期，共分為二梯次執行，第一梯次為2006年至2007年；第二梯次為期間為2008年至2010年。第二期則更名為「邁向頂尖大學計畫」，執行日期為2011年起至2015年。

加一億元。對於我們學校來說，能夠獲得增加這一億元的補助，有很大的鼓勵效用，也可以用在更多的規畫上。我們在2009年、2010年執行五年五百億計畫的成果上，連續獲得教育部考評為優等的成績。

2010年我們就開始寫下一期五年五百億的計畫書提送教育部，當時第二期的五年五百億計畫更名為「邁向頂尖大學計畫」（簡稱為「邁向頂大計畫」）。經過核定，我們的第二期五年五百億計畫初審通過七個研究中心。由於2011年後我卸任校長，這個計畫就交棒給吳妍華校長，由她持續帶領交大朝向更好的發展。

校長任內重要紀事

校區的擴展：臺南校區與竹北校區

張俊彥校長任內就已在規劃臺南校區，並且取得臺南縣政府無償提供設校用地，也已經獲得奇美的許文龍董事長應允捐贈蓋大樓。但不知何故該規劃一直停頓，所以在我上任後，就有許多校友來反映希望我能繼續辦理臺南校區的建設，促成光電學院的設立。很快地我在2007年的5月就去拜訪臺南縣蘇煥智縣長，後來也去找了許文龍董事長，確認他對於捐贈交大臺南校區一棟大樓的承諾。

由於建設臺南分部無法取得教育部補助，所以在校內我提出讓臺南校區自籌營運的方式，取得了校務會議的通過。這種大學分部自籌營運的做法也是當時一項創舉，我們是借用產學合作模式，加上校友的支持，來將這樣的營運模式建立起來。如果沒有採用這樣的方式，臺南校區恐怕很難建立成功。

臺南校區的規劃是要發展光電領域，依此規劃預計成立亞洲第一個光電學院，這對於交大發展成為臺灣光電科技中領先的角色，助益很大，受到相當多校友與產業界的期待。我們還特別延聘加州大學聖塔芭芭拉校區葉伯琦教授擔任光電學院院長，借重葉院長長才，來規劃帶領交大發展光電領域。所以很快在我上任隔年（2008年）就舉行了臺南校區奠基典禮，許文龍董事長捐贈的「奇美樓」開始動工，並通過教育部核定通過交大臺南分部的籌設計畫，順利成立光電學院。

2009年奇美樓竣工，同年光電學院下設立的光電系統研究所、照明與能源光電研究所、影像與生醫光電研究所，招收了第一屆的博、碩士生，舉辦首屆新生開學典禮。不過那時候光電學院的成立，比較可惜的是沒有跟校本部這邊在電機學院下的光電工程系去做一些整合。

而同樣校區校地的取得，在竹北就有不同的發展。交大竹北的六家校區是張俊彥校長在配合政府發展客家文化的政策下，去爭取籌設客家文化學院，並取得六家校區的校地。在2006年開始興建以客家圓樓造型所設計的客家學院建築，作為發展國際級客

家文化研究的根據地。在我上任校長後，客家學院莊英章院長向我反映因為國際原物料大漲，教育部補助的款項不敷使用，我就想辦法來協助，順利讓客家學院於2009年完工落成。

相對於六家校區的順利發展，交大璞玉計畫的校地就充滿爭議。璞玉計畫也是在張俊彥校長時期就積極爭取，最早（2000年）是跟新竹縣府合作推動璞玉計畫（後更名為「臺灣知識經濟旗艦園區特定區」），後續開始成立推動小組進行規劃。中間發生有地方人士支持與反對的聲音，再加上開發問題引發地方居民的反彈。一直到我2007年上任校長後，雖然交大璞玉計畫陸續通過內政部、縣政府等審查，我也朝向持續推動的方向來做，但實在是爭議過大，到我卸任校長時仍未解決。

紀念白文正總裁

在我校長任內面對一件令人難過與遺憾的事件，也讓我們檢討對於面對重大事件，危機處理的反應與方法過程的不足。

這場風波的起因原本是一件美事，張俊彥校長獲得提名考試院院長候選人。這件事情對於交大來說與有榮焉，張校長不只是在主持交大很有貢獻，在臺灣半導體研究以及半導體產業的發展上有舉足輕重的崇高地位，我們對於張校長的尊敬與支持是無庸置疑。然而在張校長成為考試院院長候選人後，媒體開始有了對交大的不實報導，直接點名交大在榮譽博士學位上有問題，最後

竟然發生了寶來集團白文正總裁的憾事[5]。

當時為了回應媒體蜂擁而至的各種提問，秘書室同仁首當其衝，主任秘書郭文財教授也承受了很多壓力。由於事發期間，正值我在歐洲訪問，這是已事先所安排好從6月28日至7月10日的行程，當我在歐洲得知白文正總裁過世的消息時，實在是受到很大的衝擊，所以返國當天我就馬上前往白文正總裁靈堂弔唁。由於當年度的四月交大才舉行過在臺復校五十周年慶，特地辦了「台灣50、影響50」頒獎活動，選出五十位交大在產業界最有貢獻的校友。這個活動還特別獲得白總裁的捐款支持，我們也邀請了白總裁來參加，當時我跟他見面相談甚歡，還記得他豪爽的笑容。

白總裁一直以來都是相當踏實的企業家，他長期對於交大的校務與研究的發展上都有慷慨的捐助，只要是學生有學習上的需要，他都非常願意慷慨解囊。交大在榮譽博士學位授予上有一貫嚴格的標準流程，是經得起高規格的檢驗，後來也證明白總裁獲交大榮譽博士學位是實至名歸。

在整個事件發生的過程中，校內、外充斥著各式各樣的種種流言，都成為了撕裂人與人之間信任感的力量。我當時也聽到了許多質疑的聲音，我想同仁們都已經盡力，唯一的立場就是維護跟支持交大的清白與榮譽。我們也在校務會議中，對這個事件處

5　2008年7月3日白文正傳出失蹤，7月4日被發現於澎湖落海身亡。

理提出完整的整理與說明，並公開提供檢閱[6]。

我們認為最好紀念白總裁的方式就是能夠發揚他白手起家充滿熱情的創業精神，因而特別規劃了「白文正T50」築夢基金競賽，很感謝白總裁夫人魏明春女士對於交大這項計畫的認同與支持。「白文正T50」築夢基金分「創業」與「夢想實踐」二個主題，各提供總金額五十萬的獎學金，鼓勵學生能夠懷抱熱情朝著夢想去實踐。

作學生堅實的後盾

我自己也是交大校友，雖然學生時期生活過得拮据，但是回想一路在交大求學的過程受到師長照顧，讓我在學習上獲得很大的收穫與滿足，也受到很多幫助。所以自從自己進入交大任職後，作為師長的身分，我都希望能盡自己的能力來幫助學生。最基本除了解決學生在課業與研究上的問題，我另外也會去企業爭取贊助，盡力取得可以幫忙學生在學習與研究上的資源，例如：提供更多的獎助學金、補助學生全額出國研修的費用等。成為交大校長後，我也期許自己成為交大全校學生的後盾，讓交大學生

---

6 見國立陽明交通大學秘書處網站，「歷史網頁」、「原交通大學秘書室」、「會議資訊」、「會議紀錄」、「校務會議紀錄」、「96學年度」，97年（2008年）7月15日〈國立交通大學96學年度第7次臨時校務會議紀錄〉，連結網站：https://secct.sec.nycu.edu.tw/wordpress/wp-content/uploads/MeetingMinutes_download/univ/96/univ970715.pdf，（瀏覽日期：2023年9月22日）。

在學校裡面的求學之路可以走得更穩。

由於我以前當學生時，曾因研究生獎助金遲發而餓肚子。
（參見第二章〈遲到的研究生獎助金〉一節）這件事情實在讓我
印象太深刻，所以我當校長的時候，最注重的一件事是要給學生
的獎助金、獎學金務必按時發放，還特別囑咐行政人員要多去注
意這樣的事情，希望給學生的錢不要太慢撥款，畢竟可能有不少
學生都需要靠這筆錢來維持生計。

而我自己也會在能力範圍內，進行獎學金的捐助，像是為了
鼓勵臺南校區光電學院內的學生積極從事研究，我就以父親的名
字在2012年成立「吳莫卿獎學金」，專門提供給臺南光電學院內
各所的博、碩士生申請。另外，我對於學生的各式活動，也會盡
量去支持、鼓勵。

梅竹賽應援

梅竹賽是交大最具規模、最有代表性的校際活動，一直以來
都非常受到矚目。可能因為我大學時已經參與過梅竹賽的熱烈氣
氛（參見第二章〈熱鬧滾滾的校慶與梅竹賽〉一節），所以認為
交大一定要贏過清華，我擔任交大校長時期也很注重梅竹賽。在
2007年上任校長時，三月丁亥梅竹賽已經決定改採用不分輸贏，
沒有爭奪總錦標的表演友誼賽形式。2008年的戊子梅竹賽恢復賽
事，由交大勝清華奪得總錦標，校內一片歡騰，大家開心極了。
但2009年的己丑梅竹賽交大卻輸了，大家士氣有點受到打擊，
身為校長的我也開始替下一年的梅竹賽緊張，所以那時候只要有

梅竹賽中跟學生一起為選手加油打氣。（吳重雨提供）

梅竹賽由交大獲勝總錦標。（吳重雨提供）

空，我就常常去找體育老師，趁著球隊練習時，多加給予學生鼓勵、關心。梅竹賽期間，每一場球賽我幾乎都去加油，還好2010年的庚寅梅竹賽又是交大取得勝利。

雖然我自己對運動不在行，但我認為梅竹賽的意義是在「參與的過程中就要用取得勝利的精神全力以赴」，這是交大人一直以來普遍的想法，也是交大人歷代傳承的做事精神。

挺竹專案

2008年的時候爆發全球性的金融風暴，臺灣也受到很大的影響，我們發現有些學生的家庭也因此面臨到經濟困境，導致學生在就學上出現無法持續的問題。

我聽到有很多學生因為家長失業或家庭收入銳減，而有可能必須中斷學業的情況。這種狀況當時也不只是交大獨有的現象，而是發生在國內很多的學校當中。我認為交大的學生如果只是因為一時經濟狀況的窘境，而被迫必須做出離開學校的決定，是相當可惜的事情。至少我們要幫助自己的學生，我就提出一個來幫助學生的計畫，而自己先拋磚引玉捐出五十萬，宣布來成立「挺竹專案」。

2009年初我們通過「國立交通大學『挺竹專案』實施辦法」，這個專案目的是在協助交大學生的家長如有非自願性失業狀況，還能順利就學。由專案全額補助學雜費，另外還優先協助安排校內工讀機會，幫助有困難的學生順利完成學業。感謝當時交大校友總會宣明智會長一聽到這個消息，馬上就捐出一百萬鼎

力響應，交大校友會一直是交大校務推動上很大的支持者，後續也吸引很多校友共襄盛舉，可以讓這個專案一直持續下去。

接任國家型科技計畫總主持人

晶片系統國家型科技計畫

在我擔任校長後就接到國科會方面的來電，已經不記得是主委還是副主委打電話給我，印象中是告知我說「晶片系統國家型科技計畫」（National System-on-Chip, NSoC）總主持人要由交通大學校長來擔任，原計畫總主持人是張俊彥校長，由於張校長已經卸任，所以希望由我來接任NSoC總主持人。於是我就在2007年4月1日接下NSoC總主持人位置，一直到2011年5月31日卸任為止，約四年的時間。

NSoC計畫是張俊彥校長在2002年所推動，又稱為「矽導計畫」，這個計畫的目標就是集中在發展臺灣IC設計產業，培養IC設計人才。NSoC的執行分為二期，第一期是從2003年開始執行到2005年結束，由張俊彥校長任總主持人，重點放在全面推廣SoC技術、培育IC設計人才、提升IC設計能力，並持續進行自2006年到2010年的第二期計畫。由於我接下NSoC總主持人時，計畫已經是在執行中，經費大致上也都已經編列好，所以我基本上只要延續著所規畫好的大方向來進行。

由於IC設計是我的專業領域，所以我除了持續推動IC設計產業升級，另外也因為基於當時我在仿生與生醫電子的研究成果，以及觀察國際生醫電子領域研究趨勢，認為須積極進行系統晶片在醫療科技上的整合，推動生醫工程與醫療元件開發的工作。我希望將電子與生醫技術結合，開拓出臺灣「生醫電子」研究領域。這個領域是當時國際間正在發展中的新興研究領域，我們臺灣已在電子領域具有興盛的產業及優異的學術研究；而在生醫領域，則具有很高超的醫學技術及卓越的醫師人才，也有很優秀的生技研究學者，這兩個優勢的領域，如果能夠一起進行合作，相信必定能在國際「生醫電子」領域取得一席地位。

　　當時NSoC的共同主持人是陳良基教授，執行長是周景揚教授，其他還有許多位來自電子與醫學領域的分項召集人。說實在，這個突來的任務，對我來說有著如「舉重」般的壓力，是一種比擔任校長更大的考驗，因為一個國家型計畫是集結國科會、經濟部、教育部、工業局、科管局等等，跨多個部會及機構單位來共同執行，計畫內又有多個分項，每個分項下面又有相當多的計畫在執行。如何在這麼多部會單位與研究人員中進行溝通與協調，對我來說實在是相當大的考驗。

　　在團隊的努力之下，NSoC也達到了很不錯的成果，2010年計畫結束時，我們獲得行政院計畫績效甲等的成績。由於NSoC執行到了尾聲時，我們收到很多業界的反映，都是認為應該要繼續這樣推動IC設計產業的國家型計畫。當時國科會也通過我

們可以來發展NSoC後續國家型計畫，悅智顧問公司黃河明董事長極力建議以「智慧電子」為主軸，所以我們團隊就撰寫了企畫書，規劃以「智慧電子國家型科技計畫」接棒，繼續提升臺灣IC設計產業發展。這個計畫獲得行政院通過，讓國科會結合各部會共同推動。不過當時國科會希望規劃主持人不要擔任總主持人，所以改請陳文村教授來擔任「智慧電子國家型科技計畫」的計畫總主持人。我則接任「奈米國家型科技計畫」（National Program on Nano Technology, NPNT）總主持人。所以在2011年時我雖先後卸任NSoC總主持人與交大校長職務，但仍有來自NPNT的新任務。

奈米國家型科技計畫

NPNT是由吳茂昆院士規劃推動並擔任計畫總主持人，從2003年開始啟動。我被指示來接手NPNT第二期的執行，原因我不清楚，可能國科會是基於「國家型科技計畫規劃者不要擔任總主持人」的相同原則，所以要找一個不完全是相同領域的學者，但是又有帶過大型計畫經驗的人來主持。我想這應該就是我被找去接NPNT的原因。

NPNT第一期的執行時間是2003年到2008年，第二期計畫的時間是2009年到2014年。當我接任NPNT總主持人時，第二期計畫已經在進行中，我的任務就是持續照著原來的規劃走，由

黃肇瑞教授、蘇宗粲教授來擔任共同主持人，而執行長則是找來柯明道教授擔任。參與NPNT的部會單位非常多，像是科技部、衛生福利部、勞動部、經濟部技術處、經濟部工業局、經濟部標準局、原能會、環保署等來共同推動。

　　奈米技術發展可以涵蓋的領域很廣，像是材料、生醫、農業、電子與光電技術、能源與環境技術、儀器設備研發等，從高端的前瞻技術研究到日常產品研發應用，都可以跟奈米科技有關。簡單舉個跟日常生活有關的例子，比如我們想要洗臉盆更耐髒、更容易清洗，我們可以在洗臉盆鍍上奈米材料，讓它的物理性質改變，表面就不易沾染、附著上髒東西。對於傳統產業來說，奈米技術的運用就能達到產業升級。

　　相較於NSoC重點就是在IC設計，應用層面是集中在汽車電子、消費性電子、資訊等領域；NPNT所發展的奈米技術可應用範圍幾乎可說是包山包海，所以如何將計畫研究成果產業化就非常重要。像是透過經濟部來進行「奈米技術產業化推動計畫」，建立「奈米標章」授證制度，有一標準化機制對於促進奈米相關產業的發展就有很大的幫助。

　　我認為要加強奈米技術的產業化，就要增進產學合作，所以後續規劃「奈米國家型科技研發成果產學橋接計畫」（執行日期為2014年2月1日至2015年2月28日）。共同主持人是找柯明道教授、黃肇瑞教授、楊富量研究員、蔡明祺教授來擔任，這個計畫目的在推動奈米科技成果衍生新創公司及技術轉移，後來執行

成果都比我們原來預期的要好。行政院在2013年對NPNT進行考評，該計畫首獲得甲等成績，我在2014年卸下NPNT總主持人一職，也算不負此任務所託。我其實是一位專業不全然在奈米技術領域的學者，但2015年到2018年我獲任「臺灣奈米技術產業發展協會」理事長，應該也是對於我在執行NPNT計畫成績的肯定。

2013年，臺灣半導體協會理事長盧超群董事長來邀我擔任該協會產學委員會主任委員，協助推動半導體產業與國內大學進行產學合作，並規劃出版科技白皮書，對產業發展政策提出建言。這就是我專業領域相關擅長的事情。

全力投入仿生IC與生醫電子領域

從我最早由類神經網路在IC實現的研究開始來看的話，這個研究發展的過程是先從仿生IC開始，即先去了解生物的結構和功能原理，進行智慧型仿生感測系統與類神經網路晶片的研發；再開始慢慢去做晶片的植入，這部分就是屬於生醫電子領域的範圍。而我在高階神經系統植入式醫療元件系統這方面的研究，起點就是從植入式人工視網膜晶片開始，再延伸到電刺激神經調控（neuro-modulation）及其在神經疾病如癲癇（epilepsy）或帕金森疾病（Parkinson's disease）等控制之應用。

全球首創仿視覺「智慧型運動偵測器晶片」

簡單來說，人眼視覺的產生是視網膜內感光細胞受到光的刺激後，將光能轉為電流訊號，透過電流傳導到視網膜上刺激神經節細胞（retinal ganglion cells, RGCs）產生反應，算是影像前處理；再傳遞到大腦視覺皮層（visual cortex），進行後處理。大腦處理視覺部分大約佔整個大腦的65%左右，可見視覺處理的複雜性，也可以了解人類視覺的優異性。而視網膜細胞具有不同功能，有些是偵測顏色或明暗，有些具有亮度平均功能而能強化影像邊緣，有些是偵測運動方向，甚至有些細胞功能至今仍未確認。我們就要先去拆解視網膜細胞功能的結構，才能在晶片上去把這些功能模仿出來。因為視網膜的結構實在非常複雜，很難模仿，我們在研究過程中遭遇非常多困難，必須加以克服。

仿視網膜的第一關難題就是模仿生物視網膜中神經節細胞的反應。在神經節細胞中，稱為「方向選擇性神經節細胞（Direction-Selective Ganglion Cells, DSGC）」會有運動方向的選擇性，例如有一些細胞就專門在管水平運動，有一些則是管垂直運動，是由不同的細胞負責不同的運動方向性，也就是細胞功能具單一性。比方說我們在打電玩《小蜜蜂》射擊遊戲，玩家要判斷可能從不同角度出現的飛機，然後加以準確射擊。當飛機的影像從垂直方向出現時，就會觸發視網膜中負責判斷垂直方向的神經節細胞，這些細胞就可以馬上將訊息傳遞到大腦，大腦會去

做判斷下指令指揮人的手,讓我們可以很快反應知道要在哪一個時候按下按鍵,就能打到這架飛機。而如果飛機是由水平位置移動,就是觸發判斷水平運動的神經節細胞,繼而引發一連串資訊傳遞,讓我們可以準確射中飛機。

深入了解後,我們發現視網膜的功能實在非常厲害,我們當時就想,是不是能根據視網膜感測影像及偵測移動方向的原理,將視網膜的功能在晶片上實現出來?所以我們的目標就是先研究出模仿視覺的「智慧型運動偵測器晶片」。

如何將視網膜及視覺皮層(visual cortex)的運動視覺功能以IC加以實現是屬於「智慧仿生感測」的一種,研發過程需要克服相當多的困難,很不容易,耗費多年時間。在2006年時,我的團隊跟美國柏克萊Frank Werblin教授、匈牙利科學院的Tamás Roska教授,共同成功開發出全世界第一個可實現全層視網膜運動方向感測功能的仿視網膜晶片,成果發表在2007年 *IEEE Sensor Journal*[7]。我們設計製作出運動方向感測器晶片,透過仿視網膜原理,即時正確偵測複雜圖案的運動方向,實驗結果證明可以達到高準確度,為全球首創。而這個研究成果也可以應用於監視器及光學偵測方面。

---

7 Li-Ju Lin, Chung-Yu Wu, Botond Roska, Frank Werblin, David Bálya, and Tamás Roska, "A neuromorphic chip that imitates the ON brisk transient ganglion cell set in the retinas of Rabbits," *IEEE Sensors Journal*, vol. 7, no. 9, pp. 1248-1261, Sept. 2007.

植入式人工視網膜晶片研究

時間大概可能是在1999或2000年前後，臺北榮民總醫院眼科的林伯剛醫師突然來找我，原來是因為他從我發表關於仿視網膜晶片的論文中得知我的研究成果（參見第四章〈以仿生IC為入門，跨足電子生醫領域〉），希望能跟我談談。他跟我提到植入人工視網膜晶片的想法，我聽了相當感興趣，我們就開始進行合作。

能跟林伯剛醫師有一起合作的機會，對我的研究走向是一個重要的契機，因為讓我能夠從原來只是仿生晶片的研究，轉而有機會朝晶片植入的這一塊領域發展。

剛開始跟林醫生合作時，我們就先在我已經既有的仿視網膜晶片研究的基礎下進行研發，首先是進行視網膜感光細胞功能的模擬，我們的想法是先發展出一種不需要外接電源，就能運作的下視網膜裝置來取代感光細胞，於是研發設計出可模仿感光細胞行為的植入式感光微二極體陣列，並完成動物體內實驗。

克服人工視網膜晶片的植入難題

為了再深入研究並解決面臨的問題，我們除了一起合作整合型計畫外，也都還另外申請個別型計畫來進行研究。在過程中其實遇到很多失敗，但我是比較樂觀的人，就覺得我們還是要持續堅持下去不斷嘗試，一定能有辦法解決難題。

人工視網膜晶片研發最大的困難與挑戰，一是晶片電源供應問題：眼球體積有限，無法容納一般固態電池，若要透過眼球外無線線圈感應供電，仍需接線穿過眼球供電。我們提出使用晶片上太陽電池照射紅外線光源來供電的方式，就不必穿過眼球接線。另一是人工視網膜像素越多，解析度越好，但耗電越大。我們也提出利用視覺暫留原理，以分區供電分區電刺激的方法來解決。

　　植入式人工視網膜整合型計畫後來就改由我來召集，組成生醫與電子工程跨領域團隊，擴大進行人工視網膜晶片研究。於是我跟林伯剛醫師、清華生科系焦傳金教授、交大柯明道教授（2007年）共同組成長期研究團隊，共同合作開發「下視網膜植入（sub-retinal implant）式人工視網膜」[8]，並首先提出具有太陽電池供電之植入式電刺激晶片作為人工視網膜。透過多年期整合型計畫的補助，我們植入式人工視網膜的研究才可以長期持續開拓進展。

「智慧型仿生裝置研究中心」成立

　　由於我們團隊在智慧仿生視網膜晶片上的成功，我認為應該

8　分別為「人工視網膜晶片植入之生物、醫學與工程研究－具眼外影像增強處理與眼內刺激之新型人工視網膜植入系統／人工晶片刺激視網膜生理反應特性之研究－總計畫及子計畫三（I）」（計畫編號：NSC96-2627-B009-007，執行日期：民國96年8月至97年7月）、「人工視網膜晶片植入之生物、醫學與工程研究－具眼外影像增強處理與眼內刺激之新型人工視網膜植入系統（總計畫及子計畫三）（II）」（計畫編號：NSC97-2627-B009-003，執行日期：民國97年8月至98年7月）、人工視網膜晶片植入之生物、醫學與工程研究－具眼外影像增強處理與眼內刺激之新型人工視網膜植入系統（總計畫及子計畫三）（III）」（計畫編號：NSC98-2627-B009-002，執行日期：民國98年8月至99年7月）。

要持續擴大仿生功能晶片的研究,並以發展晶片植入技術的生醫電子為目標,這樣就需要有一個單位來整合相關研究計畫。所以2007年我上任校長後,就運用五年五百億計畫經費,在交大成立了「智慧型仿生裝置研究中心」(簡稱「仿生中心」)。我們規劃「仿生中心」的目標為:整合校內不同學院,讓有興趣的老師可以跨領域進來做仿生與生醫電子的研究;對外也去尋求跟其他學校、醫院進行合作計畫,並爭取企業來進行產學合作。

我們特地邀請到美國加州聖塔克魯斯大學(University of California, Santa Cruz, UCSC)電機工程系劉文泰教授來擔任仿生中心主任。劉文泰教授也是我們交大電子工程系畢業的學長,他在臺大取得碩士學位後,就去美國密西根大學取得博士學位。劉文泰教授是世界研究人工電子眼的先驅,2002年他所研發的第一代人工視網膜透過Second Sight公司,已經通過美國聯邦食品暨藥物管理局(U.S. Food and Drug Administration, FDA)的臨床試驗許可,成功完成全球首例的人工視網膜人體植入試驗手術。

劉文泰教授的研究在國際生醫電子領域享有盛名,除了在人工視網膜研究上的卓越成就外,當時他也在脊髓損傷的研究上有了成績。我們成立「仿生中心」的目的,是希望推動研發「仿生系統平台技術」,並發展交大成為國內生醫電子領域的火車頭,相當需要借重劉文泰教授在神經網路與仿生裝置的專長與經驗,來協助我們提升實力。當時也擬定了幾個研究方向:人工視網膜

研究、腦科學研究、髓脊損傷研究、神經科學研究等。

　　而當時劉文泰教授正好在替他研發的第二代人工視網膜，在技轉Second Sight公司後，尋求美國之外的人體實驗地點，我們交大就爭取到劉文泰教授的合作。為此我們還對外舉行過盛大的記者會（2007年6月6日），當時劉文泰教授研發的人工視網膜要在臺灣進行人體實驗消息一經公開，馬上獲得社會熱切的回響。但是後來因為人體實驗的費用實在太過昂貴，雖然有校友跟企業願意提供贊助，但仍無法籌措到所需金額，再加上臺灣醫材人體試驗相關法規遵循問題，所以後來這項計畫就有所推延。直到多年後，才由Second Sight公司來臺灣進行人體試驗。似乎是到了2020年Second Sight公司宣布不再提供升級服務，停止生產該人工視網膜產品。

　　而我們團隊所開發的人工視網膜晶片與劉文泰教授的人工視網膜分屬於二套不同系統，這個時期我們的研究還持續在發展中。

閉迴路癲癇控制晶片的開發

　　2008年在劉文泰教授協助下，我們找到當時在花蓮慈濟醫院（後來轉至中山醫大）的辛裕隆醫師、成大心理系蕭富仁教授、成大資工系梁勝富教授、交大電子系柯明道教授、交大電機系闕河鳴教授與邱俊誠教授共組團隊，向NSoC申請執行「智慧

型仿生系統之晶片系統平台技術開發」（執行日期：2008年8月1日至2011年7月31日）整合型計畫。我們選定癲癇症，來進行「閉迴路」（closed-loop）神經調控電刺激癲癇控制晶片的研發，這是我首次對癲癇的研究。而癲癇閉迴路控制晶片的技術，還可以運用到其他神經疾病的控制，例如：阿茲海默症、帕金森氏症、髓脊損傷等。

　　由於癲癇是因為腦部異常放電，而造成生理機能的暫時失常，所以我們的想法就是設計出一個SoC，能夠在發作前就偵測到異常放電，並且透過閉迴路控制技術，能即時以電刺激抑制異常放電。因為癲癇的發作，常常是數小時或數天才發作一次，無法用「開迴路」（open-loop）方式電源一開就一直刺激，所以要用閉迴路控制方式。

　　開發這樣的晶片，需要相當多的專業技術進來共同協作，例如：針對電極與感測器進行新型微機電元件開發；利用混合式電路設計與數位訊號處理器技術開發生理訊號感測與分析處理系統；開發新無線傳輸系統；發展特定生理訊號處理演算法；建立驗證平台與動物實驗技術等。另外也涉及材料研發、特殊晶片封裝技術配合等等，所以非常需要建立「智慧型仿生系統之晶片系統平台技術」，目的是在於建立該項平台技術，集合開發閉迴路癲癇控制晶片所需要的各項技術，進行系統整合，重要的是要讓該平台技術取得生醫認證。我們的計畫也爭取到了工研院的技術合作、奇美醫院協助提供癲癇症臨床資料、台積電提供免費下線

服務與晶片製程技術上的協助。

　　臺灣的生醫產業分為「生醫製藥」與「生醫電子」，那時候國內應該還很少有人在做植入式的醫療元件，生醫電子的領域尚待推動，所以我們就希望結合IC技術與醫療技術，將「閉迴路神經調控晶片系統平台技術」開發起來，我們這個計畫應該算是先驅。

　　我也在2008年發起成立了「臺灣生醫電子工程協會」（Taiwan Engineering Medicine Biology Association, TWEMBA），目的在將生物、生命科學、醫學、法律、管理與科技工程等領域的相關專業人才結合起來，共同投入，發展臺灣生醫電子領域科技與產業。

「生醫電子轉譯研究中心」成立

　　基於人工視網膜晶片與癲癇閉迴路控制晶片研究成果，以及過去仿生晶片系統平台技術研發經驗，我們決定聚焦到高階神經系統植入式醫療元件系統的研究。我認為應該將原仿生中心的研究成果進行整合，全力來發展晶片植入技術及高階植入式醫材。所以在2011年時，在教育部「邁向頂大計畫」（五年五百億第二期）、科技部智慧電子國家型科技計畫及交大校內的三方經費支持下，改仿生中心為「生醫電子轉譯研究中心」（Biomedical Electronics Translational Research Center, BETRC），研究中心

有三大願景：一、**透過工程與醫學跨領域研究人才的共同努力，發展可供多領域共用的創新技術平台，用以治療目前醫藥無法醫治的神經損傷、失常與疾病。二、探討腦科學及神經科學的新境界。三、建立中心成為臺灣前瞻植入式神經系統醫材產業新創基地及搖籃。**

我們成立生醫電子轉譯研究中心以後，就把生醫電子領域研究計畫全都移放到生醫電子轉譯研究中心，等於是307實驗室發展跨領域到生醫的分支，主力是在前瞻植入式生醫電子晶片系統及相關技術的研究上。我自己的研究也逐步聚焦到神經調控系統晶片相關的課題。

但是我們在學校做研發，最終應該都希望能夠真正應用到病人身上，可是學校不可能發展出產品，那就必須要有產業界的公司，由公司將研發成果開發成產品。所以我認為生醫電子轉譯研究中心的目標，不應僅僅是成為生醫電子領域世界一流的研究中心，更需要協助產業界，進行神經系統高階植入式生醫電子醫療器材的開發，使中心成為培育臺灣新興高階植入式醫材產業新創公司的搖籃。

生醫電子轉譯研究中心成立後，除了持續原有的植入式人工視網膜系統、植入式癲癇偵測與即時控制晶片系統研究，另外又擴大進行發展幾個大型研究方向：骨導式新型人工電子耳、術中脊髓神經即時監測系統、中風病人上肢復健智慧控制系統、帕金森氏病人所用之閉迴路深部腦刺激系統開發等。

漫長研究道路上的肯定

2013年我們癲癇研究團隊開發出世界第一顆癲癇顱內偵測與即時「閉迴路式」電刺激控制SoC，此突破性的貢獻即是將原來分屬各種不同功能的IC，例如腦波訊號感測、放大訊號、數位類比轉換、生理訊號處理、電刺激、無線供電等，透過半導體技術設計創新電路，並把這些功能複雜的電路，整合在單一晶片上。

我們設計出來的閉迴路癲癇控制晶片可以在0.8秒內偵測癲癇並以電刺激抑制，成功率92%，為世界紀錄。這項研究成果的論文獲國際最頂尖學術會議ISSCC（International Solid-State Circuits Conference，國際固態電路會議）[9]評定為最高分接受，並參加ISSCC Demonstration進行發表。此論文還獲得在晶片設計領域的頂尖期刊 *Journal of Solid State Circuits* 之 *Special Issue of ISSCC* 之邀，發表刊載論文全文。此外還被選為ISSCC 2013 Distinguished Technical Paper Award，是臺灣第一篇獲得此殊榮的論文，也創下臺灣參加ISSCC之紀錄與里程碑。

我們研究團隊在2013年所得到ISSCC Award時，很多人都形容我們是「十年磨一劍」，我認為真是傳神！對我們研究團隊而言，實在是相當大的激勵。不論是從2000年左右開始研發的植

---

9 為發表固態電路和系統單晶片進展最重要的全球性研討會，在會中入選之論文皆具為半導體與固態電路領域研發趨勢的領先研究，被視為ＩＣ設計界最高盛會。

入式人工視網膜系統或2008年的植入式癲癇偵測與即時控制晶片系統，都歷經了漫長的開發期，這正是生醫電子領域中，研究者最需要耐心堅持的地方。

如果更往前追溯到1990年代初期，促成我開始踏入這個領域的仿生晶片研究，我常常回想到第一次將仿生以IC實現時，彷彿看到一個新世界的到來，就是那一股充滿希望的熱情，讓我持續走在這一條修練研究耐性的長路。2015年我也因為在生醫電子領域的努力與貢獻，獲得（第十八屆）教育部「國家講座主持人」[10]（工程及應用科學類科）之殊榮。為期三年的國家講座主持人有獎助，配合辦理跨校性選修的課程以及辦理全國巡迴講座，可以讓我更進一步去向外推廣生醫電子的研究成果，讓更多人來了解與參與。

研究成果到衍生新創公司進行產品開發

而當研究成果已發展成熟，為了能朝向商品化，就需要進行技轉輔助成立新創公司，這也是我們生醫電子轉譯研究中心的重

---

10 為教育部所頒贈最高學術及教學獎項。國家講座申請條件為「須具有中央研究院院士身分、曾獲得教育部學術獎，或是具有與前兩項相當之傑出貢獻者」。吳重雨獲選理由為「類比混合訊號晶片設計，應用於十兆赫（GHz）射頻微波通訊系統。近年來帶領跨領域團隊，應用於神經醫療電子元件與系統設計，在癲癇元件系統、下視網膜（sub-retinal）植入晶片及骨導式人工電子耳研究方面均有重要突破成果。吳教授目前擔任奈米國家型科技計畫總主持人，對我國半導體產業貢獻良多。」參見自蔡輝振主筆，〈部長的話〉，《教育部第十八屆國家講座主持人暨第五十八屆學術獎得獎人專輯》，（臺北：教育部，2014），頁4。

要目標之一。然而事實上，在生醫電子研究上的技術要找到願意的投資者來成立新創公司，是相當不容易的事情，因為除了研發期很長外，後續要進入申請人體實驗的過程，又是一條不可預知期程的漫長道路。要投入的時間與金錢成本相對門檻很高，往往使投資者卻步。

當時我們與柯明道教授就找了晶焱科技總經理姜信欽博士合作，姜信欽博士是我們307實驗室訓練出來的優秀博士，研究題目就是跟仿生視網膜相關。姜博士在創業投資方面，具有遠見與理想，願意在人工視網膜及癲癇控制系統晶片持續長期投資研發，實現大家共同的夢想，令人佩服！在生醫電子轉譯研究中心的技術協助下，2016年終於衍生成立晶神醫創公司，持續與醫師進行人工視網膜與癲癇晶片二項技術的產品開發，並以「進行人體試驗，成為真正能夠應用的醫療器材，造福患者」為目標。

我們也希望能透過技轉晶神醫創的例子，持續鼓勵老師們投入研究，並朝向衍生創新公司為目標，當有越多此類創新研究能夠商品化上市，才能發揮臺灣半導體技術優勢，發展臺灣高階醫材產業，且幫助病人的目標。

Keep Moving

勇猛精進，不休不息

從 1980 年進入交大教書後，我好像每天都是在交大校園中忙於教學、研究與服務的工作，也相當樂此不疲。只是時間很快就過去，我也在 2020 年 8 月從學校退休，竟然不知不覺四十年就過了，也指導畢業二百多位碩士以及四十九位博士，這些學生都有很優秀的發展，實在感到開心，也算是為培育人才貢獻一點心力。不過，我還仍在研究的路上，只是轉換跑道成為業界的新鮮人，擔任晶神醫創董事長兼技術長，持續在為人工視網膜與癲癇晶片系統的產品化進行研發，朝人體試驗的方向推展，希望能應用於病人。

癲癇晶片在歷經系統功能與晶片電路的持續優化，我們也在豬隻上完成晶片安全性以及療效驗證，並由辛裕隆醫師來執行相關癲癇測試和閉迴路自動癲癇控制的效果，頗有成效。近來晶神醫創也跟臺北榮總神經醫學中心癲癇科主任尤香玉醫師合作，已經進入臨床驗證階段，癲癇腦波自動偵測軟體與具有閉迴路癲癇電刺激之腦圖譜儀（brain mapping instrument）已經獲得食藥署（衛生福利部食品藥物管理署）審查通過，取得上市許可，朝向目標邁出重要的一步。最近我們團隊獲得第二十屆（2023 年）「國家新創獎」中的「企業新創獎」，這是國內生醫與大健康領域中創新企業界的最高榮譽獎項，真是對團隊努力的一大肯定！

許多同事與朋友最近常問我：「到業界後與在學校進行研究最不一樣的地方是甚麼？主要任務是甚麼？有甚麼樣的挑戰或壓力？」我覺得研究最不一樣的地方，在學校幫許多學生解決很多

研究的問題，學生可以順利畢業；在業界幫忙解決很多研究的問題，可以使產品順利賣出，幫公司賺很多錢。在晶神醫創服務，主要任務就是將研究技術產品化，實現大家共同的夢想。遇到的挑戰與壓力就是新創公司資源有限，如何在最短時間推出產品，使公司持續發展。

過去我常常跟學生勉勵要「勇猛精進，不休不息」，這也是我的座右銘。現在自己也在自己感到熱情的方向上，懷抱熱情，「勇猛精進，不休不息」，持續前進。

就在退休前夕，交大圖書館同仁來拜訪我，提出要幫我做口述歷史的構想，希望能成為補充校史的一部分資料，我當然樂於接受。不過開始進行後，才發現過程相當不容易，需要去找很多資料來幫忙回憶，更要投入相當多的時間才能好好來完成。但是也因為有這樣的機會，讓我慢慢去回想起人生各個階段很多的人事物。在訪談過程中，我認為307實驗室的發展在我的人生中有很大的重要性，應該值得一併紀錄。圖書館就提出並舉辦一場「307實驗室 Witness Seminar」，將307老師與不同時期的學生共十多人聚集起來，幫忙補充我記憶中不足的部分。從大家的分享中，我也聽到了以往我所不知道在實驗室中所發生的細節，而我最感到高興的是307實驗室發展出了團隊合作模式，不會因為一個教授退休而在發展上就受到影響，仍然可以持續發展下去。

人生似乎相當漫長卻也走得很快，像我今年（2023年）也已經七十三歲，回顧過去千絲萬縷實在很難說盡，但最多想到的是

一路上有幸獲得眾多長官、老師、朋友、同仁、學生們對我的協助，充滿感謝。

　　回想我自己從一個在村裡都會迷路的鄉下小孩，個性比較內向，經過學校、社會及國外環境各種學習與歷練，逐漸蛻變成心胸開放，成為能與眾多團隊夥伴一起工作、一起研究的學者。我的家庭也培養了我樂觀的性格，所以常常在面對很多困難的環境時，我都很能用正面的態度來面對，自我鼓勵再多努力去克服就好。透過這次口述訪談的過程，讓我由記憶深處中，又回想起許許多多願意給我機會或是在多方面協助我的貴人，這些諸多的機

每年清明都會返回嘉義掃墓，攝於嘉義東石鄉猿樹村。最感謝的是太太曾昭玲在背後的支持，才能一直無後顧之憂，投身於所熱愛的研究之路。（嚴銘浩拍攝）

2020 年大家為吳重雨舉辦盛大的榮退歡送會，許多以前的學生都帶著眷屬來參加，場面熱鬧。（吳重雨提供）

緣，讓我的人生即使面對許多考驗，卻也能相當豐富圓滿，實在是幸運萬分，令我感激不已。

後來的人生發展主要是以自己在半導體 IC 設計的專業研究與教學為重心，延伸到參與推動國家科技產業政策及學校行政時的方向，甚或延伸到技術創新與新創產業。我就以人生各階段中，印象深刻的重要部分來進行分享，雖然僅僅只是我個人經驗的回憶，但希望能替交大與產業發展留下一些見證的紀錄。

與君同行

——曾昭玲女士訪談

紀錄／周湘雲

出生背景

1954年1月18日我出生於嘉義市，是家中的第一個小孩。我老家原本是在嘉義東石鄉海口村，自從日本時代祖父到嘉義市從商後，就在嘉義市落地生根。我還記得小時候常有年紀很大的親戚到家中來走動，我們小孩子都要叫他們某某姑婆，或某某祖，不過我其實一直都沒有回去過海口村。

我爸爸名叫曾金柱，媽媽名字是黃蕙姿。我出生的時候，父母親都是在學校當老師，爸爸是中學老師，媽媽是小學老師。後來我爸爸離開教職，去日本交流協會（財團法人交流協會，現名「公益財團法人日本臺灣交流協會」）工作，這段時間爸爸都是住在臺北，每個星期都會回家。在日本交流協會工作幾年之後，我爸爸決定回到嘉義，在嘉義市開了一間「司麥脫百貨公司」，開始做百貨生意，後來也開起了貿易公司。以前早期的百貨公司，店面不像現在的百貨公司規模那麼大，現在看來可能就像一個大一點的商家，但商品倒也一應俱全，甚麼東西都有賣。我們家庭應該算是小康的中產階級，生活還算不錯。

我另有三個兄弟姊妹，我是家中的老大，老二是弟弟叫曾國濠，老三、老四都是妹妹，分別叫曾昭麗、曾昭榕。我們四人的年齡大概都相差二、三歲，小妹則比較晚出生，年紀比我小八歲。我們小時候讀書好像也沒有遇到太多困難，可能就是把該做的功課都做好，讀書時保持專心，兄弟姊妹的考試成績都還可

以。我們小時候的生活非常單純，有阿公、阿嬤的照顧，也有很多鄰居小孩可以一起玩耍，我們家四個小孩子之間的相處互動都很好，回想起童年就是很開心地過日子。

鼓勵讀書的雙親

媽媽在我們小時候，就跟我們講她對待我們兄弟姊妹都是一視同仁，而且也很努力做到讓我們覺得她對小孩子都是平等的；不過我倒是認為媽媽對弟弟的要求相對好像比較嚴格，可能多少因為當時的社會還是有重男輕女的觀念，男生要承受比較高的要求。

爸爸也常常鼓勵我們這些小孩子們要好好讀書，盡可能一直往上讀，最好是能夠把書讀得很好。我記得他常常這樣講：「你們以後若是可以去國外讀書，你們就盡量去，我可以供應你們。」其實那時候對於爸爸的期待我沒有想太多，後來我也沒有把書唸得多好，但是至少求學過程中算順利。到了以後才知道，自己爸爸、媽媽很鼓勵小孩子要一直升學，尤其要我們女孩子也去讀個好學歷，甚至出國留學這樣的想法，在當時的社會是比較少有的觀念。

我國小是就讀嘉義市的博愛國小，會到這間小學唸書是因為我媽媽是博愛國小的老師，媽媽要接送我上學比較方便。我們那個時候初中要考試，國小生就有升學壓力，當時我的國小老師是

就讀嘉義女中初中部時期的學生照。（曾昭玲提供）

一位很用心的老師，每天放學後，他都會再幫我們多上一個小時的課，替我們加強課業，才放我們回家。我們當時那個年代，如果要補習就是去老師家，但由於有這位老師的用心，所以我就沒有另外再去補習，國小畢業後我也考上了嘉義女中的初中部。

　　進了嘉義女中，升學壓力就更大了，讀了初中之後就不敢不去補習，那時候爸媽也會催我要去補習，同學們也幾乎沒有不補的。我們那時候補習的選擇都是課後去老師家上課，有補習班也都是小小的，沒有現在規模那麼大，我們會去找有自己老師上課的補習班。

少女求學時代

　　初中畢業後，我直升進入嘉義女中的高中部，雖然高中就有社團，但是我覺得我們的社團活動不太興盛，大家都在拚升學，忙著讀書補習。由於當時我們每學期都有土風舞比賽，所以大家的課外活動時間大多會拿來練習跳土風舞。尤其到了快要比賽前的一個月，每天放學後，大家就要花半小時到一小時的時間留下來練習，有時候會影響到同學去補習的時間，不過這是學校活動，我們就要想辦法來兼顧。每次的土風舞比賽都辦得非常盛大，我們還要自己設計跟製作比賽穿的舞衣，比如先決定要選擇跳方塊舞來參賽，然後再決定要穿哪個國家的服裝，接著就要想辦法把衣服做出來。當時我們班上有很擅長做手工藝的同學，我

攝於1972年8月，嘉義女中高中部時期的學生照。（曾昭玲提供）

就會去跟她學怎麼做，學了之後再去教不會做的人，會一直把大家都教到會。

　　我的個性是屬於比較溫和的類型，不太會跟別人有甚麼衝突。讀書時期我就是個很注重外表儀容的女生，可能是因為教育跟個性的關係，像是上學穿的制服我都一定要先燙過，因為覺得穿著整齊，人看起來也才會有精神、朝氣。高中時期我曾經被同學選為班長，大概是因為我跟大家都相處得不錯；而我對老師一向都很尊敬，老師交代的事情我一定都會好好來執行，與老師們的關係也都很良好的緣故。

　　高中老師常會鼓勵成績還算不錯的學生要盡量去選考丙組，

剛就讀省立護理專科學校一年級時，穿著便服。（曾昭玲提供）

也就是三類組。我們那個時候校內就有兩個班級是丙組的學生，人數加起來差不多有一百人左右，算相當多。我也選了丙組，那時候是因為對醫學有興趣，覺得去當醫師好像也很好；不過讀書的過程中，發現要上醫學系的分數真的很高，自己應該是無法考到那麼高分，再加上又聽到一些當醫生很辛苦的說法，我就想把目標改放在其他如藥學系等的相關科系上，可能也可以合乎我的興趣。

老師也跟我們極力推薦護理系，他認為女孩子去讀護理系也是很好的一條路。本來填志願的時候我沒有填護理系，但是老師就把我叫去，要我把護理系也填進去，結果沒想到我後來竟然就

就讀省立護理專科學校時，穿著校服。（曾昭玲提供）

參加暑期大專青年活動——「金門戰鬥營」，著軍服。（曾昭玲提供）

去唸護理系了。大學聯考的時候，可能因為緊張再加上當時身體不太舒服，影響到了考試結果，成績不甚理想。我當時考上中山醫專（今中山醫學大學）的牙科，另外就是省立護理專科學校（今國立臺北護理健康大學）的護理系。我爸爸就跟我說：「不要填牙科，因為妳拔不動牙齒。」當時省立護理專科學校的護理系僅次於臺大護理系，很多學生都在醫院做護理長。家裡的人都覺得我可以去唸護理系，我心想：「那就去唸吧！」就這樣離家去臺北讀書了。

讀了護理系以後，我發現自己對這方面領域沒什麼興趣，我很不喜歡人體解剖課，因為讓人很害怕，有種很難克服的恐懼感；而且我也不敢打針，當時我就想畢業後不要去做護士了，因為真的不太適合自己。

職場初體驗

當時我有二位表姊在味全公司上班，味全那時候會找護理系畢業的學生來當「味全護士」。護理系讀完是三年，在表姊的介紹下，畢業後我的第一份工作就是進了味全公司當「味全護士」。我們的工作就是到醫院去找孕婦進行訪談，看看這些準媽媽們的懷孕狀況，然後就向媽媽們推銷味全奶粉，讓她們在醫院就選擇味全的配方奶給小朋友喝。等媽媽產後回家，我們還需要去做家庭訪視，看看她們回家後有沒有繼續使用味全的奶粉，如

果遇到有媽媽換了其他品牌，可能就用提供給她們優惠的方式，想辦法讓她們再換回來。

味全護士的工作我大概只做了一年左右，因為我不是很喜歡強迫推銷的感覺。我認為如果是做一件對這些媽媽有幫助的事情，那我就會非常樂於去做；但有時候產品並不一定適合對方，站在工作的立場卻還是要推銷，很不符合自己的想法，就決定離職了。後來我回嘉義去參加國中老師甄試，最後就在忠和國中當健康教育老師。

到學校當老師後，我發現自己還滿喜歡這個工作，所以我都自願在下課後，繼續留下來幫學生進行補救教學。因為當時我的學生們學業成績多比較弱，可能會考不上高中，於是我就設定一個目標，要讓他們有實力能進嘉義高中、嘉義女中；當時我還找了一位畢業於高雄師院的英文老師一起來幫忙。剛開始我們校長還很大膽要我也兼教數學，我就真的下去教學生數學，後來是因為有一位師大數學系畢業的同事進來了，才改由這位同事來教。當時這些學生們也很爭氣，都有考上高中，讓我產生很大的成就感。

緣分來了

我記得是在工作之後，開始有一些人到我家裡說要幫忙介紹對象，不過都是去吃一次飯後就都沒下文了。有時候是我們自己

不喜歡，也有是對方覺得不喜歡我們。我年輕時是個很瘦的女生，以前的人大多會覺得找媳婦不能找太瘦的，這樣的身材在長輩眼裡很不討喜。我對這樣的事情剛開始其實會有一點生氣，畢竟很多時候一個人的胖瘦體型並不是自己所能控制，有時候就是天生體質的關係，或有其他後天原因的影響。我自己想想之後認為別人不能接受就算了，如果對方是帶著偏見的眼光從外型來判斷自己，那也表示即使這種人再好，也不會是個適合自己的人。

讀書的時候我們系上常辦聯誼活動，我也會去參加，但是當時媽媽都提醒我，要先搞清楚對方的背景，還有要看看對方的生活習慣是不是你所喜歡，不然就不要勉強去交往。聯誼回來後，多少會有人來約單獨出去吃飯，但是大概都是只出去過一次就不了了之。我都會告訴媽媽，我跟哪些人出去，媽媽會給我一些建議，但都沒有後續繼續交往的對象出現。

大概是在 1975 年的時候，我當時在臺北的味全公司工作，假日回嘉義時我常去伯父家向他問好，伯父就會問我：「妳現在已經在工作了，是不是應該要趕快找個對象結婚了？」我聽完都是笑笑回應，因為那時候媽媽的一些朋友有來介紹，但是後來都沒有下文。

有一天我堂嫂在家裡就說了，要幫插花老師介紹給自己的舅舅認識。當時我伯父聽到自己的媳婦這樣講後，就說：「自己家裡都還有女生沒對象，為什麼不先介紹給自己家的人呢？」我堂嫂一聽公公都這樣講話了，就只好趕快去安排他的舅舅來跟我相親。

我堂嫂的舅舅叫吳重雨，是我堂嫂媽媽最小的弟弟，他們姊弟的年齡差距很大，以至於我堂嫂的年紀要比舅舅還大一些。這次相親就安排在我伯父家，我的想法是反正也跟之前的相親都一樣，那就去見個面吧。

　　相親那天，吳重雨是在自己的嫂嫂陪同下來到我伯父家，那時候他還是交通大學電子研究所碩士班二年級的學生。第一次見面時，就看見吳重雨穿著有點皺皺的襯衫，頭髮也沒有特別打理過，腳上雖然穿著皮鞋，但也是舊舊髒髒的，連擦都沒擦。雖然我不是一個太在意他人外表的人，但當時我對他的第一眼印象是覺得有點不太習慣。畢竟之前來相親的人，每一個都穿著光鮮整齊，鞋子也都會擦得亮亮的。大家多多少少都會想展現出自己好的一面，表現紳士風度，應該沒有人來相親會是如此不修邊幅。看到吳重雨毫不掩飾自己就像個鄉下孩子的樣子，第一眼是讓我有點驚訝。

　　相親過程中吳重雨也沒有特別問我問題，就都是笑笑的，能感覺到他是一個很溫和、脾氣好的人。我後來想一想，說不定他只是來應付一下的，因為是家裡的大嫂開口，他也不敢拒絕，所以就從新竹特地跑回來，應付應付這個相親場面，要不然他把時間拿去讀他的書就好了，幹嘛跑這一趟。

　　不過這次相親之後，我們也算認識了，就開始有了一些聯絡。吳重雨也曾經到臺北來找過我一次，一起去吃飯。後來我結束臺北的工作，回到嘉義去當國中老師。

母親也認可的好對象

不過我媽媽對於吳重雨倒是感到非常滿意，認為他看起來很老實。由於我媽媽很希望我趕快找一個人穩定下來交往、結婚，而我後來實在也不想要繼續一直相親下去，所以勢必要有一個可以能進行交往的對象，讓我媽媽覺得我是有機會結婚的。我當時覺得跟吳重雨的互動很輕鬆，因為他個性很溫和，當我們對事情有不同想法時，他都會聽我的意見，跟這樣的人相處起來根本幾乎不會有衝突。

那時候很自然而然地只要有假期的時候，我們就會約時間見面吃飯，平常就都會寫信跟打電話聯絡。我媽媽也知道有這樣的事情，就不會再要求我去相親了。

我們往來的期間就是寫信，也很常打電話，那時候公共電話是投幣式的，學府路上有一間店家外設有一座公共電話，吳重雨就會換一堆零錢，在那邊打電話給我，打到那個店家只要聽到有電話機投錢的喀哩扣囉的聲音，就知道：「喔，又是那個學生來打電話了！」就是吳重雨又打電話給我了，我們就會一直聊，聊到他的零錢都投完了為止。回想起來，當時他幾乎每天都會打電話跟我聯絡。

大概這樣往來一年後，我就覺得這是一個可以結婚的對象了。因為他的脾氣真的很好，我喜歡這樣的人。吳重雨碩士畢業後，又繼續讀博士班，他的學業真的非常忙碌，雖然有時候他會

在假日的時候到嘉義找我，但是大多數時間都是我去新竹找他。我都是星期日一早搭早班的平快車北上到新竹，然後就一起吃飯聊天，有時可能看個電影，傍晚我再搭平快車回嘉義。

當時如果只看我們之間表面上的互動，大概都會覺得是我主動比較多，因為常常是我跑到新竹去找吳重雨。如果兩個人的關係裡面，其中一人總是很忙，而另外一個人沒辦法接受這樣的狀態，應該就無法持續維持下去。當時我是認真想要跟他交往互動，或許是我做事也比較執著，我的想法就很簡單：他很忙沒關係，那我就照我想做的來做，有假期就到新竹去見見面。我們後來能夠結婚，我感覺這就是人跟人之間所存在的奇妙緣分。如果認識期間，我沒有很重視這段關係，又繼續去相親，可能就又有其他對象；而他如果不是因為遇到像我這樣能接受他很忙碌、又比較願意主動的人，以他的個性跟忙碌的狀況來說，可能就不知道要多久以後才能結婚了。

聊天的時候，我問吳重雨說：「你讀的研究所是在學甚麼？」他就會告訴我他們的研究是在做甚麼，但聽來聽去全部都聽不懂。我大概就只知道理工中有分為工程跟理論部分，如果學的是純理論，未來要找工作會比較困難；但如果學的是工程，以後要找工作就容易多了。吳重雨說他是工程方面的，那我就說：「好，我只要知道你以後能找得到一份好工作，可以讓家庭不會餓到就好。」

雖然我媽媽在我們小時候就常告訴我們小孩子，以後長大必

須都要能有養活自己的能力。尤其女生一定要有自己的工作，就算結婚了也不必要靠先生的供養，能夠獨立自主的人生才會是比較安穩跟幸福的。不過我還是會在乎，希望自己未來的另一半至少要有照顧家庭的基本能力，至於對方的家世背景、家庭狀況，我就不太在意。

我們穩定交往了一段時間，我媽媽也知道狀況，她就覺得應該要考慮結婚了，有時候會想辦法催一下這件事。我自己也問過吳重雨，說：「是不是要結婚？」他總是回答：「可能要慢一點。」那時候我心中就感到很奇怪，為什麼都是說要慢一點結

訂完婚後，到吳重雨的東石鄉猿樹村老家拜訪，一起在吳重雨老家附近自家的蘆筍田中留影。（曾昭玲提供）

婚？後來有一天，他突然跟我說：「我沒有錢耶，所以妳說要結婚的事情，我不知道要去哪裡拿錢來結婚？」我才恍然大悟，原來他一直說晚一點結婚是因為經濟狀況的緣故，而且當時他還是學生，也沒有賺錢能力。我理解這個原因後，就覺得那就晚一點結婚也可以啊。

後來發生一件重大事情，就是我婆婆在1977年的11月突然過世，這件事情對吳重雨影響很大，他也心情低落了好一段時間。以前習俗是父母過世要守喪三年，但是後來為了符合現代社會習慣，父母過世一年後就可以做一個「三年」儀式，象徵已經服完三年喪期。我們的婚期就訂在1979年，那時候吳重雨也已確定快畢業了，他是在1980年取得博士學位。

步入婚姻

我們的婚禮辦在臺北的國賓飯店，是因為我媽媽考慮到吳重雨的師長、同學都在北部，而且我舅舅跟國賓飯店的人熟識，可以拿到優惠的價格。還有一個主要原因是我媽媽替我們想到，如果選在家鄉辦婚禮，來參加的人一定會很多，這些人都會包紅包來，相對日後我們要還的紅包債也就很多，怕我們兩個經濟能力還不好的年輕人會承擔不起。我們的婚禮就這樣在臺北舉行，也不收紅包了。吳重雨的兄弟姊妹全都來了，我家這邊的親人也來了，我媽媽也有九個兄弟姊妹，再加上吳重雨的老師跟同學們，

婚紗照。（曾昭玲提供）

婚紗照。（曾昭玲提供）

大概也辦了十桌以上，非常熱鬧、開心。

　　婚後我們並沒有住在一起，吳重雨繼續在交大完成學業，我則是回到嘉義住在家裡，繼續教我的書。婚後的改變大概就是，假日大多是吳重雨回到嘉義來。我媽媽則一直要我們好好想如何安排未來生活，應該趕快住在一起了。其實不是我們不想住在一起，因為我的教書工作也不是馬上說結束就可以結束，總是要處理到一個段落。再加上我婚後不久懷孕了，所以我也就這樣一邊教書，一邊把兒子生下來之後，才辭掉工作，等我真正搬到新竹住已經是1981年的事情了。

　　吳重雨在1980年拿到博士證書，畢業後就進了交通大學當老師。他開始教書後就可以申請有眷屬的宿舍，我還記得宿舍是一棟二層樓的小房，地址是博愛街75之1號，位置就在博愛校區大門口出去的左手邊，一共有十戶。我還記得我們鄰居有吳慶源老師、吳啟宗老師、郭義雄老師等等，不過我們住過的那棟宿舍現在已經拆除了。

想像與現實的磨合

　　我想我們的婚姻生活應該是這個時候才算開始，等到兩個人住在一起之後，又有一個九、十月大的小孩要照顧時，才發現婚姻生活跟自己的想像原來是如此極度不同，最大的問題就是兩個人的生活習慣要磨合。

我是屬於比較喜歡把環境整理整齊、保持乾淨的人，但是吳重雨可能自己一個人生活慣了，比較自由自在，東西可能有他自己放置的秩序，但是在我看來就是隨便亂放。我還記得那個時候他的書跟 paper 很多，屋子裡到處都是跟他研究有關的資料，不論是桌子上、椅子上，甚至是地板跟樓梯上，就通通堆著這些東西，有時候他回家時已經累了，就更會隨手到處丟。很多東西都已經從地板堆到天花板，餐桌上也放滿滿的，只有留下一小塊可以吃飯的地方。

　　我們的宿舍空間其實是非常小，看到這樣子堆滿東西的居住環境，我根本快暈倒，當然十分不開心啊，就會忍不住開始唸他：「你換下來的衣服可不可以放在固定的地方？」、「你的襪子可以不要亂丟嗎？」總之我每天都會有很多意見。我相信當時他心中也是很不高興，可能已經懷疑起自己幹嘛要弄一個人來，然後每天一直管他？當我試著整理那些堆滿房子、在我眼中亂七八糟的東西時，他就會說：「啊，這些都不能動會亂掉，那些不能丟，因為都是我研究要用的東西。」

　　新竹的風很大，房子裡面很常吹入風沙，宿舍的窗子都是髒的，家裡的東西常常蒙上一層沙，腳踩在地上都是泥沙。我以前在自己家裡，其實都沒有做過家事，小孩子出生時，因為我自己有工作收入，所以請了一個保母來幫忙帶小孩。但到新竹後，我成為家庭主婦，也就沒有另外再請保母，家事跟照顧孩子全都自己來。

有時帶小孩很累了，就跟吳重雨說：「不然你回家後來幫我拖地好了。」他都會說好。不過讓人好氣又好笑的是，他雖然很認真幫忙拖地，但卻越拖越髒，原來他拖地時拖把沒有去洗乾淨，所以就算用力拖地，也還是有沙。吳重雨是一個很細心的人，就是不會做家事，因為以前有男生不進廚房、不做家事的觀念，尤其鄉下更是根深蒂固，所以吳重雨小時候就從不曾幫忙過家事，家裡這些事情都是由媽媽與姊姊們在做。

　　我們兩人都不擅長做家務工作，他想想這樣勉強去做也不是辦法，覺得應該要解決這樣的問題，乾脆建議說：「我在學校的事情很忙，沒有時間幫忙家事，而且也做不好。那妳也不要做

交大博愛校區舊眷屬宿舍，部分已經拆除，目前僅剩幾棟未拆。（周湘雲攝影）

了，我們直接請一個人來幫忙打掃就好了。」那個時候宿舍其他家庭都是太太自己做家事，所以我就說：「我不要，大家都沒有請人，我為什麼要請人？」在宿舍我們不敢請人，因為所有的太太都自己做。我就只好乖乖地把整潔標準放低，如果照原來的自我要求，那就需要花很多時間慢慢做，有一些事情實在也不是我自己一個人在有限時間中有能力做完的，所以我只好慢慢調整自己的心態。每次大概就只整理家裡的一部分，分區慢慢做，至於吳重雨的那些東西我就都不管，地也久一點才拖一次，有沙子也沒關係了，比較髒就算了。

生活有所摩擦的當下，雖然會讓人冒出一點脾氣來，但事後想想其實都是小問題，有些習慣退一步來看真的都沒甚麼大不了。每當我們看法或者想法不一樣的時候，我個性是比較想要爭出一個道理的人，吳重雨則都是退讓的一方，他都說：「好、好，妳說的就是了。」還真的從來都沒看過他有發甚麼脾氣。不過有些事情他也不是都沒有意見，但他的做法是當下先同意，不會跟你起衝突。可能過了好一陣子之後，他才會突然又提起來，告訴你他的意見，為什麼他那樣想，意思就是說服你同意他。你就會知道其實他一直沒有放棄心中想做的事情跟想法，但他就是會很有耐心一直跟你磨、跟你講，這種時候我大概就都會妥協，接受他的意見。

值得欣賞的特質

他讓我欣賞的特質是,他實在是一個非常、非常善良的人,我從來沒聽過他對別人有甚麼抱怨,就是只想著怎麼把事情做好。以前我可能還會覺得,他明明有表現得很不錯的地方啊,應該去替自己爭取一些東西,但他就從來不會想要爭,一切順其自然,當時覺得這好像是他的缺點,但是後來我能欣賞他的想法,就覺得這樣子的性格反而是優點。

現在再回頭去看,雖然他沒有特別去爭取,但也是會有機會找上他來,像是後來他當系主任,進國科會當工程處處長,後來擔任校長等等,他都是盡心盡力,只想著怎麼樣能夠給別人帶來最大的幫助跟好處。他是一個樂於分享的人,只要能幫助別人的事情,他都很樂意去做,也希望盡量能把好處分享給其他人,不求回報。

他實在是一個很愛交大的人,可以說他最愛的就是學校,幾乎把時間都放在學校上。他不論是研究、教學,還有帶學生,都投入很多心血,就想著怎麼去做好這些事,去找研究經費給自己的group,或者分配給有需要的人。他對學生很用心,他是這樣跟我說:「如果把學生帶好,等他們從交大畢業後,就容易在業界找到好工作。」吳重雨對於交大的付出,我應該是最有感的,他的人生有很多時間都是花在幫學校做事上了。

歲月靜好

我一直覺得我們都是很幸運的，小孩子很乖很好帶，家裡的事情我大多能獨立處理好，也沒有一定要求先生要來幫我。大概只有小朋友生病的時候，吳重雨就會在上班時間請假回家，因為當時我們家裡就一輛摩托車，我沒辦法自己騎摩托車帶小孩子出去，就必須由吳重雨騎車，我抱著孩子坐後座，一起帶著孩子出門看醫生。

現在想起來，以前的生活就是過得容易、簡單。平常吳重雨上班的時間，我在家裡顧孩子、做家務。那個時候左鄰右舍也都是學校老師的太太，大家常會聚在宿舍外面院子一起聊天。只要孩子睡了，我聽到外面有聊天的聲音，探頭窗外看大家都出來了，我當時也滿大膽的，就放孩子獨自在搖籃睡覺，跑到外面去跟大家聊天，不過我會時不時回家看一下小孩狀況，再出去聊。一起聊天應該是太太們重要的娛樂，大家都會很開心，等到午餐時間快到了，先生要回家吃飯，大家才會一哄而散回家弄午飯。

吳重雨回家後都會告訴我學校所有發生的事情，只要他知道的事情都會跟我講，包括其他老師的事情，也有學生們的事情等等，所以我對這些人也都很熟悉。另外他還會告訴我他教書跟研究的狀況，就算我不懂他研究的東西，但卻也能夠知道他 paper 的進度。我們之間大概都對彼此的事情很清楚，相處久了都很能互相了解。

可能是因為吳重雨他們家裡面的關係是比較隨和的，相比之下，跟我們家比較嚴謹的氣氛有很大的差異。像我的堂嫂應該要稱呼吳重雨為舅舅，但是他們家親人之間並沒有很在意這樣的輩分稱謂，大家都是很開心地互相直呼名字，關係上是比較輕鬆的。結婚後，我就變成了我堂嫂的舅媽，她成了我的外甥女；但是她原來就是我家的嫂嫂，所以雖然她都是直接叫我的名字，我還是乖乖的尊呼她「嫂嫂」，不過這樣子就有一個問題，因為我也叫吳重雨哥哥的太太「嫂嫂」，所以在家裡的時候，這兩家的「嫂嫂」就常常被我搞亂，不清楚我在叫誰，但她們也沒有很介意，大家相處就很自在。跟外人介紹的時候，大家常被我們複雜的輩分關係弄得很糊塗。

隨夫赴美教學進修

吳重雨是在 1983 年的時候升等教授，他跟我提過自己以前曾經去考過公費留學考試但卻落榜的事情。教書之後，他一直覺得有必要去美國看看，提升自己的歷練跟視野，想要找去美國教書的機會。當時他告訴我很多想法，我認為他有能力就去做，也一直鼓勵他，增加他的信心。他申請了很多間學校，後來得到了美國波特蘭大學的聘書，1984 年我們就到美國去了。

去美國前，我們第二個寶寶才誕生不久，是個女兒。由於寶寶太小了，就只好先將寶寶帶回嘉義娘家，我老家隔壁鄰居有一

位保母，就請她幫忙照顧。我們當時是先帶著四歲的大兒子去美國，隔年才將女兒接到美國一起生活。

　　現在回想，覺得當時實在很大膽，吳重雨又是個對任何事都極度樂觀的人，我們其實也沒有太多準備就跑去美國了。吳重雨為了去美國能開車，出國前才臨時去考了汽車駕照，第一次開車上路竟然是在美國。到了美國後遇到了一些臺灣人，他們都很熱心給我們很多幫助，讓我們能在人生地不熟的美國很快就安定下來，真的相當感謝。當時在美國的生活給我的感覺是比臺灣還方便很多，再加上我們跟當地的臺灣人也有很好的互動，所以在美國幾乎是不太有不適應的地方。我們一到美國後，也幫兒子找了一間幼稚園，其實那個時候小孩子一句英語也不會，但小孩子對

1986 年 4 月，攝於波特蘭杜鵑花園（Crystal Springs Rhododendron Garden），由吳重雨掌鏡，留下杜鵑花叢前妻兒的身影。（曾昭玲提供）

吳重雨與子女，1986年4月攝於波特蘭杜鵑花園。（曾昭玲提供）

1986年4月，攝於波特蘭杜鵑花園，當時女兒約2歲多。（曾昭玲提供）

環境的接受度跟適應性很強，二年幼稚園讀下來，講起英語就已經跟美國小孩一樣。

　　在美國生活比較深刻的應該是那邊的天氣，波特蘭是位在美國西北部的城市，算高緯度的地方，剛去的第一個冬天就給我們帶來很多震撼。記得第一次遇到下雪那天，天氣實在很冷，家裡小孩子的牛奶剛好喝完了，我們就像平常一樣打算開車出去採買。我們當時租的房子是在山坡上，車道是一個斜坡，車子才開離車庫，就因為地面結冰而滑下坡去，車身還打轉了一大圈，我們差點嚇死了，當然也不敢再繼續開車。但是還是要去採買啊，吳重雨就說：「我用走的去好了。」我們家到最近的supermarket走路單程大概就要一小時吧，開車的時候不覺得遠，但當時又是

1986年設於波特蘭州立大學校園，曾昭玲與子女。（曾昭玲提供）

下著雪，腳踩在地上的積雪中，實在也舉步維艱。

　　我就帶著孩子在家裡等，心中實在擔心，那時候真是覺得度日如年，後來吳重雨終於帶著買好的牛奶回家了，但是手上都是血，原來他在路上跌了一大跤，手上給劃了一個不小的傷口，真是觸目驚心。之後我們就知道，只要天氣預報說快下雪的時候，第一件事情就是趕快開車出門去採買東西；另外還有就是天氣太冷以至於水管結凍，這樣就沒水可用，後來就知道必須要先打開水龍頭滴水，這樣水管才不會結凍。

　　在美國第二年，我們就把約一歲的女兒帶到美國，由我自己照顧。現在想起來，我們當時在美國生活還真的沒有不適應的地

方，我那個時候也覺得家裡的清潔工作容易多了，因為灰塵很少，可能也是因為家裡也沒那麼多東西。

以前曾經有這樣的一段年代，很多人都想要留在美國取得美國身分，那時候只要在美國有工作就比較容易取得。當時有很多人也告訴我們繼續留在那邊發展比較好，拿美國身分，不要再回臺灣。

雖然美國的生活很舒適，但我跟吳重雨在美國的二年期間，只要寒暑假，我們就會跑回臺灣一趟，前後應該有四、五次之多，大概是因為覺得親人都在臺灣，總不能叫這麼多親友都來美國看我們，也因為我們自己都很愛回臺灣的緣故。所以當後來吳重雨告訴我，他想回臺灣的時候，我沒有任何絲毫「放棄美國生活，就這樣回去很可惜」的念頭。我想吳重雨也是有一樣的想法，他到美國教書的目的是希望能夠來這邊提升自己的經驗，在教書的過程中他大概也已經覺得滿足自己的目標了；而且當時交大的郭南宏校長，更一直叫吳重雨要繼續回交大教書。郭校長也是一位非常愛交大的人，他當時就告訴吳重雨說：「交大有這麼多好的學生需要老師，你應該要回來教我們自己的小孩，不是幫老外培養人才。」

郭校長這個話很重要，因為有打中了吳重雨的想法。他告訴我：「郭校長都有這樣的指示了，我們就回臺灣吧。」

男主外女主內的家庭日常

1986年我們回臺後還是住在交大宿舍，吳重雨繼續在交大教書，仍然是每天都忙著學校的事情。可能大家覺得吳重雨做事做得還不錯，所以就找他去做系主任（電子工程系系主任，任期1986－1989年）、所長（電子研究所所長，任期1989－1991年），他更是把時間都放在工作上。

後來吳重雨借調到國科會工程處擔任處長（行政院國家科學委員會工程技術發展處處長，任期1991－1995年），這段時間就覺得他一個人好像在做好多工作。剛開始都是我一大早開車送他到清華門口附近，光復路上的國光號站牌，他就搭客運到臺北上班；後來發現工研院有交通車到國科會，所以就改去工研院那邊搭便車。那時候他應該算很辛苦，我記得在工程處工作這段時間，吳重雨每天都是清早就要搭車去臺北上班，但是學校這邊仍還有教書工作，晚上回新竹後也有指導學生的事要做，我想他的學生應該印象很深刻，就是吳重雨都是半夜跟他們約meeting看論文。

我也已經習慣他要出門就出門，要回來就回來的模式，由於他會先把很多事情都講清楚，我們之間也就沒有甚麼不能解決的問題，所以在婚姻的相處上面，我們算很和諧愉快。

在家中，我應該是扮演嚴格媽媽的角色。因為小時候我媽媽對我們小孩子管教就很嚴厲，所以我也同樣要求我的小孩們要守

規矩，比如幾點就要起床、幾點就要上床睡覺，每天該做甚麼事情，就要按表操課。我們也讓小孩子在小時候就接觸很多才藝課，像是珠算、韻律舞、畫畫、作文、鋼琴、小提琴等，這些課都是當時許多小孩子都很流行去學的，我們就是看他們該要去學甚麼就去學。不過既然學了，回來就要好好練習，我會不斷督促他們的學習進度，確定他們都有確實照我的規定來做，所以每天管小孩子的事情也已經夠我忙了。

記得我們家老大從美國回臺灣的時候，剛進實中的國小部（指國立新竹科學園區實驗高級中等學校國小部）就讀，大概因為他在美國讀幼稚園的學習環境跟臺灣的學習方式差很多，所以有較多適應不良的地方。那時候國小就開始考試，有考試就會比誰考得好、誰考得不好，但是我兒子就很不能理解這樣的事情。有一次老師在課堂上公布了考試前五名的同學，我兒子回家後還很開心的跟我說：「還好今天老師沒有叫到我的名字。」問清楚緣由後，才發現原來我兒子以為名次越後面的是分數越高的，被點名的同學是倒數五名。我聽了以後覺得好氣又好笑，就問兒子說：「你考這樣怎麼沒有考進前五名？」兒子想了想就回答：「因為我的自然都考不好。」

回想起來，我那時候對於小孩的教育一直處於緊張的狀態，可能是受到自己以前在升學教育下的影響，總是很怕自己的小孩在學習上跟不上腳步，然後就開始擔心他們會因為考不好而影響到未來的發展，所以就會盯小孩子盯得更緊。

加拿大溫哥華布查特花園（Butchart Gardens），攝於1996年。（曾昭玲提供）

小孩子的功課都是我在看，為了不讓小孩子成績考太差，我還另外去買練習簿給他們在家做練習，尤其考試之前更要加強，我都親自檢查他們的作業，要求都要弄懂，考試也不能考太差。記得有一次我就跟吳重雨說：「你也來教一下小孩吧！」但是吳重雨就只是輕輕鬆鬆地告訴我說：「對小孩子妳不要那麼緊張啦，他考試考不好是不會對他的未來有甚麼影響，每一個人都有他以後能賴以為生的能力，妳不需要太過擔心。」那時候要我對小孩子的教育不緊張是不可能，無法放鬆。

吳重雨雖然很忙碌，但其實很注意小孩們的陪伴，像晚上他都會找時間陪小孩，不論如何都是在小孩還沒有睡覺前就已經在

家族出遊，左起曾昭玲、女兒吳映萱、媽媽黃蕙姿、兒子吳佳穎、爸爸曾金柱、吳重雨，1999年7月攝於加拿大尼加拉瀑布公園。（曾昭玲提供）

家。會幫孩子們講講睡前故事，然後一定會抱抱孩子，哄他們睡覺。而假日我們也一定會安排出時間，一起帶孩子們出去玩。

後來吳重雨就建議我可以去實中（「國立新竹科學園區實驗高級中等學校」的簡稱）當義工，我就去了。在實中當義工後，認識了很多義工媽媽，大家都會分享一些教小孩的心得，印象深刻的是有一個媽媽就這樣說：「其實我們這些人都不會做父母，當父母也是需要學習的。」那時候我才知道有「人本教育基金會」（全稱「財團法人人本教育文教基金會」），也去參加了人本教育基金會開的父母成長班課程，透過這些相關課程，我才開始慢慢對小孩子的教育比較能用輕鬆的角度去看待，讓自己不要成為一

個太緊迫盯人的媽媽，不過因為環境還是有升學的壓力，我就是要求他們該補習、該上的課還是要好好去上，但是心態已經調整很多，比較能學著放手。

由於我的兒子小時候就對音樂有濃厚的興趣，後來選擇出國唸音樂，女兒則日後成為醫生，都是他們自己依照喜好去選擇所走的路。

相知相伴人生路

雖然婚後我成為家庭主婦，但在照顧家庭與孩子之中，就有很多讓我忙碌的事情。而我自己也有交友圈可以交流，就是在實中當義工時認識的媽媽、學校老師，後來還有園區一些好朋友，可以常常約出來見面、聊聊天，分享生活，日子好像就這樣一下子很快就過去了。

2020年吳重雨竟然也從交大退休了。可能很多人都已早早另外規劃一份退休生活，但我卻實在很難感受到他真的已經退休，因為他還是處在有很多工作的狀態，而我好像也還是像以前一樣忙碌在自己的生活中。能感受到歲月變化的，大概就是我們兩人年紀都到一定歲數了，兩個孩子也大了，孫子也有了。我們跟孩子們都是各自有自己的事情要忙，能做到的就是每年固定安排全家人的出國旅行，可以有一家人相聚的時間，也留下很多美好的回憶。這樣的家族旅行已經行之多年，只是很可惜這兩年因為新

冠肺炎（COVID-19）的影響，就沒有出國的機會，但是我們也會找團聚的時間。

　　近年來我跟吳重雨開始用心在學習佛法，主要是因為我們開始一起討論「這一生作為人，我們到最後是要去哪裡？」這樣的問題。佛法在這方面的解釋比較能呼應我們心中的疑問，也會讓我們更加想要去了解佛法，接近佛，探索宇宙人生的真相。我們開始會一起讀佛經，一起探討理解。發現人很多的不快樂，都是因為太過執著，自己無法放下，而形成諸多煩惱。很多時候看開了，才會發現很多的煩惱根本是不需要的，尤其我們到了一個年紀後，回頭看看以前的事情，會發現人生很多時候根本是無法去計畫，因緣際會無法強求，只要放寬心胸，認真盡己本分，其他就一切隨緣。

　　如果當初我們兩個人都沒有繼續走下去，甚至都沒有結婚，各自的單身生活應該也會經營出不同的成長與收穫，但是在我們的婚姻關係中，則是透過跟對方的相處而有不斷成長，也了解很多人生的道理。我的婚姻至今也已走過四十二個年頭，就算現在要我來談談婚姻是甚麼？我自己還是覺得婚姻實在是很複雜的事情，不可能只用簡單幾句話就能來下註解，我的想法就是要能夠包容、隨緣，才能一起長久走下去。

2015年6月紐約之旅特別去訂一間米其林餐廳用餐，由於餐廳規定須穿著正裝，男士一定要打領帶，大家才穿得特別正式。當時覺得特別好玩，用完餐出來後，留下開心的影像。（曾昭玲提供）

2015年6月紐約之行在著名的時代廣場前取景，左起：曾昭玲、吳重雨。（曾昭玲提供）

2018 年 7 月攝於女兒吳映萱跟女婿陳宣位在荷蘭求學時的租屋處，特別前往替外孫陳敘丞週歲慶生。（曾昭玲提供）

攝於倫敦橋。2018 年 7 月找親家一起前往荷蘭，探望剛攜子前往荷蘭求學的女兒與女婿，順便規劃了一趟英國家族之旅，左起：吳重雨、外孫陳敘丞、曾昭玲。（曾昭玲提供）

2019 年 7 月女兒與女婿帶著外孫從荷蘭到美國，一起相聚於美國，進行華盛頓與紐約的家族旅行，攝於洛克斐勒中心廣場前。左起：曾昭玲、外孫陳敘丞、女兒吳映萱、吳重雨、兒子吳佳穎。（曾昭玲提供）

多年來每年都會選定美國一個地點，規畫家庭旅行。2015年6月是到佛羅里達遊玩，一路到達最南端的島嶼 Key West，在杜魯門小白宮前留影。（曾昭玲提供）

2021年中秋假期，雖因受新冠疫情影響無法安排家族旅行，但家族成員仍團聚並到交大博愛校區舊地重遊。左起：吳重雨、曾昭玲、吳佳穎、吳映萱、陳宣位（懷抱剛滿月的陳嬿白）、陳敘丞。（嚴銘浩攝影）

特別
收錄

我與吳重雨教授的師生緣

——兼談 CIC 的推動

作者／黃振昇（智成科技總經理）

我是民國49年（1960年）11月出生於高雄縣旗山鎮（今高雄市旗山區），小學原本就讀高雄縣旗山國小，二年級轉學至高雄市大同國小，接著一路讀高雄市五福國中、高雄中學高中部。中學時期，我個人覺得物理與數學比其他科目都要有趣，也很吸引我，到了高中很自然就選擇理工組。我讀書的那個年代交大電子是排名聯考甲組第七志願，前六個志願都是臺大的科系，從裡面排除掉幾個我沒興趣的志願後，我就考進了交大電子工程學系。

交大求學憶往

民國67年（1978年），我初進交大當大學新鮮人，對交大的第一印象是校園很小，幾乎就跟高雄中學校園差不多；但是對比起雄中校門外車水馬龍的熱鬧景象，交大校區外根本是冷清極了，讓我們這些期待大學生活的新生，心中也有一股冷冷涼涼的感覺。

當時交大的新生都要住宿舍，我們大一新生都是住在第一宿舍，因為整棟建築白白的，我們就跟著前面學長叫這棟建築是「白宮」。我以前唸國、高中時都是住家裡，每天騎腳踏車上學，只有在考上大學後參加成功嶺大專生集訓時，才第一次在成功嶺有了外宿經驗。相較於成功嶺的宿舍，交大的白宮算是比較好一點，很多同學其實也跟我一樣，從來沒有長期住在外面過，這時

我們大家就要學著一堆人在宿舍共同過生活。到了大二開始，我們改住到校區內的宿舍，是跟大三學長住同一棟，就多了能跟學長們交流的機會。那時候我們電子工程系比較特殊的是大家對足球很熱衷，學長就帶著學弟練球，由於我是南部小孩返家費時，學期間的星期六、日幾乎都不會回家，就都在學校跟學長、同學鬼混，那時的在學生活過得算是開心。

我記得我們同系同學都是住在同一層，雖然大家來自不同環境，但是住在一起之後，生活圈就都一樣，大概就是學校跟宿舍這兩個地方，經過長期相處下來，同學之間倒也相當融洽，感情反而變得更好。每當遇到老師的作業非常難解時，一群同學在宿舍就會很自然地聚在一起討論，彼此切磋，共同找出解題方式，大家在日後也將這樣的習慣帶進業界，一起做計畫的同事就會自然聚在一起討論，發揮團隊合作的力量。這也是為什麼交大畢業校友們會比較有向心力、比較團結，因為住宿的朝夕相處讓學生們培養出深厚的情誼，可以稱得上是交大的一大特色。

剛進交大時，面臨跟高中以前很不一樣的大學課程，其實是一個很大的挑戰。就以傅立葉轉換為例：做實驗當下我們還沒學過工程數學，實驗前根本完全搞不清楚實驗要幹嘛，只能趕快去請教也是一起住校但已擔任助教的學長，然後又跑去努力查資料，才終於完成實驗報告。等到之後上工程數學中談到傅立葉轉換，才知道原來很容易在數學公式中去找到相對應的實證。因為教材內容並不是按步驟一步一步教，還記得第一次進實驗室同時

面對 power supply、Function Generator、Oscilloscope 等器材，加上自己的三用電表，的確感到手忙腳亂、不知所措，但為了能完成實驗又不得不硬著頭皮動手去做，只好透過不斷嘗試，找同學一起討論，最後才終於完成實驗。

交大的老師都非常認真，對學生的要求也很高。我讀書那時候交大的老師還沒有很多，所以儘管是不同系所，還是都會上到相同老師開的課，記得我們那時大二的實驗課都是由殷之同老師上的，相信我們當年前後屆電子相關科系的學長、學弟們應該都領受過殷老師的「嚴格訓練」。在電子實驗室裡面，我記得老師與助教最常講的話是：「量不到訊號，先檢查電源，電源沒連上是不會有訊號的！」、「要動手、不要怕，5V 電壓是電不死人的！」

那時候我們往往下午兩點走進實驗室，要一直待到晚上十一點才從實驗大樓一樓的廁所窗戶爬出實驗大樓，為什麼要爬廁所窗戶？因為實驗大樓十點就會鎖門，但那時候我們的實驗常常都還未完成，要一直等做到完了，我們就只能爬窗戶離開。老師嚴格的標準，實在是讓我們這些學生吃足苦頭，不過也因為老師對我們扎實的訓練，也才造就我們的抗壓性比較高。老師要求每個人都要能動手做實驗，去驗證課堂學習的內容，也讓交大畢業的學生相較於其他學校的學生更敢動手實驗，實務經驗也充足。

記得我們大三修了任建葳教授的「微算機處理器設計」，我印象中好像是那時候電子工程系就買了第一臺的 GDS（Graphic

Design System）系統，任老師對我們的訓練是要求大家都必須上機去做實驗。這堂課的學生分為二人一組，規定每一次實驗要二小時，一星期要做到六個小時。但問題是當時只有一臺EDU-80（1977年全亞電子生產）電腦，所以大家就要用排班方式輪流做實驗，而這部機器也每天二十四小時待機。由於我們人數不少，每組的使用時間排下來，大家一定會有一班實驗是排在半夜的時間，表示每個人都要熬夜。儀器也在日夜運作下，快被我們操死了，即使如此辛苦，我們大家對做實驗的態度也是很積極。但是到了小我們二、三屆的學弟們，因為那時候施振榮學長的公司宏碁已經生產出「小教授一號」（1981年推出），那時他就送給每組同學一套小教授，這樣一來就有足夠電腦可以進行實驗，後面的學弟們就很幸福，不需要像我們那時候還要大家辛苦輪班熬夜了。

交大的師資非常優秀，光是電子工程系與電子研究所裡面就有許多名牌教授，讓我們這些學生收穫良多。以電子工程系電子學課程為例，當時是系主任陳龍英教授上課，陳教授精闢的教學往往吸引無數學生來修課或旁聽，人數多到教室內已經坐不下，不少同學還需要從別的教室搬椅子坐到走廊外上課，實在是盛況空前。交大的師資很多是國外回來的老師，他們帶來很多創新的想法，而這些優秀的老師也都不藏私的努力教導學生，更是我們這些學生的榜樣。在交大我們跟著老師學習，雖然課業壓力很大，但老師都一直要求我們要腳踏實地一步步穩紮穩打將知識基

礎打穩，也鼓勵我們不斷嘗試，後來想想這正是交大校訓「知新致遠，崇實篤行」的實踐。

在吳老師門下的日子

大學四年很快就過去，我從沒有考慮過要出國讀書或者以後想朝學術界發展這兩個方向，我之所以決定要繼續升學唸碩士班，很單純就是因為一直認為自己在大學時期所學還不足，希望可以更精進自己的實力。於是我在民國71年（1982年）考進了交大電子研究所，那時的想法就是先讀碩士再說。

當時許多老師開在電子研究所的課程都有開放給大四的學生選修，所以我們大四的時候多多少少也都接觸過這些研究所的老師。我記得大四那一年，有幾位同學跑去研究所修吳重雨教授的課，他們告訴我課後心得只有七個字：「很累，但是很充實。」當時吳重雨教授兼任半導體中心副主任（任期1980-1983年），他在電子工程系與電子研究所都有開課，但我在大學時代都沒有修過吳老師的課，是到了研究所後才跑去修了他開的IC（Integrated Circuit）設計課程，也終於體會到之前同學七字心得的背後含意。吳老師的課程內容非常扎實，讀起來辛苦，但是絕對有很大的收穫。而且在我的印象中，吳老師應是臺灣最早在學校開設IC設計課程的老師。當時先是工研院請了PAUL GRAY教授（加州大學柏克萊分校電子工程與電腦科學系）來臺灣上一堂短期的IC

設計課程，之後吳老師就自己開始找paper編寫出一套完整的數位IC與類比IC的講義，並且在交大開設相關IC設計課程，讓我們這些交大的學生能比別的學校更早接受到這方面的訓練。

就在我進研究所不久，剛好所上有幾位教授共同執行的一個整合型國科會計畫正在找研究生，吳老師是其中的一位子計畫主持人，我就爭取加入了吳老師的計畫，也因為這樣的一個機會，讓我成為了吳重雨老師的指導學生。跟我同屆的電子所碩士生共有十九人，其中有五人都選擇吳重雨老師作為指導教授，以比例來說吳老師的學生算很多。跟我同時期進吳老師門下的同學共有六人，其中有五位是交大學生；一位是來自臺大電研所的校外生，後來其中有四個取得交大博士學位，一個取得國外大學博士學位。

我們這些在吳重雨老師門下的學生平時都習慣尊稱吳老師為「師父」，學長、學弟都互稱「師兄」、「師弟」，即使畢業多年了，我們還是會這樣子來互相稱呼，大家就像在同一個師門裡由師父帶領我們在實驗室練功，即使現在我們看到吳老師都還是尊稱他為「師父」。

研究所時期的日子相當單純，就只有讀書及寫論文這兩件事。每當遇到瓶頸時，除每周的meeting時間外，我們還是都可以隨時去請教吳老師，老師非常有耐心，都會盡量回應滿足我們的困惑。他在教學上希望給我們學生詳細充實的知識，並常常介紹新的研究給我們。記得有一次，我問吳老師一個問題：「準

備一個課程要花多少時間？」他的回答是：「第一年，每星期要花五天準備，主要是要把收集資料全部看懂，寫成投影片；第二年，每星期要準備三天，主要把這一年新的東西加進來，再加上想如何去講解，能讓學生更容易吸收；第三年以後，每星期只要準備一天，把這一年新的東西加進來。」所以吳老師的教材永遠是最詳細、最新的內容。吳老師準備教材的認真與仔細，也反映在他處理其他事情的態度上——總是呈現最完美的狀態。

就我個人對吳老師指導學生的特色的觀察，認為是分兩個階段：以對碩士生而言，吳老師會先指導學生如何進行題目研究的能力；對博士生而言，吳老師就會要求必須有提出自己方法的能力。在我看來，吳老師採用一種「循序漸進的因材施教」，這樣的準則對我們學生在訓練上來說是很受益的。

碩士班求學的過程中，吳老師往往在我陷入迷陣時給予適切的指引，讓我完成研究。吳老師有很多讓我們這些學生佩服的地方，我認為其中之一是「幫學生選定論文題目的能力」。打個比方來說，吳老師在碩士班就已經幫學生準備了一片森林（研究領域），而不是只有一棵樹，因為一棵樹最終可能只讓一個學生取得博士學位，但一片森林是可以培養出許多博士班學生，可以讓學生畢業後，繼續深入森林中研究，甚至也有能力去指導學生。

我也是因為在吳老師的論文題目非常值得繼續研究的考量下，再加上有吳老師的鼓勵，所以選擇繼續唸博士班。我是在民國73年（1984年）進入交大電子研究所博士班，繼續跟著吳老

師做研究，並於民國79年（1990年）取得博士學位。我的博士論文題目是〈互補式金氧半場效電晶體邏輯閘之時序模式及自動化電晶體尺寸設計之電腦輔助設計程式〉[1]，這個題目的方向是當時吳老師國科會計畫研究的延續，不過研究主軸跟當時熱門的方向不同，在那時應該算冷門，不過倒是與現今熱門的Synopsys公司提供的自動logic合成相關，只不過我的研究方向是電晶體尺寸的合成。我將研究成果撰寫成一篇論文投稿，並通過審查刊登於一年四期的 *IEEE Transaction on CAD* 期刊[2]上，這篇十五頁的論文也是臺灣第一篇刊登於此刊物的文章。

　　在我讀碩士班時，新竹科學園區才剛設立兩年，坦白講我們當時候根本也沒有想過竟然會發展出今日半導體業的一番榮景。在我還是學生的時候，其實也不確定我們所學的這些研究，在未來能有甚麼樣的發展？但我覺得在跟吳老師的學習過程中，最重要的是學到了正確的研究方法與解決問題的態度。我們學生當時都相信，就算半導體業的前景發展不如預期，我們還是可以靠著所受過的扎實訓練，有信心在別的領域另尋出路。即使到現在，我也已經畢業有三十年了，但是一路走來都是抱持著不斷學習，

1 黃振昇，〈互補式金氧半場效電晶體邏輯閘之時序模式及自動化電晶體尺寸設計之電腦輔助設計程式〉（新竹：國立交通大學博士論文，1990）。

2 Chung-Yu Wu; Jen-Sheng Hwang; Chih Chang; Ching-Chu Chang, " An Efficient Timing Model for CMOS Combinational Logic Gates," *IEEE Transactions on Computer-Aided Design of Integrated Circuits and Systems*, vol. 4, Issue. 4 (October 1985) pp. 636-650.

遇到問題就想辦法解決的態度，在半導體產業中耕耘發展。想想當年竹科裡面的一些小公司，也一步一腳印成長為現在世界級的大公司了。

參與CIC計畫

民國79年（1990年）我博士班畢業時，台積電（台灣積體電路製造股份有限公司，Taiwan Semiconductor Manufacturing Co., Ltd., TSMC）、聯電（聯華電子股份有限公司，United Microelectronics Corporation, UMC）、華邦（華邦電子股份有限公司，Winbond Electronics Corp.）都已經成立，各個公司的主要人員都來自工研院，那時就有搶工程師的現象，而當年各公司也祭出讓工程師可以無償擁有技術股的政策，因此吸引許多人投入半導體行業。現在回頭來看，這樣的策略真的可謂「來的適時」。那時臺灣電子產業可以說是萌芽期，無論碩士畢業或博士畢業，都有許多工作可以選擇，工作環境也還不錯。如果相關領域的畢業學生都能同時有好幾個工作機會可以挑選，我覺得就無所謂「學甚麼比較冷門」的說法，或許說現在更熱門會比較貼切。

由於我在獲得博士學位之前，曾在聯電工作過十個月的時間，了解到學校與業界在設計IC的開發環境的差距。所以當吳老師借調到國科會工程處（任期1991-1995年），擔任處長任內要

推動「晶片設計製作中心」（Chip Implementation Center, CIC）籌設專案計畫時，我便參與了這個計畫的執行。

國科會曾在1990年（民國79年）即委託交通大學與臺灣大學進行一項「多計畫晶片」（Multi Project Chip, MPC）的研究計畫。這個計畫歷時二年，共完成48個研究晶片雛型品，其中多數具有商品應用價值，成果算是很不錯的。不過這個計畫有個重要的問題，就是負責執行計畫的教授均為兼職，無法同時兼顧教學研究與計畫執行，這些老師就建議國科會應該要成立專責機構來推動。

吳重雨老師是民國80年（1991年）從交大借調到國科會擔任工程處處長，由於吳老師已有訓練出多位研究數位IC及類比IC領域博士的經驗，他在交大所主持的實驗室更是臺灣第一座IC實驗室，也就是在業界很有名的「307實驗室」，多年下來訓練出為數眾多的學生，所以在業界常常有人講「在聯發科中從307實驗室出去的學生是三位數字」，人數是以百來計，為產業貢獻良多人才。所以吳老師很清楚國內要能發展自己IC設計的產業相當重要，也有其必要性，而這個產業要推動，就必須要有一個專門單位來負責。他首先在民國81年（1992年）5月15日提出「『晶片設計製造中心』籌設專案計畫」的構想。當時是吳老師直接向當時的國科會夏漢民主委提出CIC規劃，吳老師認為CIC最根本的精神應該為：「積體電路為產業稻米，國科會有必要加速培育研究人才。」經夏主委同意後，剛開始就只是在工程處內部編列

預算，由於吳老師時任工程處處長，自然就要一肩擔起督導與執行的責任。

為了成立CIC，還廣邀了產、學、研各界的專家學者成立「指導委員會」。產業界代表有聯發科的蔡明介董事長、鈺創的盧超群董事長，義隆電的葉儀皓董事長等專家；研究機構有徐爵民院長（當時在工研院，曾任科技部部長）；學術界有沈文仁教授（交大教授）、陳良基教授（臺大教授，曾任科技部部長）、闕志達教授（臺大教授，臺大重點科技研究學院院長），及林永隆教授（清大教授、創意電子創辦人），後來還有成大劉濱達教授加入，其功能是希望可以經由綜合大家的意見，讓CIC的發展可以符合各界的期待。

國科會在經過審慎評估後，於民國82年（1993年）1月便以專案計畫方式，成立「晶片設計製造中心」工作小組。但我是在民國81年（1992年）6月1日已先就職，成為了中心第一位的專職人員，掛職「副主任」。原因是CIC成立前要先有一段籌備時間，當時是以「籌備處」的方式先行推動工作，一開始並沒有任命「主任」，而以我當時才剛畢業的經歷可以擔任副主任，是沾了吳老師的光。吳老師找我來幫忙CIC的建立，我想可能是因為覺得我比較能了解他的理念。基本上，CIC剛成立階段可稱得上是標準的「黑機構」，意思是指雖說要成立專責機構，但實際卻是以專案計畫方式來進行，因為以當時環境來說，也有很多人對成立這個單位並不認同，想說等吳老師離開處長職位後，這個單

位大概也會因後繼無力而收起來了。在業務推動之初，往往需要吳老師的招牌來背書，有困難時，也是由吳老師親自出馬協調與處理。而當時另一個困境是難以吸引優秀人才留在CIC，因為既然是「黑機構」，許多保障均不足，無法把人才留住。CIC設置於新竹科學園區內，但CIC的業務與學術界息息相關，往往還要配合其他如：工程處電子學門、電機學門等相關學門的會議，因此我常常需要到臺北開會。在CIC期間，我跟吳老師間的溝通一直都非常順暢，由於常常要到臺北的國科會辦事，我就會開車載吳老師一起北上，或者有時候是在回新竹這段路上讓吳老師搭我的便車，這段時間裡常常車上只有我們兩個人，我就會把我的困境請教吳老師，往往就可以獲得很好的解決方案。

CIC的業務是由協助學術界取得EDA（Electronic design automation）設計軟體開始，因為EDA的軟體價錢都非常的昂貴，不是一校預算能夠採購得起；但沒有使用這些軟體，IC設計教育的推動幾乎是不可能，所以就很需要有一個中央單位來統合出錢，取得資源分享給各校，這樣不只受惠於學界，也是幫業界培育人才，對業界企業有益。

接著，CIC還要協助各大學使用EDA工具設計IC。由於TSMC、UMC只會針對不同的EDA工具提供不同的技術資料，而國內產業界每家公司都有各自的know-how，讓產業界把公司的know-how公開實有難度，更何況也就只有學術界才能取得更完整的EDA工具，因為產業界各公司只會採購自己所需要的

EDA工具，而EDA公司為滿足學術界在不同研究主題的需求，就會提供最完整的EDA工具，自然也可藉由學界的研究成果替自家做點廣告。由於當時只有交大307實驗室有這樣的技術與教學經驗，所以就將307實驗室在聯電進行「多計畫晶片，Multi-Project Chip」的技術，採用技術轉移方式到CIC，以該技術資料作為基礎，將TSMC、UMC提供的技術資料，整合到CIC提供的EDA工具，讓學術界得以在進行晶片設計相關研究之後，然後可以在台積電進行下線（下生產線）。

這樣的工作現在講起來似乎很簡單，但在當時可是首創，要「如何產生出第一個」就是最難的工作。中心初期的專職人員除了我之外，另外聘請了陳調鋌、張鈴月、王建鎮三人，還邀請307實驗室的博士班學生來傳授技術，除了從吳老師門下借調了鄭國興、呂平幸、邱進峯、柏振球等四位博士班學生，另外也找了沈文仁教授的博士班學生王文俊來支援。後來又借助國防役的機會，才招進更多的專職人員。CIC就是這樣子透過許多人協助，一步一腳印的建立。

CIC的成果都是建構在「協助學術界取得產業界使用的EDA設計工具」，有這個基礎才得以進行前瞻性晶片與系統的研究。甚至也只有經由CIC，才能將整個IC設計環境推廣到全國各大專院校，得以讓有興趣的教授都可以在這個基礎上做研究與培育人才。CIC的成果被看見後，曾經吸引像是中國大陸、日本、韓國、新加坡等國家，希望比照臺灣CIC模式在他們國內建立類似

的機構，但最後都沒有成功。而歐盟各國也對臺灣CIC的功能，紛紛表示讚賞與肯定。我認為CIC對外最重大的成果是取得國際EDA廠商，如CANEDCE、Synopsys……等EDA設計公司的認可，讓他們願意將軟體以非常優惠的價格提供給國內學術界使用。

一直到民國84年（1995年）吳老師卸下工程處處長，CIC已獲得產、學、研各界的認可與肯定。當時曾接受CIC服務的公私立大專院校已達四十多所，那時的國科會郭南宏主委（任期1993-1996年）也清楚CIC的重要性，相當支持；而繼吳老師之後接任工程處的吳靜雄處長（任期1995-1998年）在了解CIC的功能後，更新增了支援通訊領域的服務。由於國科會內部的學門相當多，最早一開始國科會都是抱持「這個單位的功能是否能達成原先訂立的目標」這樣的心態，CIC從1993年成立後，在努力持續耕耘後有了亮眼的成果，終於在民國86年（1997年）獲得國科會認可CIC所發揮的功能，才有「國家晶片系統設計中心」籌備處的成立。

「國家晶片系統設計中心」成立

為了能延續「晶片設計製造中心」的使命，在經過由產、學、研各界的專家學者成立「指導委員會」的多次討論後，替當時規劃的「國家晶片系統設計中心」（National Chip

Implementation Center, NCIC）訂定下三項業務主軸：

(一)建立IC晶片系統設計之研究環境

1.選用產業界廣泛使用之IC晶片設計軟體，整合為一致的IC晶片設計研究環境，並協助學術界安裝及維護研究環境，以利學術界進行IC晶片設計實作研究。

2.協調IC晶片設計軟體廠商，以優惠價格提供學術界使用軟體，另提供技術諮詢，方便教授進行IC晶片設計實作研究。

(二)提供IC晶片設計雛型品之實作與測試服務

1.協調國內外IC晶圓廠，建立IC晶片雛型品之實作管道，並進行「多計畫晶片」整合，降低晶片雛型品之製作成本，提供晶片實作之技術資料，以利各界進行晶片雛型品實作。

2.建立IC晶片測試設備共用環境，減低學術界設備投資，並提供IC晶片測試技術，以提升學術界IC晶片雛型品之驗證技術。

(三)進行技術交流與成果推廣

1.進行國際合作，引進國外IC晶片設計技術，並促進國內外IC設計技術交流。

2020年吳老師從教職上退休時，我（右一）跟同屆同學王進賢博士（右二）、楊宇浩博士（左二）去吳老師家與老師（中）及師母（左一）一起合影。我們307的學生跟老師的感情一直都很好，就算畢業後都還是每年會跟老師聚餐。（黃振昇提供）

2. 提供基礎性IC晶片設計及測試之訓練課程。

3. 協助學術界進行產學合作研究及技術轉移。

民國86年（1997年）7月起國科會成立「國家晶片系統設計中心」籌備處，來推動各項業務，配合各界需求，協同學術界、研究機構及產業界，進行有關先導性IC晶片及系統設計之研究。我是在以「國家晶片系統設計中心」運作時，擔任主任，任期為民國86年（1997年）至民國89年（2000年），我在民國89年6

月30日期滿後離職。

國家晶片系統設計中心的定位是在「提升國內IC晶片系統設計研究水準與培育IC晶片系統設計實作人才」。工作重點，如：

(1) 選定與IC晶片及系統設計有關之研究，推動產、官、學、研合作研究。

(2) 配合國科會之學門規劃，協助與IC晶片及系統有關之學門研究，進行晶片及系統實作。

(3) 與教育相關機構合作，針對各科系之特色與需求，規劃完善之晶片及系統設計實作課程。

印象最深的是，國家晶片系統設計中心第一次對微電子學門審核委員簡報中心新年度計畫經費需求，召集人吳慶源教授還特地對所有委員說明：「這個中心是國科會現有機構中最有意義的中心，應該要增加經費，擴大這個中心的服務。」成為極少數經費申請，不但沒被砍，還讓審核委員要求加碼的特殊案例。

NCIC的成果與影響

我們常說：「工欲善其事，必先利其器。」學校有好的學習環境，就能訓練好的學生，而學生進行的論文研究也會有較好的深度。

以現階段學生畢業後投入IC晶片系統設計領域的從業人員，在其求學階段一定使用過「國家晶片系統設計中心」提供的設計

環境，就產業界專家的經驗評估，大概可以節省半年的訓練時間，也就是節省產業界許多經費。

「國家晶片系統設計中心」成立後，我們在 IEEE 等國際知名期刊會議上看到了臺灣學術界論文的數量增加許多，因為有晶片佐證及良好的 EDA 商用設計工具，國內學術界的研究成果更容易讓期刊編輯認同，臺灣各大學教授成為國際研究機構或學會 Fellow 的人數在 CIC 成立後，也劇烈增加。國內產學合作的案例增多了，當學術界使用的晶片研究環境與產業界相同，技術移轉的機會自然增多。

正因為有專責單位，學術界才能使用最先進的 EDA 工具進行研究，才得以使用 TSMC、UMC 的製程設計 IC，因為有專責機構負責使用 EDA 工具的教育訓練，減輕教授的負擔，學校才得以教育符合產業界需要的人才；當時的「積體電路為產業稻米」這個理念在現在看來毫無疑問是遠見。

在我看來，如果不是吳重雨老師當初提倡並推動 CIC，臺灣 IC 設計產業的發展可能就不是現在這樣耀眼的光景。當吳老師認為是「對」的事情，他就會「堅持」去做，要說是「逢山開洞、逢水架橋」也好，或者說是「愚公移山」，總之只要抱持「堅持」的精神，就會有完成的一天。老師的做事態度與方式對我有很大的影響，他是我永遠欽佩的「師父」。

黃振昇簡歷

學歷
國立交通大學電子工程學系學士（1978-1982）

國立交通大學電子研究所碩士（1982-1984）

國立交通大學電子研究所博士（1984-1990）

經歷
晶片設計製造中心副主任（1992/6/1-1997/6/30）

國家晶片系統設計中心主任（1997/7/1-2000/6/30）

力原科技股份有限公司總經理（2000/7/1-2006/3/30）

智達電子股份有限公司總經理（2006/4/1-2011/3/30）

智成電子股份有限公司總經理（2011/4/1-迄今）

特別
收錄

人工視網膜研發的
跨領域合作

——林伯剛醫師訪談

紀錄／周湘雲

從視網膜移植研究開始

我1985年從國立陽明大學醫學系畢業，1987年到榮總（臺北榮民總醫院），由於是留校的助教，所以都一直待在榮總。升上主治醫師後，我的次專科是視網膜。因為認為視力可能是最重要的認知功能，而自己也喜歡照相，且眼科內外兼修，所以選擇眼科；又因為視網膜非常有趣，具有很大的發展空間，所以選擇視網膜科。又由於本身對研究一直很感興趣，也就萌生想要做視網膜移植的想法。

以前我們那個年代可以說沒有很好研究的環境，像我想要學視網膜移植研究，國內也沒有人能教我。因榮總年輕主治醫師可以出國進修，升上主治醫師後我也把握了這樣的機會，在1994年去美國紐約的哥倫比亞大學，學習視網膜色素上皮細胞移植。我投入哥倫比亞大學Prof. Peter Gouras 門下，他是世界上第一個做胎兒視網膜細胞移植的專家，主要是做色素上皮細胞移植。

我為什麼想要學色素上皮細胞移植？是因為想要解決很常見、很重要的病，叫做「色素性視網膜炎」（俗稱夜盲症）。色素性視網膜炎是沒有辦法治療的一種疾病，它的盛行率是四千分之一，也許比例可能更高一些。這樣的比例放在人口中，會發現其實人數算滿多的，或許在我們周圍裡面都會遇到有這樣疾病的人。我介紹一下何謂色素性視網膜炎，這是常見的一個先天性的視網膜退化疾病，患有這種疾病的人大概在十幾歲的時候就開始

出現夜盲的現象，也就是在光線昏暗的地方會有視力不良的情況發生，然後視野會越來越縮小，大概到四、五十歲的時候就會全盲，這種病沒有任何有效的治癒方法，只能靠視網膜細胞移植這一條路了。

　　大概是在1990年前後，我們那個時候對色素性視網膜炎的認識都還在萌芽階段，包括像是基因的影響。我到了哥倫比亞大學後，發現他們已將色素上皮細胞的移植都做得差不多了，很快要進入到人體試驗階段。既然色素上皮細胞移植已經被做完了，我就得另外再找一個新的方向。在此之前大家認為它是視網膜色素上皮細胞的退化所造成，但後來我們才知道，它是一個感光細胞上的rhodopsin的一個點狀突變。這時候我把注意力轉移到移植視網膜感光細胞上。相較之下色素上皮細胞算是很好移植，但是感光細胞純粹就是神經細胞，移植的難度可以說是超級困難。不過我認為這是一個挑戰，於是就開始投入到視網膜感光細胞的移植，這也成為了我日後多年的研究方向。

　　我在美國做研究的時期，美國的法令允許使用胎兒的視網膜細胞進行研究，當時有一個能持續提供胎兒視網膜細胞的來源的機構，他們可以拿到胎兒細胞提供給很多研究單位做研究使用，剛好就在哥倫比亞大學附近，那時候我每個禮拜都固定會去拿胎兒視網膜細胞來進行研究。至於為什麼要用胎兒的視網膜細胞，是因為只有胎兒的視網膜細胞才有再生能力，會形成突觸，已經發展成熟的細胞就沒有這樣子的能力了。

在美國期間，我做了很多胎兒視網膜感光細胞移植的研究，早期他們都是做一個細碎細胞的移植，但這樣的方式都沒有用。我就想到一個方式，把視網膜感光細胞做成片狀（sheet）來進行移植，因為我們要把視網膜細胞移植進去，首先它需要有結構，這也是我想要採用片狀移植的原因。我是第一個這樣做的人，結果竟然就成功了，而且不只成功了，我們還可以觀察到胎兒視網膜感光細胞繼續在發展、長大。我們的移植研究當然都是在動物上進行實驗，那時我們是用兔子，要把胎兒的視網膜細胞種到兔子的視網膜下腔，這個手術算是相當困難的，而且要觀察很久才能知道結果，是很不容易的事。

由於我在美國取得了初步的成功經驗，回到臺灣之後就繼續在視網膜細胞移植這條路上鑽研。結果，我們發展了片狀移植的方法，特別設計了生物膜包埋，也就是「三明治移植法」。

人體實驗的法規限制

當視網膜感光細胞移植研究初步可行，我們想要進行人類胎兒視網膜感光細胞移植，就去問了一下政府，結果發現竟然沒有任何規範可循。當時的臺灣是連人體細胞組織移植條例都還沒有出來的時代，問來問去都沒有人知道我們想要進行胎兒視網膜細胞移植實驗前，該進行什麼樣的申請手續，甚至連能不能做這樣的移植實驗也沒人知道。做了之後有沒有任何法律責任，也沒有

單位可以給我們答案。在這樣什麼都不明的狀況下，誰還敢去做呢？

早期把人類胎兒細胞拿來移植的國家是印度跟中國大陸，因為牽涉到太多倫理問題，大家對來源有疑慮，覺得太恐怖了，所以全世界很多國家都開始管制、禁止這樣的事情。我們沒有那麼躁進，就先停下腳步。

如果移植的是成人的視網膜細胞，因為沒有辦法形成突觸，就完全沒有用。前面我提到，只有胎兒視網膜有再生能力，移植後我們可以看到突觸在形成。以最近幾年很常被提到的幹細胞來說：幹細胞難以形成一個正常的視網膜感光細胞，幾乎也難以形成突觸，這是很難往幹細胞方向發展的原因。但只有突觸的形成還不夠，這些細胞上所新生成的突觸是不是能發揮作用，這我們還不知道，而且全世界也沒有人可以告訴我們。由於胎兒視網膜細胞已經禁止使用了，我們實驗也就必須停下來，當時我們已經完成動物實驗，專利也申請好了，整個方法也都弄好了，但是這條路就這樣子卡住了，而我們也不敢再繼續做。

跨領域尋求解方

當時我們就在想：有沒有其他別的方式可以取代？第一個想到的就是電子材料。簡單來說視網膜感光細胞運作首先就是能感光，然後放電出去形成訊號。那時候數位相機才剛剛問市，數位

相機是用電子感光元件取代傳統相機的膠卷——感光元件就是將光線轉變成電,透過電子晶片轉換成數位訊號,這種方式很接近視網膜感光細胞運作模式。我評估一下,認為我們的研究轉向往這條路是最有可能的,而且覺得臺灣自己就有很不錯的電子工業,或許臺灣電子工業就可以提供支持的技術。

有了這樣的想法後,我就開始尋找這一方面的研究論文,結果就發現了一些早期由交通大學(今陽明交通大學)吳重雨校長所發表,利用電路來模擬視網膜功能的文章。我又稍微找了吳校長的其他文章,發現他主要是做類比積體電路,發表過很多電子方面的研究。當時我覺得吳校長的研究很適合我們的需求,因為在我們的想法中,不管是採用植入或體外方式一定會需要有很多電路,吳校長一開始是做一個模仿視網膜外層細胞的電路,這樣的訊息就成為了我對吳校長第一個初步的印象。

當然我們也嘗試使用其他不同方法,來進行色素性視網膜的治療,像是用基因治療,這個方式還是在動物實驗階段;另外我也用中藥來治療,我們發現有一種鐵皮石斛在視網膜病變的治療上還算有效,就在我的病人身上使用。我們就是從各種不同的角度,用不同的方法去測試,但是最後發現這些方法效果都有限,對於色素性視網膜炎都無法達到治癒效果,這實在是一道很難的課題。

後來我心裡就想,恐怕還是用電子的方式最直接,就是設計一個裝置,去刺激視網膜細胞,但視網膜細胞很多,就看你要刺

激哪一個，一直不斷嘗試應該就可以有結果，所以我就開始留意這方面的研究。另一方面剛好我有二位色素性視網膜炎的病人，在差不多時間先後告訴我他們有看到一些類似人工視網膜研究的資訊；其中一位是接受中藥治療的病人，他還提到了交大的吳重雨校長有在做仿生視網膜的電路。竟然這麼剛好有二個人都提到了同樣的人工視網膜的事情，我就想這一定是很重要了，也因此讓我就下了一個非常冒昧的決定，主動去跟交大的吳重雨校長聯繫，沒想到我們很快約好了時間，我去交大的實驗室拜訪他。

吳校長主持的實驗室是國內類比 IC 設計的大本營，出了一大堆很有成就的人。吳重雨校長非常和善，見面後我就跟他談了一些我的想法，就是我們做視網膜移植遇到了瓶頸，發現這條路走不下去，所以想往電子方面尋求方法。然後看了國內的研究資源，發現吳校長有做跟視網膜功能有關係的電路研究，所以我就想這個電路或許可以補足我們的需求，是不是可以設計出一個人工視網膜晶片，然後可以幫助病人看得見。

聊完後，我們雙方都覺得這個題目方向很有趣。吳校長也很快回訪，來參觀我們北榮這邊的實驗室。經過吳校長評估後，認為我們的確可以來合作實驗，就這樣我開始跟吳校長進行合作人工視網膜計畫，只是沒有意料到的是我們這條合作之路會那麼難走，而且一走就走了二十年。

啟動人工視網膜研發計畫

其實早在我還在做視網膜移植的時候就曾看過人工視網膜的研究，我記得在 *ARVO*（*Association for Research in Vision and Ophthalmology*）上就看到有三個團隊已經在嘗試了。我印象中全世界第一個做人工視網膜的是一對華人兄弟，他們就是用最簡單的 photodiode array（光電二極體陣列）移植到貓的身上，他們應該就是全世界第一個做的團隊。但是他們後來就沒有繼續再做下去了，因為大家認為他的那個方法沒有用。

在他們之後，也開始有人進去做這一方面研究，有一個是哈佛的團隊；還有就是劉文泰教授的團隊，當時劉文泰是美國北卡羅萊納州立大學教授；然後有一個是在歐洲德國的，他們也做得不錯。關於目前人工視網膜研究的成果中，還只有劉文泰的團隊把人工視網膜做到成為能上市的產品「Argus II」，是目前唯一通過美國 FDA（U.S. Food and Drug Administration，美國食品藥物管理局）認證能上市的人工視網膜，不過幾年前也已經下市。

我去找吳校長合作人工視網膜計畫的時間點，並沒有晚劉文泰團隊開始研究的時間太久，如果說我們是受到哪個團隊研究的啟發，應該就是最早的那對華人兄弟，我們剛開始就是借鏡他們的研究，因為容易取得材料，於是吳校長就做了一個光電二極體陣列給我。

找吳校長合作，是因為我主持一個榮總跟國衛院的計畫，

由我們計畫這邊提出需求，然後請吳校長的實驗室設計出符合我們需求的晶片。我還記得一開始時，並不知道這是一件非常困難的事情，所以我們這邊還開出很高的需求，要求做到很高的解析度。我們一開始就把晶片感光單元做得很小，每一個才 20 micro，就是模仿感光細胞的大小。一個感光單元是一個方塊型，四分之三是感光區，四分之一是電極，如果沒有記錯，做出來的是 40 x40，1,600 像素。

跨界合作的困難與溝通

　　跨領域的合作，本來就都會有因為看法不同而需要溝通的地方。即使是在醫學領域裡面，不同科別的訓練方式也會不一樣，所以就算是我們眼科跑去要找耳鼻喉科或內科合作，在溝通上也會發現彼此在想法有落差，因為看的東西不一樣，很需要一些磨合；不過至少在醫學的大架構下，我們有共同語言，在溝通上的問題還不算大。但當我們跑去跟電子界合作時，發現雙方幾乎沒有交集，因為他們用的語言跟我們不一樣；從他們的角度來看，我們用的語言他們也不懂。然後我們視網膜科又是眼科裡面很偏的一科，可能連一些眼科醫師也不大懂視網膜，所以我們跟電子領域的研究人員一開始溝通當然是很有問題。

　　那一開始有什麼問題呢？問題可多了。其實人工視網膜這個概念算是滿簡單的，因為生理學上的一些常識大家還是有的；但

是進入到一些生理功能上面的溝通時，就會發現非醫學訓練的人就比較不熟悉了。而當我們面對像是光電二極體時，老實講我們醫生怎麼會懂什麼叫光電二極體，大概也只是知道一點皮毛，對它的要求、特性，要怎麼樣才會有功能其實也不是很了解；就像對學電子的人來說，他們可以知道光電二極體在電路上的角色，但是要如何真正應用到生物上，卻是有很大的困難。

　　從我的合作經驗來說，學電子跟醫學的人彼此跨到對方領域，會有不一樣要克服的地方。以下是我的觀察：

　　我覺得電子界要跨進醫學領域，會遇到三個階段的關卡。最早開始有個關卡，就是醫學裡面有太多名詞，可能有數千個名詞要記、要背，這個很難。但是過了這個障礙以後，其實第二階段，醫學本身是很容易理解的，很多就是常識，所以只要能理解意思了，會讓人覺得滿簡單的。但是進入第三階段，是要學習背後的運作機制，這些機制都很複雜，而且還都是一堆現象，常常沒有人能解釋，如何去把這些弄清楚，這就是第三階段艱難的關卡了。

　　對我們學醫的人來說，我們是一開始要進入電子領域就很困難。首先就是對那些專有名詞就不熟悉。第二是理解物理現象我們背景不足，除非真的花時間跳下去，否則物理、電子學要是不熟，還真沒辦法去理解運作機制。再下去要去做電路設計，這真的是沒學就不會了。

　　在跟吳校長的合作過程中，由於我覺得自己所知太少，就決

定跳進去學。我曾經請了二個禮拜的假，跑到交大這邊直接住進交大旁邊的一間旅館，就這樣每天進實驗室跟同學學習電路設計。我先從搞清楚元件開始，然後利用實驗室的設備，學著開始畫線、做 layout、跑模擬，很確實的將設計電路流程整個跑完一遍。最後我也做出了一個晶片，雖然是很簡單的，但可以動作。經過這樣把自己放到電路實驗室中從頭到尾把晶片做出來後，我就比較清楚他們到底在幹嘛。

其實我們眼科醫師要做的工作之多，可能是大家所想像不到的，而在眼科中我們視網膜科又算是要再更忙一些的科。像我的門診都是看整天，另外還要開刀，還有教學研究，實在真的沒有太多自己的時間，但我還是盡量擠出更多的時間去了解電子領域的東西。我的時間有限，學習過程中也有許多不足與外人道的痛苦，但我基本上相信人都是可以學習的，只要有環境，然後肯花時間下功夫。

持續不懈的研究之路

前面提到最早是我這邊的計畫，去找吳校長幫我們做晶片，然後我們就將這些拿到的晶片移植到動物上。剛開始是先植入兔子，兔子成功後就植入猴子，我們做了非常多的猴子試驗。最有趣的是，以前我們實驗用的猴子養在陽明大學（今陽明交通大學），抓猴子真是一件大事情，猴子都很討厭我們。我們進去

的時候，公猴子就開始鼓譟，他們會像囚犯鬧房，咚、咚、咚、咚，一直敲地板與拉門，製造噪音；而母猴子的反應是跪下，把屁股露出來對著我們，我們不知道這是什麼意思，大概是表示臣服吧，這是讓我印象相當深刻的事情。後來我們也在竹南一個動物試驗場進行迷你豬的實驗，豬的眼球跟人眼球不太一樣，豬眼球形狀不是球狀而是像南瓜，而且豬眼球裡面的空間不大，所以在植入試驗上，算是有點難度的手術。

這些實驗結果的驗證也很困難，因為沒有人知道動物看到了什麼，牠們也無法講給你聽。總之當中遇到了很多的問題，所以我們只能在解決各式各樣的問題中一路慢慢摸索，就發現計畫跟我們一開始的想像不一樣，其中有太多未知。

老實說有很多計畫執行可能了不起就三年期，如果沒什麼結果，大概也通常三年後大家就散了。我們的計畫進行下去之後，很多沒考慮到的東西就一直冒出來，越來越多的東西要解決就變得複雜起來。一剛開始是我們醫學這邊提出需求，但研究的過程中，我們發現重點是在「晶片」，最後還是需要解決晶片設計上的很多問題，但這要涉及的層面就更廣了，需要有其他領域的人來加入。我們研究的過程一直有很多的失敗，而且這相當燒錢，還很花人力。晶片設計好後要下線（下生產線），就要等，等完還要測試，很需要時間，沒有辦法今天弄好明天就有晶片可用，往往都要等上好幾個月。我想我們研究的時間之所以那麼長，有很主要的原因之一是要花很多時間等待。

由於我們的研究需要召集更多人的參與，並爭取到更多的經費，當時吳校長是交大電機資訊學院院長（任期2002-2006年），訓練出來的學生桃李滿天下，他又是類比IC設計的大師，地位可說相當德高望重。所以吳校長便召集起一個大型計畫，找來了很多人加入，像是當時清華大學生命科學系的焦傳金老師，現在已經是臺中的國立自然科學博物館館長。甚至後來吳校長也邀請到了劉文泰教授，來這邊做一些指導與交流，當然中間還有很多其他的人。

　　而我印象最深刻的事情是吳校長多次帶著我們去國外參訪各地的實驗室，我在這些參訪中看到了很多東西，覺得真是很過癮的事情。這樣的參訪交流，其實相當重要，因為看到對方做的東西後，就可以想未來有什麼樣合作的可能性。或許可以這樣說，如果找對人合作就成功一半了。

　　我們的計畫經費說來也不算太寬裕，當然每個計畫基本上都會認為自己經費永遠是不夠，但我們計畫在有些地方就是很花錢。例如我們的晶片要依法規送去做安全性測試，送驗的晶片依規定需有一定的量，這可不是一筆小數量，光是製作送檢測的晶片就要花費掉幾百萬，實在是非常驚人。所以我們在其他地方花錢算是都滿省的，像是迷你豬的植入實驗上，一隻豬實驗下來平均花費約十多萬至二十萬，雖然比起國外一隻豬實驗要二、三萬美金來說便宜多了，但對我們來說太貴，沒有辦法做太多隻。

　　老實講整個計畫其實面對一次又一次的失敗，以及漫長的等

待過程，但吳重雨校長還能保持樂觀的態度，表現出無比毅力與耐心，選擇不斷地找資源，想辦法堅持做下去，這真的是我很佩服他的地方之一。我可以直接說，這個計畫最核心的人還是吳校長，如果沒有吳校長，後續應該是做不下去了。

克服關鍵供電難題

我認為我們的人工視網膜計畫有兩個最重要的關鍵難題，第一個關鍵就是我們想要用無線充電的方式；第二個關鍵是改善電極功能。

使用無線供電。那時劉文泰教授的Argus是以電線供電給視網膜上的晶片，這種方式需要開刀將兩條電線穿過眼球，再以RF線圈間接供電。這樣增加了手術的複雜度，也容易有眼球感染發炎的風險。當時我們想那就來試試看無線供電吧，結果發現要做出來實在夠困難。

我們在無線供電的這個部分，曾考慮過利用RF無線供電，還曾想過relay，結果因為RF效率也不高，而且天線太大，方式都不合適。當然科技不斷推陳出新，也有很多方法可以縮小線圈，但我們晶片的範圍實在太小，在有限的面積下無法提供所需的電力，如果照原來的設計會有電力不夠的問題。於是我利用視覺暫留的現象提出了「分區供電」的想法，所謂分區供電就是把供電分成多個小區塊，把所有的電一次就只集中在某一區，然後

下一個時間點刺激另外一區，用輪流供電方式進行不同小區塊的刺激。好處是將電流一次集中在一個小區域所需的電力很省，而且視覺暫留分區刺激的方式並不會影響到我們看影像的效果。

這個分區供電其實是很簡單的概念，但是早先開始下去做設計之後，曾經被認為是不可能做得出來。不過就是一句老話「事在人為」，有人不信做不出來，就不斷嘗試、修正。很高興我的這個分區供電的想法能被成功的做出來，這是我們成功的關鍵之一。解決供電問題的下一步就是最佳化光電二極體效率。在吳校長的擘畫下，光發電之效率一步一步提高，終於達到以紅外光無線供電下，使用環境光，便可推動感光元件輸出電源，而成功刺激神經節細胞。我們同時使用二束光，一束是提供給視覺使用的環境光源，產生刺激細胞的電流；另一束是無線供電用的紅外光。我們把多層紅外線濾膜鍍在晶片的影像感光區上，做到紅外光無線供電時，同時讓眼睛可看到外界影像而不受紅外光干擾，這個部分也相當重要。

第二個關鍵是電極的問題。重大的問題包括電極材料的電量傳供能力、電極的生物相容性與電極腐蝕。供電造成的晶片溫度上升雖然一直是個課題，但是在我們這個晶片電量很低，所以溫度不是問題。計畫找了日本奈良 NAIST（Nara Institute of Science and Technology，奈良先端科學技術大學院大學）Ohta Jun 教授的實驗室合作，他們在電極與鍍膜技術上有很重要的研發，有他們的合作來解決我們電極的問題，這也是非常重要的關鍵環節之

一。

　　我們整個人工視網膜計畫涉及的技術相當複雜，尤其晶片要能做出來，需要很多像是在材料、製程等等上面的步驟，真的就是一直在失敗中修正，可以說我們走的每一步都很重要。

生醫與電子合作的里程碑

　　人工視網膜的研究主要的發展是在歐美，最重要的領先技術是在美國，因為他們起步早，資源、人才充足，有足夠的研究經費，做到了全球第一個完成人體試驗，成為能上市的產品。如果從美國的發展來看，我們臺灣的環境與條件落後很多。

　　我們是臺灣最早進行人工視網膜研究的團隊，回想最初我認為這個計畫大概三年就夠了，沒想到竟然跟吳校長合作長達二十年，我想臺灣應該也很少有研究計畫可以如此長壽。跟吳校長多年合作下來，我認為吳校長最讓人欣賞的特質就是寬厚、好溝通。吳校長很 open mind，而且很友善，他首先都是肯定你，給你機會，而且他很會溝通協調，還能夠把不同領域的人召集起來，大家分工合作解決不同的問題，這是他相當大的優點，加上吳校長很擅長找資源，才能讓計畫可以一直持續下去。

　　現在我們終於即將有望將進行人體試驗。雖然十年前就已經在講有望進行人體試驗了，但到現在還未進入到人體試驗階段。從人體試驗到上市又是另外的一大段路要走。我們團隊對於未來

研究的想法，就是如期進入人體試驗，並且持續改進解析度。

　　如果要我自己來給這個計畫團隊一個評價，我認為這是臺灣生醫與電子合作上的一個里程碑。我們是臺灣第一個投入人工視網膜研發的團隊，成員都是臺灣人，主要的實驗室也是在臺灣，代表著我們本土可以從頭到尾不假外力，在高階植入式生醫電子領域中自主研發，自製出人工視網膜晶片，幫助患者恢復視力。我認為我們人工視網膜研究計畫之意義，就是證明臺灣生醫電子領域具有巨大能力，將對人類福祉做出巨大貢獻。

林伯剛簡歷

現職
臺北榮總眼科部視網膜科科主任
國立陽明交通大學生醫電子轉譯中心（BETRC）研究員
國立陽明交通大學副教授
國防大學教授
臺灣發光科學學會理事長
TWEMBA 社團法人台灣生醫電子工程協會理事長
學歷
國立陽明大學醫學系畢業
國立臺灣大學電機資訊學院生醫電資研究所博士

經歷

臺北榮總眼科部總醫師

臺北榮總眼科部視網膜科主治醫師

美國紐約哥倫比亞大學研究員

2021國家新創獎

特別
收錄

求知若渴、謙遜為懷

———我所認識的吳重雨校長

口述 / 李鎮宜 （國立陽明交通大學副校長）
整理 / 吳玉愛 （國立陽明交通大學圖書館校史特藏組組長）

初時印象

我出生成長於中臺灣農村，1978年進入交大大學部就讀，至今仍清晰記得當時的學號是670205，67表民國紀年，02代表電子工程系。當時是在博愛校區，對交大的第一印象，就如同很多資深校友說的「從前門看到後門」。在校四年，最重要的應該就是培養出革命情感。從臺灣各區域來的學生，居住在這樣一個環境，在同一宿舍度過四年時光。一起打球、梅竹賽一同呼喊「交大必勝」，累積起來的情感，對日後在各行各業的校友有相當大的凝聚力與向心力。

大學時有修過陳茂傑、吳慶源老師的課，最出名的還是陳龍英老師的電子學。那時候吳重雨校長快拿到博士學位了，在研究所有教一點類比電路設計的課程。吳校長應該是國內從固態領域開創類比電路的開山祖師，過去《天下》雜誌就曾報導，工四館的307實驗室，帶領產業界在積體電路設計有傑出的表現，甚至很多實驗室出來的學生，到目前為止在國內IC設計領域仍扮演重要角色。當年要考研究所相當不容易，因為你須與來自全國的競爭者競爭，例如臺大電機系的畢業生；學長、姊如考上，會聽到放鞭炮的聲音。在那個年代，從交大電子工程系到電子研究所，不論在國內、國外，半導體製造或IC設計領域都扮演重要角色，甚至有高度的國際能見度。

治學嚴謹，為電子所及IC產業奠基

1984年我赴歐留學，1990年取得比利時魯汶大學電機博士學位，1991年2月回到交大電子工程系任教。剛進來時，在博愛校區待了半年。那時候電子所所長是吳重雨，系主任是任建葳老師。當時的模式以所為主，大學部由系主任擔綱。後來教育部修改相關政策，改變成以系為主。

我對吳重雨校長有幾件深刻的印象：一、他把系所經營得非常好，每年尾牙聚餐時，所有老師帶眷屬一起參加，整體運作氛圍非常好。這也是為什麼電子系、電子所一直維持著非常好的傳統。除了學術研究有我們自己的特色，老師也很投入教學，建立自己的特色，這些特色並且擴展至其他學校。二、吳重雨校長治學非常嚴謹，對學生，從基本學理，到特定主題提出新的方案，甚至你要透過電路實作做量測、驗證等等。這也是後來為什麼吳校長當時借調國科會工程處當處長，去極力推動IC設計這個環境的建置，實際上是有關聯性。臺灣在整個IC設計產業到目前為止還能維持全世界排名第二，實際上也是跟當時的規劃有密切關聯。

吳校長本身不僅研究做得非常好，也有他的視野。他不僅在交大，也從整個國家的角度思考，如何把良好的教學與研究環境擴展至其他學校，後來才會有所謂的CIC（Chip Implementation Center，晶片設計製作中心），他就是去把整個教學與研究所需

要的軟體的環境建立起來。此外，也跟晶圓廠開始合作，讓學校這邊所設計出來的不只是一個漂亮的圖案而已，還能送到晶圓廠去製作，製作回來的晶片讓學生再去做量測。如此行之，三十幾年下來為臺灣IC設計培養非常多優秀的人才，也讓臺灣IC設計產業在世界上扮演重要角色。吳重雨校長在背後所扮演推動的角色，是很令人感佩的。

傳承交大風格，凝聚團隊向心力

一個教學單位，不論是一個所或一個系，如果一開始就能建立一個好的機制及運作的氛圍，對系所的影響非常大。當然這都是傳承。比如說，吳校長師承吳慶源。應該說從1958年成立交大電子研究所，從國外找人，到1964年成立電子工程學系，所找的這些優秀的老師，他們不斷為系所貢獻，建立非常好的制度。在每個階段，基本上都有老師願意站出來，去做這樣的傳承，也幫系所建立非常好的制度。所以這個部分，我覺得是交大很好的資產，也跟其他學校有很大的差異。

不同的領域，有時會因為資源的分配，造成彼此之間不太容易做緊密的合作。但在電子所、電子系，基本上對外都是形成一個團隊。原本電子研究所，比較偏向固態領域（半導體製造），設計是從吳重雨校長帶出來的，比較建議有團隊合作的機制。所以我回來的時候，不論是在所或系上，大部分是以一個team在

2006年4月8日電子系友會成立大會，吳重雨（左五）、李鎮宜（前右一）。（吳重雨提供）

運作。那時候大家都覺得不論是電子研究所或電子工程系，實際上是國內半導體的龍頭。我們一直希望如何能招收國內優秀的學生，結合交大在半導體的能量，可以站在世界一個領頭羊的角色。所有系所的同仁，包含學生，大家都有這樣一個共識，向心力非常強。每年尾牙時，好像是一個大家庭，不只是一般用餐而已，小孩也會出來表演，非常熱鬧。

電機資訊學院推動國際化

吳校長雖是本土的博士，但在國際化部分，他有他相當廣大的視野。當他出任電機資訊學院院長後，便一直在推動國際化。吳校長本身在國際學術上有他的影響力，當時在推動比如說電

資學院跟國際知名大學的交流實際上是非常重要，例如與UIUC（University of Illinois at Urbana-Champaign，伊利諾大學香檳分校），這也影響到後來交換學生制度的建立，甚至也推動與Berkeley合作。這是吳校長當電機學院院長期間，透過他個人在學術界的人脈去推動，對交大有相當長遠的影響。後來當然有些要持續推動，基本上需有相關配套機制，才能持續有所進展。至少現在來看，UIUC仍有持續，與UIUC的合作也有推展到其他學院，這也是吳校長所建立起來的基礎。

與國際的合作，我覺得滿重要的是我們希望得到甚麼，或者是說從學校的使命來看，我們希望帶給老師、帶給學生的是甚麼。所以在過去這段時間，因為有建立這樣的機制，可以讓學生去感受到。在以前的交大，現在的陽明交大，我們所擁有的資源，學生的素質，實際上並沒有輸給國外一流的大學。我們怎麼樣能夠去激發老師、激發學生，站在國際舞臺，去發揮我們的影響力。剛好疫情這段時間，全世界大概都知道臺灣的半導體，我相信這應該都有一定的關聯性。我想這大概是先從吳校長在當電機學院院長所建立起來的基礎。

當時在推動國際化的過程，實際上也不是那麼順暢，校內還是有一些反對的聲音。但是吳校長本身有相當的一個堅持，對學校長遠的發展，只要是有幫助的，即使會有不同的聲音，他還是會排除萬難，持續往前走。這是我看他從電機資訊學院院長，就看到他有這樣的堅持。這可能也反映出為什麼他治學嚴謹，對於

實驗室學生的要求嚴格等等。我相信在過去三、四十年來，他的實驗室的學生，之所以能夠在學術界或產業界扮演非常重要的角色，這應該跟他的人格特質有非常密切的關聯。

執掌交大，積極前瞻與外界合作

吳重雨校長任期是 2007 年 2 月至 2011 年 1 月。我是 2003 年至 2006 年 7 月當系主任。當時覺得當系主任很累，想休息，覺得過去一段時間，系所合一，要處理電子系、電子所系務，學生人數加起來超過一千人，很辛苦。2006 年 8 月開始請休假一年，吳校長那時確認遴選上，就打電話問我是否可以來研發處協助校內推動尖端研究及跨領域合作部分。那時想也許是人生的另外一種嘗試，也沒有考慮太多，就答應了。大概只休息了二、三個月，就開始要去做一些籌備佈局了。

當時吳校長一直希望透過與國際頂尖大學的合作，提升交大的國際能見度。那時候不管是跟 Berkeley 或 MIT，都有非常密切的關聯性。我們甚至有邀請 MIT 的舒維都教授（Prof. Victor Zue），他是 MIT 一個實驗室的主持人，我們那時定位交大應該就是臺灣的 MIT，希望在特定議題能有合作機會。我們也加入他們一些學術性的會員，也收到一些相關的訊息，然後去了解如何強化學術研究的成果，讓這樣的成果在國際學術界或產業界，發揮更大的影響力。

我們跟MIT合作時，MIT有些老師私底下就跟我們說，如果你們有用中國製造的一些設備，就要非常小心他們有backdoor（後門）問題。這個議題，在國外他們應該是很早就有看到。臺灣的業者在做這些，基本上不會想到這麼多，民主世界跟共產世界的思維是不一樣的。共產世界到最後是要去管控，任何設備出去後，都會從後門去蒐集一些資料，這是2008年時的事情。臺灣真正有比較考量資安議題，也差不多是這幾年的事情，這是讓我印象比較深刻的。

另外，那時我們也在思考是不是也應該跟國內的大企業有更多的合作。所以當時有推動「鑽石計畫」，其中最成功的案例就是廣達。我們有邀請林百里董事長，那時候廣達已經在改變經營模式了。所謂改變經營模式，不再是提供給美國的系統廠商，讓他們去組裝最後的資料中心，或是雲端所需要的伺服器；他們實際上已經跳上雲端，直接跟最終的。比如說，早期大概是它賣給電腦的廠商的品牌，例如有戴爾、HP，HP再把這些伺服器賣給像Google、Amazon等。廣達實際上就直接跳過中間HP、Dell等，直接跟終端需求這邊有更緊密的合作，這樣他們就比較知道原來你們最終的市場端，需要甚麼樣的規格，需要甚麼樣的軟硬體的整合。

產業界是競爭非常激烈的，你如果永遠都只是一個跟隨者，當然就沒有辦法爭取到主流的市場。你若能夠更往前看，就像我們過去跟Stanford大學的合作，就可以了解到為何NVIDIA的晶

片，現在市值可以突破一兆。因為他很早之前，就已經看到資料所帶來的一個商機，這個商機剛好是他們晶片最能夠去發揮。所以，必須要能夠去洞察先機，不管是在學術研究或產業的發展，能夠去跟國際合作或產業這邊，你會發現你這個研究的成果，它對於學術或產業的影響，它的impact實際上是更大。

吳校長任內始終支持與外界的合作，研發處就是思考如何來落實。吳校長亦充分授權，讓我們從學校整體的戰略思維，再到具體的行動方案。這行動方案，出來就是落實到各個學院、研究中心，剛好當時也配合五年五百億的方案去推動，當然不只是在工程、理工方面，也有文、法方面。譬如那時就有推動比較大的、南向、客家方面的研究，客家文化在世界上是非常獨特的，當學校的校長，基本上要考量到各個領域，不能偏頗。

吳校長的個性平易近人，與部屬關係亦師亦友，他跟之前的張俊彥校長風格迥異。我記得當系主任時，有一次被張校長叫到校長室，他說：「今天如果電子工程系的排名在聯考往下滑，你就必須負起所有的責任，你就必須要採取甚麼樣措施……」，那是讓我終身難忘的。那時就要求說，你必須要去分組，把電子工程系怎麼拆，你才能夠讓系的排名能夠提升，否則你就要承擔所有的責任等等。我接收到這樣的目標，大概就思考要如何落實，這個落實又不會讓系所老師反彈。那個晚上我沒有睡著。但至少我們想出了一個方式，這個方式後來臺灣各個大學都在用，各個系想要爭取排名的時候也在用。就是把它分成類似甲、乙組，課

程的內容基本上是維持一樣，這樣對於老師在系所內的教學就不會受到影響，學生本身也不會受到影響。

那時甲、乙組的課程是一樣的，唯一不同的地方，那時就參考醫學院裡醫學系，有所謂公費生、自費生的概念，所以你有多少的名額是進來後可以出國的。我們就是用這樣的一個方式，去把它分成甲組、乙組，所修的課程是一樣，不同的是：甲組進來的學生，基本上他符合一些條件就可以直接出國；乙組的學生，只要成績達到某個一定的水準，也修過一些相關的課程，也可以出國。推出後那年招生，有符合我們的期望，甚至排名還往前。隔年開始其他的學校就開始模仿，像現在的學校裡頭，又分好幾組，例如電機系有甲、乙組，他們希望要有某一組聯考的排名能夠在前五名以內。

當時因為被張校長 push，就會去思考，在這麼多客觀條件的限制下，你如何提出一個方案，不是只有系主任說好就是可行的，你還要有全體老師願意來背書。如果你今天提出的一個方案，只是迎合校方，但是系所的老師不願意支持，你根本沒辦法去落實。所以這是在那個時代，吳重雨校長在當院長時，也支持這樣一個方案。

同樣的，後來進入到研發處，我們就在思考如何透過國際交流，讓更多優秀國際學生進來就讀。從某個角度而言，也是提升交大的國際能見度，甚至是它的影響力。最近有一位捷克的市長不也是來臺灣唸書的？他就會去感受到臺灣的種種。國際化的部

分，不只是過去的交大，現在的陽明交大，其實臺灣各個學校，甚至全世界，大家都在想辦法吸引更多國際優秀人才。以現階段來看，我們學校的優勢還是在半導體，這不是我們自己講的，是全世界不管是政府，或是學術研究單位已經認可的，臺灣、陽明交大在這方面，基本上就是有打下非常好的基礎。

調和鼎鼐，推動國家型研究計畫

交大從2000年開始，便持續在推動國家型半導體相關計畫，起初有矽島計畫，由張俊彥校長主持。之後吳重雨校長先後主持過NSoC國家型計畫、奈米國家型計畫。這代表吳校長除了專業知識受到肯定外，協調能力亦備受肯定。因為國家型計畫是跨部會的，你要有這方面的行政能力去做跨部會的協調。我一直覺得，交大本身在半導體方面，不管是在人才的培育或在研發的能量都非常扎實。可是它實際上是累積起來的，所以能在國家重點產業發展過程，扮演重要的角色。

若要我用幾個字來形容吳校長，基本上像 APPLE 賈伯斯（Steve Jobs）有一次在 Stanford 大學演講，他鼓勵年輕人要 "Stay hungry, stay foolish."，實際上您如果有跟吳校長接觸過，基本上可以感受到他真的有這方面的特質，這個特質實際上就是一個領導人才。我一直找不到適當的中文來呈現這兩句話，有些把它翻成大智若愚，但我覺得那跟賈伯斯所想要表達的還是有些落差。

Stay hungry，代表說實際上你一直都在學習，你不要覺得很自滿今天已經在某個位置，那你覺得你的專業、你講的都是對的，但整個科技的進展非常快速，所以你對於科技的知識，真的是要謙遜，因為一直都會有比你更具特定能力的人，表現得更為突出。就像今日的 AI，每隔一秒鐘也許就有一個更好的神經網絡模型出來，所以會拿來勉勵 Stanford 大學的學生，你要能夠持續不斷的精進，表現出來的實際上真是要比較謙遜一點，讓人家能夠感受到你是平易近人的處事方式。之後，你可以成為一個領導人，帶領非常優秀的人才成為一個團隊，共同來做一件偉大的事情。

再談半導體2.0

交大這麼好的一個環境，有這麼多優秀的同儕，彼此之間相互砥礪，然後去成就。當然因為畢業之後，每個人因為他自己的職涯規劃，有些到產業，有些到學術界研究單位，甚至到政府部門等，但大家都可以善用他們的專業知識，都有各自發揮的空間。可是我要強調的是，半導體的部分，其實它是一個團隊，才能夠去形成。如果大家有看半導體的故事，最近比較夯的是《晶片戰爭》，但是之前，實際上20到21世紀的時候，也有一本書叫 Crystal Fire（《矽晶之火》），它把半導體從最基礎的理論，到形成全球性的產業，作非常完整的一個描述。它背後實際上是累積非常多諾貝爾獎的專業知識，所以這也是大家在談半導體產業，

通常不太可能是由單一國家或單一個人就能夠去成就。它必須是跨國、跨領域的合作，才能形塑這樣的產業出來。

這實際上也回到施振榮學長他所提的，他現在一直在強調王道精神，現在他本身、學校也在推動所謂的半導體2.0。半導體2.0，基本上它的一個概念，剛好有點類似王道精神。當我們在推動新的學術與產業聯結時，它已經變成是一種所謂共創加乘的效益了，已經不像早期學校培養人才，再進入到產業界，這當然還是其中一部分。今天在推動半導體相關計畫的時候，要善用業界的資源。

以台積電而言，它一年的資本支出，已經是臺灣科研經費的好幾倍。所以在有限的經費下，若不善用業界的資源，永遠不可能做得比業界好，也就不可能帶動產業界再持續地往前走。所以這個部分，所謂王道精神，用這樣的方式最後建構一個平台，大家只要在這個平台上面，都能享受到共同努力的成果，而不會只是某一個獨享。這大概就是未來在推動科技產業的時候，會走的方式。

吳校長現在也非常支持學校現在要推動的半導體2.0，要怎麼樣形成一個產學共創的氛圍，建構這樣一個平台，這裡面當然就包含國際合作，與產業之間更密切的互動。有這樣一個好的平台建立起來，以後不管是老師在這個地方做研究，或是我們所培養出的優秀人才，對於他們未來的發展，絕對是很大的助益。

樹立無私典範貢獻社會

2011 年吳重雨校長卸下校長職，同仁們深感不捨，覺得四年實在太短，但也尊重遴選機制。我相信吳校長當初應該也有他自己完整、理想的藍圖，想要逐步推動與落實。如果當時能夠有再四年的機會，也許我們今天所看到的，會是一個不一樣的局面。

在校內，吳校長從資源的分配，到各學院、各個系、各個中心，這一個部分應該是大家有目共睹的。基本上不會把資源只是給特定或獨厚哪些單位。我跟他共事，看到他這樣子。學校本身最重要的就是人才培育，以及如何把累積起來的學術研究成果，能夠推廣，不管是在學術界、產業界，或者社會各個層面，能夠讓大家去感受到，這是學校它的一個使命，它的一種社會上的貢獻。我覺得這部分，吳重雨校長過去擔任交通大學校長的這段時間，實際上是做出相當好的一個典範。

在國際部分，因為他善用他在國際學術的人脈，也把交大聯結到國際知名的學校，也因此讓交大在國際上有它一定的評價。他也一直鼓勵學校老師，多參與國際學術活動，比如說 IEEE，因為這是電子電機領域全世界最大的組織，他希望讓老師，除了增加個人能見度，也可以去提升學校的國際能見度。我覺得吳校長這一輩的，應該還是會想要傳承。我們在這個位置上面，都是短暫的，一個學校的影響，才是長遠的。我們在短暫的行政職務上面，能夠對學校、對社會、對國家做出甚麼樣的貢獻才是最重

2023年9月4日李鎮宜(右)與吳重雨(左)合影。(李鎮宜提供)

要的。吳校長在交大的環境學習、成長,一直到拿到博士學位,他所看到的、所經歷到的,應該會有深入的感受。

飲水思源,代代花蕊代代栽

吳校長與我都是鄉下小孩,至今仍保有純樸的田野氣息。吳校長在東石、採蚵地長大,我則是在虎尾的農村。小時候我要幫忙種田、養豬餵豬,常期待豬隻長得快一點。記得每學期要繳學費時,還要灌水,一直餵豬喝水,算豬隻是否秤到足夠的重量可以賣出;此外,還有許多趕鵝、趕鴨去田邊吃草的有趣回憶。這

些年我能夠學有所成，並在學術界貢獻己力，除感念父母恩澤，也思及上一代、上上一代他們的努力，造就了今日臺灣進步的環境，接下來就是傳承與交棒。

陽明、交大合校後，我重回行政管理職，除督導學務處與熟悉的半導體及生醫晶片等領域，更多了SDGs永續議題及淨零碳排等新任務。這幾年看到我們所培植年輕優秀的團隊，例如六燃計畫、西田社布袋戲計畫及愛盲有聲雜誌計畫等，在永續行動獎項大放異彩，除感欣慰，也期許他們有一天能站上國際舞臺。相信吳校長與我，以及許許多多的校友們，都有相同的理念，希望在前人累積起來的成果及我們所建立的基礎上，交棒與栽培年輕世代，讓臺灣這一塊絕美之島，持續發光發熱。Let's keep moving forward！

李鎮宜簡歷

現職

國立陽明交通大學副校長

國立陽明交通大學電子研究所教授

聯發科技教育基金會董事

學歷

國立交通大學電子工程學系學士（1978-1982）

比利時荷語魯汶大學電機碩士（1986）、電機博士（1990）

經歷

國科會科技權益委員（1996-1998）

國科會晶片設計中心主任（2000/8-2003/7）

國科會微電子學門召集人（2003/1-2005/12）

國立交通大學電子工程系主任（2003/8-2006/7）

國立交通大學研究發展處研發長（2007/2-2011/1）

國立交通大學台聯大系統副校長（2010/4-2011/1）

國科會智慧電子國家型科技計畫共同主持人（2012/1-2016/12）

新創公司共同創辦人Bomdic（2012）、Grain5（2014）、AiN（2016）、CyteSi（2017）

行政院科技計畫評議室首席評議專家（2017/5-2019/5）

應廣科技獨立董事（2018/10-2021/3）

經濟部工業局產創平台審議委員（2020/1-2021/3）

ITPC member, ISSCC（2005-2006）

ITPC member, ASSCC（2005-2014）

ITPC member, DATE（2006-2008）

ITPC member, Symposium on VLSI Circuits（2011-2015）

特別
企劃

307 實驗室 Witness Seminar

主辦／國立陽明交通大學圖書館
紀錄／周湘雲
逐字稿聽打、校對／曾淳芳、周湘雲
文字複校、編輯／貢舒瑜
攝影／嚴銘浩（Martin Yim）
會議影音整理／李旻珊、蕭蕙崎

1. 內文口述文字紀錄為符合出版文本閱讀之流暢度，已經由編輯斟酌
   刪減發言者口語中部分無意義的發語詞、贅詞，並取得發言者確認
   發言內容的正確性。
2. 內文以括號、註腳方式進行補充說明。
3. 與會發言者有權決定個人發言內容是否出版公開。
4. 與會者簡介資料，時間為至 2022 年版。

307實驗室 Witness Seminar 規劃說明

一. 會議目的

1. 何謂「Witness Seminar」

Witness Seminar（本會議稱為「見證歷史研討會」）是口述歷史的形式之一，一般口述歷史是以個人訪談為主，Witness Seminar則是以邀請特定領域或特定事件之相關參與對象齊聚，對特定事件進行回憶、討論、互相評論，以呈現特定事件的多元樣貌。Witness Seminar此形式是於1986年，由當時英國倫敦大學國王學院「當代英國史研究所」（Institute of Contemporary British History，ICBH）開始發展，並獲得其他機構的運用。[1]

2.「307實驗室」簡介

吳重雨教授於1980年在交大博愛校區實驗二館的走廊上開始創立起來，實驗室一直都未有正式名稱。直至1991年搬遷到交大光復校區工程四館後，於1992年始取得307空間使用，才正式命名為「積體電路系統實驗室」（現名為「奈米電子與晶片系統實驗室」），又暱稱為「類比IC實驗室」（Analog IC LAB，縮寫 ALAB），同學之間慣稱為307實驗室、阿拉伯實驗室（來自於縮寫 ALAB）。

307實驗室是全臺灣第一座類比IC實驗室，聚焦的領域是在MS（Mixed-Signal，混合訊號）IC、RF（Radio-Frequency，無線通訊射頻）IC之類比IC範疇。基於共享研究設備，協助新進教授能快速投入研究，以及發揮團結力量大共同申請整合型研究計畫，1990年以後，吳重雨教授開始陸續邀請多位相關研究領域的教授加入（最早加入的有吳介琮教授、吳錦川教授），擴大

---

1 臺灣於2011年由成功大學醫學院所舉辦的「見證歷史（Witness Seminar）：免疫學在臺灣」口述史研討會，是臺灣首次結合免疫學與醫學史使用Witness Seminar方式，並留下出版紀錄，周湘雲、許宏彬編，《見證歷史(Witness Seminar)：免疫學在臺灣》。臺南市：國立成功大學醫學、科技與社會研究中心，2013。

307 實驗室規模。現今307 實驗室由多位老師研究群合作組成，是首屈一指的大型研究團隊。2000 年之後，實驗室發展重點擴展到類神經網路方面研究，吳重雨教授於2011 年在交大推動成立「生醫電子轉譯研究中心」，該中心為307 實驗室的開拓延伸，以跨入醫學領域取得合作機會，而原307 實驗室仍持續類比IC 研究。

吳重雨教授在307 實驗室培養出多達二百多位博、碩士（該人數僅為吳重雨教授的學生，尚不包含307 實驗室其他教授之學生），307 實驗室實為臺灣IC 設計產業的人才培育重鎮。由307 實驗室所訓練出來的眾多畢業生，紛紛進入業界、學界深耕，位執牛耳，可謂307 實驗室在臺灣IC 設計發展歷程中扮演著極重要的地位。

3. 目的

本次307 實驗室Witness Seminar 將以實驗室創立者吳重雨教授作為出發點來進行討論，邀請對象為早期進入307 實驗室的教授，以及多位不同時期師從吳重雨教授的畢業生（現服務於業界、學界），來進行主題式對談。目的在於補充吳重雨教授對於307 實驗室的回憶，希冀一併紀錄下307 實驗室其他教授的研究發展成果，替307 實驗室的師生留下歷史紀錄。

307 實驗室蓬勃發展至今超過四十年，不只在臺灣IC 設計產業具有重要性地位，也是臺灣IC 設計產業史的見證。本次307 實驗室Witness Seminar 雖尚不足提供307 實驗室發展全貌之討論，但希望能經由吳重雨教授發展的觀點出發，作為其他相關參與者以及有興趣之研究者的參考資料，盼日後能引起進一步的分享與回饋，以替307 實驗室留下更多資料，展現其發展全貌，實為臺灣高科技產業發展史中別具意義的重要史料。

二.對談主題與議程規劃

日期：2021年9月25日（星期六）
地點：陽明交大光復校區工程四館113致遠堂

場次時間	主題	備註
11：30-13：00	用餐與報到時間	
13：00-13：05	會議說明	周湘雲
	主持人：吳重雨教授	
13：05-14：40	1.實驗室建置	發言人：呂平幸、邱進峯
	2.如何選擇研究題目與研究方向？如何申請整合型計畫？	發言人：柯明道、鄭丞翔
	3.老師的加入	發言人：吳介琮、吳錦川
	4.訓練學生的方式	發言人：姜信欽、謝志成
14：40-14：50	休息時間（大合照）	
	主持人：柯明道教授	
14：50-16：30	5.學生分享不同時期的實驗室學習狀況（80、90、2000年代）	發言人：王進賢、王文傑
	6.學生找工作歷程	發言人：黃弘一、王文傑
	7.跟國外實驗室展開國際合作案	發言人：王文傑
	8.307實驗室對產業的貢獻	發言人：黃振昇
16：30-17：00	意猶未盡討論時間	

三.與會人員

實驗室創辦人：吳重雨教授
307實驗室教授：吳介琮教授、吳錦川教授

吳重雨講座教授指導畢業博士
簡表（依照畢業年分排次）：

作者	博士論文名稱（中文）	指導教授	畢業年月（民國）
王進賢	新型互補式金氧半超大型積體邏輯線路之分析，設計及應用	吳重雨 蔡明介	77.07
黃振昇	互補式金氧半場效電晶體邏輯閘之時序模式及自動化電晶體尺寸設計之電腦輔助設計程式	吳重雨	79.06
柯明道	互補式金氧半暫態鎖住效應及晶片上靜電放電保護電路之研究	吳重雨	82.08
黃弘一	新型互補式金氧半差動邏輯電路之設計與分析及超大型積體電路之應用	吳重雨	83.01
呂平幸	新型互補式金氧半高頻放大器之設計與分析及其在高頻類比濾波器之應用	吳重雨 蔡明介	83.05
邱進峯	利用多射極雙載子接面電晶體設計製作互補式金氧半類比矽仿視網膜系統及其在影像處理之應用	吳重雨	85.07
謝志成	新型紅外線偵測器陣列之低溫互補式金氧半電流讀出積體電路設計與分析及其在熱影像系統之應用	吳重雨	86.07
姜信欽	以雙載子接面電晶體為基礎之矽仿視網膜分析與設計及其在影像邊緣萃取和運動物體偵測的應用	吳重雨	87.07
王文傑	K-Band傳收器之互補式金氧半前端關鍵積體電路設計與分析	吳重雨	98.06
鄭丞翔	應用於人體癲癇與帕金森氏症治療之互補式金屬氧化物半導體積體電路系統單晶片與閉迴路神經調控系統設計	吳重雨	107.08

主辦方列席：

• 黃明居館長（國立陽明交通大學圖書館）
• 吳玉愛組長（國立陽明交通大學圖書館校史特藏組）

四.參考資料

吳重雨講座教授研究主題領域及指導畢業博士人數紀錄表：

時期	研究主題領域	畢業博士人數
1980-1998	電晶體元件、製程與數位積體電路	11
1985-2004	類比積體電路	8
1990-2011	類比積體電路－類神經網路與仿生視網膜/耳蝸	11
1992-2011	類比積體電路－射頻(3 GHz-100 GHz)積體電路	10
2008迄今	植入式類比積體電路與系統晶片	9
	總計	49

◆上半場發言紀錄

周湘雲：各位老師、各位學長，非常感謝大家能夠在一個禮拜六的下午前來參加這個研討會。先跟大家報告一下，圖書館有一個「交大卸任校長口述歷史專書出版計畫」，我們計畫已經完成郭南宏校長、鄧啟福校長的口述歷史專書，今天我們準備了鄧啟福校長口述歷史專書要致贈給各位，在紙袋裡面，給大家參考一下。目前計畫正在進行的是吳重雨校長的口述歷史專書訪談部分，這也是促成了這個研討會之所以舉辦的原因。

在進行跟吳校長的訪談過程中，我們發現307實驗室不僅僅是吳校長個人研究生涯的起點，它其實也具有以下特質與意義：一、是全臺灣第一座類比IC（Integrated Circuit，積體電路）實驗室。二、訓練出來的眾多畢業生，對臺灣IC設計產業發展發揮出重大貢獻，307實驗室在臺灣IC設計發展歷程中扮演著極重要的地位。三、307實驗室發展到現在，很難得竟然已經超過四十年，現今307實驗室由多位老師研究群合作組成，是首屈一指的大型研究團隊。綜觀來說，307實驗室不只在臺灣IC設計產業中具有重要性地位，也是臺灣IC設計產業史的見證。

在很多坊間的報導與業界口中，307是一個口耳相傳的「傳奇」，也是「批踢踢」（PTT，即批踢踢實業坊，臺灣使用者眾多的一網路電子布告欄系統）上有很多學生在詢問如何進307的熱門實驗室。但這樣的一個重要實驗室竟然沒有留下任何紀錄，想想也實在是一件非常可惜的事情。有幸這次在跟吳校長請教之下，也在吳校長的大力支持下，促成了這次307實驗室見證歷史研討會得以實踐。Witness Seminar是口述歷史的形式之一，但有別於口述歷史的一對一訪談，而是將307實驗室的各位邀來齊聚一堂，進行對307實驗室的回憶與討論。希望透過這樣子的一種歷史學方法，來替307實驗室留下歷史紀錄，讓307實驗室不再僅只是口耳相傳的傳

奇。相信這樣的紀錄，也會是臺灣高科技產業發展史中別具意義的重要史料。

　　最後跟大家說明一下，今日研討會將會整理為文字稿，並作為將來吳重雨校長口述歷史專書的附錄，進行出版。還會需要各位在會後幫忙協助逐字稿的校對，桌上也有授權同意書，這是針對出版的部分，要請各位授權同意，請簽名後於會後交給我們現場的工作同仁。會議進行的方式，可以參考一下桌上的議程表，先請發言人針對主題進行約五至十分鐘的發言，之後就開放給現場各位參與者回應分享，桌上也有麥克風，提供發言使用。現在就將時間交給第一場次的主持人吳重雨教授，謝謝。

吳重雨：黃館長，還有吳組長，還有湘雲跟銘浩──口述歷史的團隊，還有307實驗室的老師，還有各位畢業的校友，今天非常謝謝大家特別來參加這個見證歷史的研討會。大家有的從臺北來，有的從嘉義來，謝謝。大家有這個時間其實也不容易，首先我還是要謝謝黃館長跟吳組長，他們是圖書館（館長）及特藏組（組長）。他們（圖書館）一直幫很多校友還有以前的校長做口述歷史，目的就是要把陽明交大在交大時期的歷史，早期歷史能夠比較完整的把它保存起來，還有一些相關的文物也可以做一個比較有系列的、有次序的保存，我覺得這個是非常重要的事情。因為我們走過的路，有時候難免會忘記，像我的習慣就很不好，我就很不喜歡保存東西，所以每一次搬家就丟掉一大堆東西，其實有一些可能就是值得保存的東西。

　　我們這個口述歷史，其實湘雲跟銘浩已經花了非常多時間，我們已經訪談了很多次。那談到307實驗室，湘雲就希望說可不可以來辦一個「見證歷史」的研討會。今天就是說，我們邀請各位老師和各位畢業的同學回來，就是希望去回憶307實驗室的歷史，因為我一個人的記憶可能很有限，而且可能很多都忘掉了，那應該是各位老師，還有尤其是已畢業、在307實驗室的同學，畢業了以後，

你們應該會記住那個時期很多事情。那我們今天其實就來上歷史課（引起大家笑聲）。請大家把你知道的一些故事啊，或者是一些事情把它講出來，然後我們可以就把307實驗室的歷史完整的呈現出來。

所以我們也特別邀請這個吳介琮教授，還有吳錦川副董事長，他們都是307實驗室的老師，以前我們是「三吳」啦，哈、哈、哈，「三吳」在307實驗室裡面。那我們回來分享一下記憶，跟過去307實驗室的發展。我們今天其實就是在上歷史課，我們希望它變成一個歷史（紀錄）。

過去實驗室培育人才，其實不見得是轟轟烈烈，也不像過去不同朝代的歷史有很多大事情。但它確實對我們的產業、對我們的科技都有很大的貢獻，尤其是各位畢業的同學，你們都已經在產業界和學術界有很多貢獻，所以我們今天希望藉由大家的記憶，把這個307實驗室從成立一直到現在，慢慢把它描繪出來。所以等一下我主持的這個section，我們雖然有幾個主題，我們為了要讓每個主題都有人來談，都找了一些引言人開始講一下、說明一下，但我們不限這些引言，其他的人也都可以說明一下，把你知道的事情講出來。另外就是說，如果各位有一些照片或者是歷史文物啦，像今天柯院長帶了晶片（指307實驗室學生製作晶片的資料，圖1），我們那時候大家做晶片，把它裱起來的這個東西，那就是一個307實驗室走過的路，也都歡迎大家提供。因為學校現在就是會比較有秩序的保存過去的文物資料，透過吳組長跟黃館長，他們花很多時間去保存這些學校過去的文物，這其實也非常重要，如果大家有，就請大家提供。

好，那我們就現在開始，我們按照湘雲規劃的主題，談完了主題，也可以無所不談啦。總共有八個主題，上半段我來主持，下半場就請柯院長來主持。我們現在就來談談實驗室的建置。當然實驗室的建置，我們就要從博愛校區開始講起。那時候我剛當教授，

圖1：307實驗室學生所設計之晶片。（柯明道提供）

圖2：舊交大博愛校區實驗二館，約攝於1960年代晚期至1970年代初期。（陽明交大發展館提供）

所以我們那時候的辦公室就在那個照片（圖2）的建築，這個是現在的「實驗二館」。湘雲有找到以前學校的照片，學校以前有一個叫做「實驗工場」，我們一直在懷疑這一棟（實驗二館）應該是實驗工場去改的，因為實驗工場的屋頂是波浪狀（黃振昇：「實驗工場，對。」），然後後來才把屋頂圍起來，所以應該就是，這個建築現在就叫實驗二館。

那時候我們的辦公室就在面對這一棟的右邊，然後左邊是半導體實驗室，所以我當學生的時候就已經在這一棟裡面做實驗了，就是半導體實驗室，一個潔淨室在左邊，面對建築物的左邊，右邊就是一些測試的實驗室，還有更早放的紅膠片雕刻機，後來有辦公室在那邊。所以我剛開始進來電子系當老師的時候，辦公室就在裡面。我們實驗室剛成立的時候，我們是買了一些電腦。一開始，我們就是沒有地方擺，因為空間很擠，我們就擺在走廊上，所以我們常常說307實驗室是從「走廊」開始。就是擺電腦，然後我們就開始在那邊做研究，等一下我們同學有在走廊上用過電腦的人可以分享一下。

後來，電子系所搬到新校區（光復校區）的時候，我們在工四館（工程四館），這一段可能給你們來分享，為什麼會去找到307那個房間，然後我們就搬到那個房間裡面去。那我們就把實驗室稱為「307實驗室」，因為那個房間是307嘛，就是剛好在三樓，就是（編號）307的房間，所以我們就把自己的實驗室叫307實驗室。不過如果以比較正確的名稱，正式的名稱應該叫類比IC Lab──「類比積體電路設計實驗室」。這樣就會變成ALAB，Analog Lab，所以，另外一個很響亮的名稱就是「阿拉伯實驗室」，我也聽過（引起大家笑聲）。有一天我們在聯發科開董事會的時候，蔡明介董事長突然提到阿拉伯實驗室，因為吳慶杉要被升為副總，要過董事會。我就跟他講說：「吳慶杉是我這個307實驗室畢業的。」然後他就說：「哦！阿拉伯實驗室。」（引起大家笑聲）所以大家也記得

喔。

　　實驗室在後來就有吳介琮教授的加入，跟吳錦川副董事長的加入，那個時候也有其他教授的加入，所以我們的實驗室就開始蓬勃發展。到工四館以後，後來越來越多老師加入，然後指導很多學生。當時我們就是有一個很主要的精神就是「共用儀器」，然後學生、老師都在一起。等到我去年（2020年）退休的時候，我才突然又了一個感覺，還好我們這個實驗室有很多老師，然後大家一起合作，不會因為一個老師的退休，實驗室的儀器就被開始亂丟，然後就開始不存在，所以我們希望307實驗室往後還是可以持續蓬勃發展。我覺得實驗室一個主要貢獻還是培養人才，我想我們老師也一樣，我就帶著學生讓他們進入IC設計這個領域，然後培養他，最後他畢業以後可以到園區或者到學校去工作，我覺得這應該是當老師的一個最值得高興的一個成就。

　　好，那我想我不多講了，現在就開始來談這個實驗室的建置。首先我們就按照這個（議程）順序，請呂平幸還是邱進峯要先講？呂平幸先講好了。

邱進峯：呂平幸（先講）好了啦，你先講一下前面的歷史，我講307的部分。哈、哈、哈。

呂平幸：校長，還有我們吳教授，還有館長，各位師兄弟大家好。那我想講到307實驗室的建置，我想可能再可以補充一下之前在交大博愛校區的一個前身的一些故事。我想……其實我們這一屆算是滿難得的，因為我們老師是84年8月在美國教書嘛，87年回來之後（應該為1984-1986年在美國波特蘭大學任訪問教授），開始教類比IC設計和數位IC設計，所以那一屆我們收了滿多碩士班學生——七個，我記得有黃弘一啊……，還有那個好幾個，（黃弘一回答：「十一個。」）喔，十一個，對。

　　我們的實驗室是……，因為老師那個時候是系主任（國立交通

大學電子工程系系主任，任期為1986-1989年），那時候已經……
（老師）回來之後……（實驗室）空間很小，是在那個（指實驗二
館舊照片，圖2）大門右邊有一間大概三坪多的一個空間，其實也
很小的一個空間，大概很多人要使用，所以後來還擴展到那個斜對
面有一個人家實驗室過路的走道，那個L形的部分，人家要通過，
我們就在L形那邊（走道）在弄，所以經常在那邊simulation的時
候，人來來往往，很多其他實驗室的學生在那邊走動，我想當時在
的人應該都印象深刻。那時候其實滿克難的，因為那時候我記得
（電腦）都是286，還有單色螢幕啊，還用那個很大的、軟的floppy
在那邊做模擬。

那之後，我想……在87（年）……應該是91年之後，就是我們
工四館已經建好，那我們因為實驗室也滿多人的，所以那時候在規
劃空間嘛，其實那時候我們老師是研究所的所長（國立交通大學電
子研究所所長，任期為1989-1991年），他自己很客氣啊，不敢要
太大空間，所以是在……如果沒記錯是在一樓部分，大概可能要到
一個這麼大的空間而已，是很小的。所以後來那個時候，比較資深
的一些學長，柯明道學長啊、鄭國興學長，還有我們就一起去協
調，跟那個電工系的實驗室，電子實驗室彭先生協調，就是我們能
不能找到更大的空間？所以才找到307實驗室，然後後來好像又把
隔壁那一間又拿下來，所以就擴展到現在。

我不知道現在實驗室是不是之前我印象中的（樣子），我記得
那時候已經很大了，所以除了有空間擺設workstation啊，還有每個
研究生還有一個位置，cubicle，可以坐……有一個可以在那邊做研
究啊、看paper（的座位）這樣子。那我記得還有一區是實驗室，
就建置實驗室，還有一個彈簧床，我還記得，可以讓人家……（黃
振昇回答：「折疊床啦。」），對，折疊床，對。如果做實驗很久的
話，就可以在那邊休息。

那其實我們那時候實驗室算是也有規模，所以我們那時候是有

組織，我們每個禮拜六要開一個會議，那每個、每個……大部分的博士生都要負責相關的事情，像邱進峯他就負責 workstation 啊，還有 PC（電腦）環境建置；那鄭國興學長跟柯明道他們就負責那個、那個……研究計畫申請呀，還有繳交報告啊等等；我是負責實驗室儀器採購，還有晶片製作的部分。

那講到這一部分，剛剛也有提到柯院長拿的那個東西（圖1），其實這一部分我是覺得應該我可以再講一下。因為我們那個時候，我們當研究生的時候，我們老師跟產業界有很多的建教合作，這產學合作（中可以）拿（到）一些經費，那我是……比如說華邦啊，華隆微啊，還有最重要的是聯華電子。我想聯華電子是，應該是……，我們老師跟剛剛提到的蔡明介董事長，從工研院時期就認識，那他的學生叫卓志哲，也在他們那邊（指聯華電子）當 IC 設計部門，他……卓志哲他們部門還回來上課啊，那時候早期，那時候呢，他就提供每年一片 Multi-Chip 的那個下線（下生產線）機會，我想這個是……我是覺得是一個很重大的一個里程。因為在早期，學校是沒辦法做實作經驗，所以他提供這個實作經驗，所以我們這一群算是滿 lucky 的，因為這一屆的碩士班，那剛剛提到的那些名字，就是那時候都有實作的經驗，所以一直延續到後來，我們老師覺得這是臺灣 IC 設計產業重要的一個很好的訓練，所以才促成 CIC（Chip Implementation Center，晶片設計製作中心）。1997 年更名為「國家晶片系統設計中心」，2019 年與國家奈米元件實驗室合併為「臺灣半導體研究中心」）的成立，嘉惠全臺灣的學生可以去做 IC 設計，我想這一段，黃振昇學長應該……他是籌辦的時候主要的主管，所以他應該可以這一部分來多說一點。

那（回到談）實驗室，我剛剛講就我們實驗室的學長、學弟其實大家也都滿融洽，因為實驗室每天大家都在那邊嘛，所以大家也都即使到現在都還有一些聯絡。記得我們那時候……，以前……我還記得七月半的時候我們實驗室還在拜拜（引起大家笑聲），

每一個人拿 IC 拿到窗戶口那邊拜拜，希望能夠量測的東西會……那個，能夠 work，才能發表論文，我還記得。（黃明居：「這個照片應該很好玩。」）可能沒有照片，但是我比較相信大家都有經驗（引起大家笑聲），呵呵，我想實驗室帶給我們很多回憶啦，對、對、對，我想先講到這邊，看看（大家）能不能補充。

邱進峯：喔，好。我想我先就那個實驗室的早期的建置情況，跟大家講幾個小故事。因為我加入的時候……我想加入校長團隊的時候，其實大概就是剛剛提到我們那個 PC……我們 PC 是（放）在那個走道上面的時候。那其實這邊剛好也想到一件事情，因為我們做研究其實通常都是在晚上，所以晚上才是我們的精華時間，通常我們都是晚上天黑的時候就在那邊，然後天亮的時候就回宿舍，呵、呵。那……往往因為我們就是在走道上，然後老師的辦公室就在走道附近，對，那個裡面（指實驗二館，圖2）。然後我們每次弄到半夜之後，就會發現有一個人就突然走過來，然後去辦公室，就發現原來就是老師，哈、哈（引起大家笑聲）。所以我們後來就發現我們常常就是可以晚上碰到老師，就是可以看到老師那個時候做事的態度，幾乎是二十四小時無休無息啦。

　　然後後來……我們其實有很短暫的一段時間其實是……在搬到 307 的實驗室之前，其實有短暫一段時間是搬到那個舊校區（博愛校區），對，舊校區的教學大樓的二樓，我記得那個是升旗臺對面，對、對、對、對，那一棟。那到後來因為（光復校區）工四館這邊建好之後，就爭取到 307 的實驗室就搬過來了。

　　那 307 這邊搬過來的時候，其實這邊又有一個小故事啦，大家一直都覺得說，剛剛提到那個我們實驗室的諧音叫做「阿拉伯實驗室」，當初這個 ALAB 怎麼來的，其實是跟我有一點關係啦。因為當初搬到 307 之後呢，然後要建那個網路系統，那個年代剛好是我們 internet 剛建立的時代，所以學校裡面來講的話，就是每一個實驗室裡面它會建立它的 domain name。

OK，那我們這邊在建 domain name 的時候呢，我想說我們實驗室就是叫 Analog Laboratory，OK，那了一想說如果叫 Analog Lab 的話呢，ALAB，A、L、A……，你把它加起來以後九個字，那我們當初很多系統的檔名大概不能超過八個字，因為有些超過八個字會有一些問題。OK，啊，字又太多了，所以我們後來就想說那就簡稱啦，那 analog 本身，因為早期 analog IC 這個……其實不是……，早期剛開展的時候，你講 analog 很多人不知道那是什麼東西，所以直接取 analog 也……那時候也是比較不是那麼顯著。OK，所以後來我們就……後來我們就討論了一下就是說，那我們就簡單一點好了，因為我自己打字也不想打太多字啦，所以那我們就取一個「A」就好了，那當初取 A，（是取）analog 的 A 的 lab，其實是有另外一個意義的啦，我們是認為我們是 A class 的實驗室，所以就是 A LAB，所以最早期我們實驗室的簡稱其實應該叫 A LAB，但是後來學弟很有才，後來發現 ALAB 竟然可以叫「阿拉伯」，哈、哈、哈（引起大家笑聲）。所以後來我也是聽到這個的時候，喔，他們還把我們第一臺叫 ALAB 01 的這一臺工作站裡面建了一個 BBS 叫「阿拉伯一號」，哈、哈、哈，那個就是我們學弟很有才啦。我就把這個給建構出來，以今日這個時間點來看的話，我想我們 307 實驗室叫 A class 的 lab 其實是名符其實啦，所以我想當初取名也算是滿有趣的一件事情。

OK，那……講到因為……一開始 307 其實有幾個特點啦，當初那時候建的時候，也是我們這個年代剛開始使用工作站的時候，所以幾乎那時候，我記得……我記得我們那時候建置這個 lab 的話，大概算是，大概應該也算幾乎是……幾個交大……也是交大才有啦。因為交大那時候是不同系統的工作站，那我們實驗室算是一個把整個那時候 IC 設計裡面所需要環境建置起來，一個很完整的實驗室，幾乎……就算國內不是第一個，大概也是前幾個這麼完整建置的部分。（呂平幸：「可以開公司的感覺了。」）對、對、對，

沒錯。

而且很多公司事實上後來都是copy我們這一套去把它建立起來的。我們⋯⋯所以⋯⋯但是因為當初的那個環境，當初的整個IC設計的環境其實不像現在那個foundry廠，有提供所謂的PDK（Process Design Kit），就design kit這樣喔⋯⋯這樣子的一個環境，你只要design kit拿過來你就可以開始做設計，以前不是啦。以前⋯⋯以前所有的IC的環境喔，包括一些command file啊，就是我們design上面所需要的command file啊，都要自己建。所以⋯⋯當初那時候我們這一屆是比較辛苦啦，因為我們這一屆剛好又是第一屆引進那個工作站的那個⋯⋯那個設備，來使用做IC設計的主要第一屆啦。所以⋯⋯後來我這邊就是我們這一屆的幾個同學，就都被分配工作，每一個人就一個負責DRC（Design Rule Checking）、ERC（Electrical Rule Checking），然後每一個人都負責layout的一些設計的環境，把它建起來。那事實上也是因為有這個有了⋯⋯慢慢有了這些經驗之後的話，我們後來傳承下去，那剛好⋯⋯之後那個⋯⋯就是黃振昇學長這邊帶領⋯⋯，就是我們那個有關於CIC成立的部分，我想這個等一下黃振昇學長應該會介紹一下啦。

那CIC，其實CIC早期的一些環境的話，因為我是307第一代的這個系統管理員，然後也是因為這個經驗，所以又被找去當這個CIC環境建構的一個管理員的職務。所以呢，我就把307的這套又把它搬到那個CIC去，所以大家可以看看就是說，CIC最早的那個⋯⋯其實最早的環境其實就是copy，從307這邊整套搬過去；那不只是這個啦，還有人的部分，CIC最早的一批人的話，也是從307裡面的人挖過去的啦，包括這個呂平幸學長，哈、哈、哈，還有我，還有幾個同學啦，也都是第一批就被抓過去那邊。所以如果說⋯⋯剛剛提到說，之後我們那個國內IC設計發展的這個二十年，這個CIC如果說它的貢獻有多大的話，其實它的起源就是來自於307實驗室。

OK，事實上我們，像我們那個CIC那時候……，在我離開之前的話，我們那時候一年已經可以support國內所有的這個晶片設計的那個case，已經可以到1,000（IC設計案）……，我記得是到1,500（IC設計案）了啦，一年可以support到1,500了啦。所以……每一次，剛剛提到就是說……剛剛在聊天的時候其實提到就是說，類似的……類似這種support的機構的話，在國外有美國的MOSIS（Metal Oxide Semiconductor Implementation Service），然後日本還有韓國都有一些類似的單位，但是呢，到了後期喔，到了後期他們都是……每次我們在比較這幾個單位他們的服務量的時候，CIC都是一個peak（比較各單位支援IC設計案數量曲線圖，CIC的量都呈現尖峰）啦，哈、哈、哈，都是一個peak啦，然後他們的了不起都是一、二百顆，然後我們是一千多顆這樣。OK，所以這裡可以看到我們對那個……整個307喔，扮演跟推動，後來甚至是推動國內IC設計的那個角色，其實它的意義還滿大的喔。

OK，最後我再補充一個小故事啦，其實307實驗室建置之後的話，其實它有一個特色，通常它的晚上會比白天熱鬧一點，哈、哈（引起大家笑聲），那我們的學長唷，就我們這個前後的學長其實大家感情都還不錯啦。因為新竹喔，其實我們最早來新竹的時候，每次都被學長講說新竹這是什麼「鳥不生蛋，狗不拉屎」的地方，就是很荒涼的感覺，呵、呵。但是在晚上實驗室的時候，大家都……反正都比較容易聚在一起，尤其是我們做實驗的時候發現晚上都特別安靜，IC都特別的乖，所以晚上量的效果，結果就會比較好，哈、哈、哈（引起大家笑聲），所以晚上通常就比較熱鬧一些。那有一些學長他們就會……就會比較鼓勵一點學弟的部分，就會到那個清大夜市那邊買一些那個滷味什麼的回來，就大家一起享用。所以我們這個307那時候也創造了一些那種……這種夜市文化，哈、哈、哈（引起大家笑聲），那種特色。我想有經過的人，有過的人應該還……大家還記得才對。那我就先講到這邊，那看看

還有沒有誰補充的。

吳重雨：謝謝邱進峯喔，好。那不曉得湘雲有沒有想要問的事情？沒有我們就繼續。

周湘雲：目前沒有。

吳重雨：好，那看哪一位在實驗室建置方面，有沒有要講的？柯院長，還有誰，對那時候的一些小故事，或者是你印象深刻的事，可以分享一下？

柯明道：那是前十位畢業的學長。（引起大家笑聲）

黃弘一：因為剛剛老師提到吳慶杉總經理，就想到那時候的故事。我們在實驗二館，晚上的空調⋯⋯它是中央空調，晚上冷氣都關掉，我們那時候到了夏天非常的熱，還好女生晚上都不會來，所以我們的吳慶杉，我們後來給他取一個外號叫「無穿衫」（臺語 bô tshīng sann，即沒穿衣服），為什麼？他每天晚上打著赤膊工作、打拚，所以他的專業能力是這樣拚出來的。

吳重雨：我補充一下，吳慶杉現在是聯發科的副總經理。

黃明居：所以綽號是「無穿衫」喔（引起大家笑聲）。

吳重雨：柯院長你要補充嗎？

柯明道：我後面會講。

黃振昇：我後面也有（引起大家笑聲）。

吳重雨：沒關係，我們每一個主題，除了發言人以外，其他人也都可以補充。

黃振昇：我們是比較早期啦⋯⋯，就是說，我們那時候看到的都只有286，不是像邱進峯他們還看到工作站（引起大家笑聲），上過 station，我們都只看到286的 PC，從 PC 上面去跑模擬，然後把老師交代的事情做完。當然在用 PC 以前，我們只能跟學校去分大型工作站，

就是説 Cyber（為 Control Data Corporation 所生產之計算機）、Vax
（Virtual Address eXtension，為 Digital Equipment Corporation 所生產
的計算機），那我比較幸運是去搶到一臺沒有人用的 Vax，我就在
那邊用得比較舒服，所以我那邊是吹冷氣的，所以我沒有打赤膊喔
（引起大家笑聲）。

　　但是我會覺得 307 在工四館這邊建起來，我會覺得是一個比較
好的一個形式，因為幾個學長、學弟都在一起嘛，有什麼東西都可
以大家一起討論，那個氣氛應該是比我們以前好很多，所以我會覺
得後期，無論是十一個人的 Ph.D 學生加入，或者是工作環境的整
個 built 起來，其實這一步在整個 307 實驗室是一大步，有人做事比
較……大家不會那麼累嘛，也是因為有這麼多師兄弟的加入，所以
我們實驗室才建起來。在別的學校恐怕都沒有這麼多學生可以一
起來工作，一起大家分工，而且又把氣氛弄得這麼好。

　　我想我們每一年的聚會……。可能有機會，館長或組長你們會
看到。就是説我們每一年聚會大概（都有）七桌嘛，我們平均值是
七桌，就是老師的生日。七桌不是説學生，還有家屬、小朋友也來
了，所以我們的氣氛是整個這樣起來的，那當然也是隨著是説，大
家對 307 實驗室也好，或是 A Class 實驗室也好，或是阿拉伯實驗室
也好的一個認同，所以這個我會覺得在國內是相當少見，因為我經
歷這麼多，然後問過那麼多的人，其實還沒有一個老師的學生能夠
這樣子每一年聚會，都這樣地打打鬧鬧。謝謝。

呂平幸：我們那時候還有尾牙，我記得。實驗室的尾牙規模是很大的，每年
都還有尾牙。

吳重雨：好，那有關實驗室的建置，大家還有沒有要分享的？

黃明居：我很好奇，實驗室看起來都是男性，剛才有那種「無穿衫」認真努
力的男同學，那實驗室裡面第一位女同學，是哪位？有收女孩子
嗎？

吳重雨：有、有、有，比較晚期才有。

黃明居：所以早期都是（男同學），剛性還是很（強）？（引起大家笑聲）

柯明道：碩士有啦。

吳重雨：碩士有女生。

黃弘一：我們這一屆就有那個林雅芬。

吳重雨：喔，林雅芬，對，碩士。

黃弘一：翁若敏啊。

吳重雨：喔，翁若敏也是，對、對、對，碩士班。她跟你那時候差不多？

黃弘一：翁若敏是柯明道那一屆的，我們這一屆有蕭淳方、鍾宜殷。

柯明道：碩士啦。

吳重雨：碩士啦，都是碩士。

黃弘一：博士班沒有。

吳重雨：對，博士班應該沒有女生，博士班要比較晚期才有，後來的林俐如。好，那我們實驗室的建置就先分享到這裡，看大家如果有想到要補充，隨時可以補充喔。接著我們就看說，我們實驗室其實申請很多研究計畫，怎麼樣去選擇題目和研究方向，還有怎麼樣去申請整合型的計畫，這個其實也牽涉到吳介琮跟吳錦川老師，要不然我們先從三（指議程主題三）來開始好了，讓吳介琮跟吳錦川兩位吳老師分享一下，二位吳老師分享一下怎麼加入實驗室的。

吳介琮：好，那個吳校長，還有黃館長，還有吳組長，同事，各位同事、各位教授，還有各位這個……（黃振昇：「學長、學弟。」）學長、學弟（引起大家笑聲），大家好。我是1992年2月加入電子所，加入307實驗室。在此之前，我號稱是電工系69級的，但是跟電子所完全沒有淵源，雖然說我那時候差不多19……（民國）69年是從……（西元）19幾年啊？19、19……1976年到1980年在博愛校區那邊

混，然後只看到遠遠的有一棟房子（指實驗二館），從來沒有過去過（引起大家笑聲），覺得離我很遠。然後，那時候的電子系跟電子所好像是分開來的。

吳重雨：分開來，對。

吳介琮：老師好像也沒有……至少教我的老師，我也沒有……像我就沒有給吳慶源教過，吳慶源理論上應該那時候是所長，但從來沒有給他教過。所以我那時候跟電子所其實……我沒有想到要去電子所拿東西，我這樣講好了，所以我那時候沒什麼淵源。而且之後我大學畢業，當完兵我就直接出國，然後混了十年，92年回來，加入這邊的電子所。

　　我畢業的時候還沒有這個光復校區，我雖然說在光復校區畢業典禮，但是這之前我還沒有到過光復校區。所以我92年來的時候，進（光復校區）工四館，然後那時候所長是任建葳老師，然後他跟我說：「這是你的辦公室。然後你這學期……」，那時候是下學期，他說：「你教門課。」門關起來，我就看到我的辦公室什麼都沒有，我就不知道怎麼辦，當教授就像好像個體戶，什麼都沒有，那時候什麼都沒有。對啊，然後那時候就是……那時候因為我的研究，我不管是在研究所或者是在做事的研究，是跟類比電路相關的，那我就認識這個……那時候的吳處長。

吳重雨：對，我借調去國科會（國科會工程處處長，任期為1991-1995年）。

吳介琮：他在國科會（工程處）做處長。對啊，那我就跟他合作一下，加入實驗室好了，然後就跟那時候的吳處長見面。然後他說：「要不要加入我的實驗室？來參加我的會議，我們可以一起看看要怎麼做。」我想說我要怎麼做？怎麼做我都不知道，因為從來沒有這個組織章程寫說這個實驗室哪個教授怎麼做或是什麼樣，對不對？所以我也不知道怎麼辦。我記得我參加過幾次吳教授跟研究生的會議，我記得那時候應該是第二代，所以印象中我有看到姜信欽、呂

平幸，邱進峯有沒有？邱進峯應該有。

邱進峯： 有啦。

吳介琮： 黃弘一有。謝志成有沒有？我那時候有沒有看到你？

謝志成： 不記得了。

吳介琮： 有、有、有，我有看到你，看到第二代，我記得看到第二代，就這樣子。參加幾次以後……，因為我是美國派的，Okay，美國派有個很重要的觀念就是要獨立研究，包括我老師對我都是獨立研究，他從來不管我，我在美國的時候老師也不管我，所以獨立研究是他的中心思想，也是我的中心思想。就是說不能在吳教授的那個……吳重雨教授他……帶研究生……然後帶著做研究，一定要有新模式出來，然後又不能跟……我又不想跟那種日本或歐洲的系統一樣，他們是那種一個大教授帶下面小教授，大教授拿錢，然後分給小教授去做，那是歐洲、日本系統，跟我在美國不一樣，美國是個體戶。那我就問他：「那我在這邊要怎麼去合作？」剛好隔一年好像吳錦川教授就進來了，我記得沒有錯的話。

吳錦川： 我們同一年。

吳介琮： 同一年嗎？差六個月，喔，差六個月。就是說應該找到工作模式，一個合作的模式。所以後來我覺得我們發展出來的模式變成是「資源共享、研究獨立」，我不知道為什麼後來就變成這樣子。

吳重雨： 對，應該是、應該是。

吳介琮： 我們的研究經費一起買設備，一起全部在這邊共用，對不對？但是呢，研究就完全是獨立的。然後我記得我們的整合型計畫也都是只是……都是要自己做自己的研究，但是只是那個……儀器，湊合一起研究，沒有錯啦，大概這樣子。所以說我們的研究大部分是這樣子，所以說我們變成是還是獨立研究，但是就是那個。但這個有好處，什麼好處呢？尤其剛開始新進的老師的話，對不對，省了很多

一些……你們剛才講的一些事情我全部省掉了，包括……

吳重雨：建立。

吳介琮：建置，對不對？包括那個 computer 系統的建置，包括那些 tool 的建置，都省掉了。然後 IC 設計其實在美國也一樣，這種東西是找製程，找人去做 IC，美國教授也是去拜託各個公司，當然有 MOSIS，MOSIS 要付錢，很貴的，對不對？或者是拜託公司出晶片，我回來剛剛好，這些東西省掉了，剛好 CIC 成立，都省掉了。所以意思是說我變成是……所以我算是一個很幸福……，我的意思是說，我省了很多事情。

黃振昇：很及時。（引起大家笑聲）

吳介琮：我省了很多事情去做這些動作。因為我聽過一些在美國教書的一些同學，他們剛開始也是做這些事情，很痛苦對不對？當然很多這種事情，所以這些都省掉了。我那個唯一的老師，就是我的指導教授，他知道我回來，要回來教書，他就跟我講，說你當教授，前面幾年是很痛苦的，他特別警告我，他說痛苦的是五、六年，前面痛苦，之後熬過的話，你可能就會很喜歡這個工作。我覺得我很幸運，我這個過程大概因為 307 實驗室的關係，我省了好幾年，我大概只痛苦了一、二年吧（引起大家笑聲）。之後的話就是有自己的計畫，有自己的學生的話，然後就可以做自己想做的東西。我先講到這裡好不好？謝謝。

吳重雨：謝謝。另外吳錦川老師。

吳錦川：我是 1992 年 8 月回來，晚吳介琮六個月，那個已經是二十九年前的事情了（引起大家笑聲），現在 2021 嘛，1992，差一年三十。邱進峯剛剛講說，在那個時候講 analog 沒有人知道，其實到兩千零幾年那個時候，因為我後來就去弄一個「致新」這個公司。到 2004 年公司要上櫃的時候，一些分析師還是要問我說什麼叫 analog。唸我們這行的當然都知道，古時候那個 AD, DA（analog to digital,

digital to analog）那個名詞很早就知道，但是要跟人家解釋其實很麻煩，跟學生解釋沒什麼問題，因為跟我們自己唸電機電子的講，根本不用解釋；可是對不是這個行的人要解釋什麼叫 analog，每次都要講不同的話，因為真的不知道要怎麼講他們才會知道。

那 307 實驗室這個事情對臺灣產生的這些影響，當然現在回頭看才知道說確實影響很大，而且現在也知道說，為什麼即使在臺灣，其他地方要複製這個經驗，不要說國外了，臺灣都很困難，就是剛剛我們講的，有一群學生願意去把整個設計的環境都建起來，這個事情在其他學校真的很難複製，就是人要夠多，然後還真的願意同心協力去把這些事情弄起來，然後讓吳介琮跟我省了好幾年的時間去痛苦那個事情。這也是為什麼到現在，你去跟其他世界的 MOSIS，整個這個研究團隊的建立真的是很困難。

以 307 的例子，反正我們做這行很清楚就是，做 analog 設計跟做數位 IC 設計的差別就是模擬的 tool，如果是做 digital 的，tool 大部分都會把所有事情都幫你算好，但是做 analog 設計是你模擬保證沒有問題，但是 IC 回來一定出問題，你要跟我賭多少錢我都可以跟你賭，就是我不會跟你賭命，但是還是沒人敢來賭。所以就是說，307 創造的這個環境，讓學生在唸書的時候，不管是碩士還是博士，就真的有機會去把 IC 拿回來量完，然後 IC 要量完才能畢業這個 rule 我不知道哪一年訂下來的（引起大家笑聲），反正後來就變成是一種共識，就是必須量完而且還要 work 才能畢業，碩士，還不是博士非出 paper 不可，連碩士都是這樣子。那到後來不知道幾年之後才只好放鬆說，有量過，不 work 也可以畢業，但是前面那個真的就是這樣逼，然後那個年代學生也願意接受這種東西，還有人真的願意跑來實驗室當學生這樣子弄。那所以為什麼 307 實驗室出來的學生業界都搶著要就是，對公司來講它省下了很多、很多錢，跟時間，因為 307 出來的學生跟其他學校出來的學生，光差這個可能就差一、二年。

因為做類比的東西，甚至做過IC知道説，原來模擬完之後其實還有一大堆事情是算不出來的，尤其是製程現在後來越搞越進步之後，數位的tool，參數跟功能越搞越好，越不會錯——跟古時候比。他們必須搞得越好的原因是因為那個光罩越來越貴，8吋是幾十萬美金，到了12吋開始超過百萬美金，不知道是7奈米還是5奈米，一套光罩要一千萬美金，因為我們自己是不下這種製程的，但是有一次吃飯的時候聽台積電的講説，終於超過一千萬美金了。所以這麼貴的情況下，那些tool如果不保證一次就work的話它賣不掉，但是做analog，相對是一直被遺忘，那些tool的公司其實對analog的support也很糟糕，然後foundry廠對model 更準這些事情也都不管，它只要符合數位就好了。所以結果就是靠自己，基本到現在我們過了快三十年，模擬完之後會完全work的概率是非常、非常低的，因為我在致新也搞過就是説，A版就可以直接送樣給客戶的，就發一大筆錢，一直沒有人來領這個錢，那所以我就很放心的跟人家賭，因為基本上不太會有人可以領，可能頂多十年出一個這種人吧，確實是這樣子，就是有A版會work的其實是從其他產品小改一下跑過來的，這種我都會跟他講説：「你不要騙我，這種不算，這種已經是改到Z版去了。」

　　所以就是説，我對307的整個環境很懷念，就是説學生跟老師其實就都打成一片，然後確實晚上絕對比白天熱鬧，因為以前在美國當研究生也都是一樣，都是晚上的時候人才出現，白天大家都不知道在幹嘛（引起大家笑聲），而且有些人還要上課、還要考試，前面幾年要修學分，所以都是到晚上夜深人靜的時候才出現，就是這樣。所以回來307的時候，那個環境的氛圍就感覺説，我還在繼續唸研究所的感覺（引起大家笑聲）。然後我有兩個小孩嘛，有些人可能也看過我小孩，晚上有時候要來學校，我還是得乖乖把小孩帶來，然後丟在實驗室讓他們在那邊看魚啊幹嘛（引起大家笑聲），然後還有漫畫，我兒子喜歡看漫畫就乖乖在那邊看（引起大

家笑聲），我就可以去做我自己的事，把他丟在那邊沒有什麼問題等等，然後晚上跟同學出去吃消夜幹嘛的這些事情。唯一差別就是說，學生到凌晨幾點就回去睡覺嘛，那我隔一天早上有八點的課我還是要乖乖起來去上課，因為我如果不去上課的話學生會非常高興，但是不能不去（引起大家笑聲），所以那個時候就是一天到晚黑眼圈。然後從那個時候就一直跟同學講說要早點結婚才有體力帶小孩，有沒有早點結婚不重要，早點生小孩啦（引起大家笑聲）。

吳重雨： 每一次尾牙的時候都這樣講（引起大家笑聲）。

吳錦川： 對啊，真的是太晚生小孩那個體力真的不行（引起大家笑聲）。小孩那個電池永遠不會輸你，他沒電就直接睡著，然後充飽之後又起來跟你繼續（攪）和。anyway，那段時間經歷過這些人生很多事情，確實是很懷念，其實主要是人啦，因為在實驗室像邱進峯我就叫他安全帽怪人（引起大家笑聲），因為我們不是有cubicle嗎？然後早上的時候就看到一個安全帽從那個cubicle那邊，就這樣走、走、走、走，從外面走道那個門進來，不是從這邊，是從廁所那邊那個門進來，早上固定，一個安全帽這樣飄過來。

　　然後，要怎麼講……，「無穿衫」（指吳慶杉）就是……，姓吳這個姓其實有點討厭，因為就是什麼都沒有。所以那時候講「三吳」實驗室，那個internet的網址不是三個w嗎？所以三吳也叫三個w實驗室，（「吳」的英文字首是W。）欸，那時我們就叫做WOW WOW WOW（汪，汪，汪）（引起大家笑聲）。有的時候我就說：「這不是三無，是四大皆空。」（引起大家笑聲）所以就很湊巧，剛好就是三吳（無）。所以我非常怕被人叫「吳總」，我明明很有種，被你們叫到沒有種（引起大家笑聲）。講到這裡，謝謝。

吳重雨： 謝謝吳錦川老師。好，接著我們就來談談有關團隊的研究題目跟研究方向，還有整合型計畫，那這裡就請柯院長分享。

柯明道： 好，因為頭髮都白了，所以有些記憶細胞已經死掉了（引起大家笑

聲）。有些記得的我就講，請在座的學長、學弟幫忙補充一下。那有關於選擇研究題目或研究方向，基本上我們是遵照吳校長當初的指示、指點，大家來組成研究團隊。那時候呢，團隊，剛才前面學長也講過說，那時候校長（從美國）回來以後積極地招兵買馬，團隊建置很快地膨脹到很大的研究團隊，所以那時候以前是大家一起meeting，後來慢慢就切開，固態組一個 meeting，然後系統組一個meeting。我早期是跟隨黃振昇學長去學數位 IC 的 timing model，謝謝黃學長在我碩士班的時候，把我這個資質駑鈍的鄉下小孩給帶入門，讓我稍微知道 IC 在幹什麼。那時候我知道黃振昇在做數位 IC 的 timing，然後王進賢教授在做 ternary 邏輯（三進位邏輯）電路，那時候我也是跟著在那邊做 timing 題目。後來我碩士畢業之後進了博士班，因緣際會轉到固態組的題目來做，那時候主要是因為聯電已經開始量產了，那個什麼……數位手錶的 IC，那時候還有一打開卡片就會發出音樂……那個賀年卡、聖誕卡（吳重雨：「喔，IC音樂，會唱歌的那種。」），以及生日卡片。IC 大量生產與應用就需要注意可靠的議題，聯電生產的 IC 那時候也出現可靠度的問題要解決，找吳校長幫忙研究，我因緣際會就進入可靠度的研究題目，也就一直做到現在。

吳重雨：頂尖期刊。

邱進峯：ISSCC（International Solid-State Circuits Conference）。

柯明道：早期校長都會訂那個電路設計的專業期刊——*IEEE Journal of Solid-State Circuits*，紅皮的封面，要從國外寄過來，他就會仔細閱讀，然後就把最新的電路設計技術加入他所開設的 Analog IC Design 課程中。另一方面，也會從其中找到研究題目讓我們在座的師兄弟那時候有一些題目可以做。後來有另外兩位吳教授加入 307 實驗室，所以那時候就由以前單獨……吳重雨校長自己一個人申請計畫，後來就變成……整合型計畫，科技部也開始鼓勵，有子計畫一、子計畫二、子計畫三……，然後整合起來，可以拿到比較大筆的經費，主

要在於儀器設備上面，因為整合型計畫，可以在總計畫裡面編一些比較大項的儀器設備來採購，大家整合起來買研究設備，研究空間就共用，307實驗室在吳校長的領導之下就這樣建立起來。

這個合作模式一直使用到現在的307實驗室，後來還有其他教授join我們，幾個老師整合一個研究型的計畫，design研究的計畫，共同爭取研究經費，那這時候呢，把大項的研究費用就掛在總計畫，因為那時候個人的計畫可能能夠拿到百萬出頭就算很大的計畫，那百萬扣掉給做研究所需要的耗材跟一些人事費，剩下的錢可能只有二、三十萬，二、三十萬只能買個小設備，隨著量測晶片的精度越來越高，所需要的功能、頻寬越來越高，設備動不動都是百萬起跳的，所以一定要透過整合型計畫，像群體一樣，來爭取大的設備採購，當然包括一些工作站的建置等等，都是透過群體計畫來建置。

吳校長在這邊建立一個很好的模式——組織群體。個人能夠單打獨鬥當然是很厲害，但是有辦法找到高手加入變一個群體，這樣變一個交大國家隊，用群體力量去搶國科會的資源，搶國科會的資源，把這樣的環境給進一步建立起來。那時候計畫書我記得……那時候分下來就是說，大家輪流當「爐主」（臺語 lôo-tsú，即主辦祭祀典禮的人）啊，這個普渡拜拜要爐主啊，今年換你當爐主你就要負責彙整、蒐集那個計畫的內容，當然也會分工下去。例如說，這計畫裡面包括數位的部分，那就找那時候數位部分的同學，看是哪一個學長或哪個同學負責，請他去彙整那一部分，如果包括類比的就找類比的同學分工，包括可靠度就找可靠度的同學，大家分頭去寫，寫完之後呢，負責爐主的那個學長就是要負責把它整合起來，然後再依國科會的方式去把它的文章、文稿整合。

後來有電腦的時候大家用電腦打字，我記得最早以前，因為那時候……個人電腦尚未普及，前陣子307實驗室在清理，發現一部分早期的資料，看到吳校長用手寫的計畫書。（吳重雨：「哈、

哈，手寫的計畫書。」）這個為什麼要講呢？因為打開它……翻開那裡面發現有一部分是我寫的，也是用手寫的計畫書（引起大家笑聲），手寫再影印，裝訂成冊，寄給國科會。手寫的就是麻煩，你如果只是寫錯字了，當然小錯可以補嘛，但如果這邊內容論述寫錯，你得要重新改寫一遍。那時候也不知道為什麼，大家那時候也就真的傻傻這樣手寫。手寫的計畫書，你如果要看的話，我去找一下看還有沒有（引起大家笑聲）……。

吳重雨： 哈、哈，現在有機會可以保存喔。

柯明道： 那時候應該留下來，讓歷史博物館去競標，看它可以標多少（引起大家笑聲）。當初就是這樣，到後來有電腦之後就開始用電腦，畫一畫，然後把它整合起來，在校長帶領下，我們就陸陸續續每年……，那時候國科會是提那種三年期計畫，每三年的話就看那一屆剛好因緣際會進來，比較資深的學長如果還沒畢業，那他一定是爐主，私底下叫他大師兄，意思是說這個事情就是大師兄會扛的，因緣際會在不同階段的同學有機會受到這樣的訓練。讓你以後在整合計畫、在提 proposal，撰寫研究論文也是有幫助，如何將一個東西統合成一個可以說服人家的一個計畫書。好，這個是有關計畫書的整合。

　　那研究方向呢，校長那時候非常專注類比 IC，所以阿拉伯實驗室就這樣，對類比 IC 非常注重，當然主要參考的文獻是當期、當季的 *JSSC（IEEE Journal of Solid-State Circuits）*。我記得那時候呢，為了能夠自己也有 *JSSC* 期刊，也許一部分的學長也是這樣，就是省吃儉用，因為那時候獎助學金也不多啦，我記得那時候我們要去餐廳包那個飯卡，有沒有？票卡，吃飯用的啊，上面有一格一格的洞卡。包伙啦，包含早餐、午餐、晚餐嘛，每吃一次就打一個洞。我不知道在座比較資深的學長有沒有印象？以前坐公車不是有一個票卡嗎？（王進賢：「年票啦。」）（引起大家笑聲）那時候是一張紙卡，上面有早餐、午餐、晚餐的格子，每一天有一個排列，

吃完一餐就打一個洞，表示已經吃過了這樣。

吳重雨：餐廳啦，學生餐廳，包伙。

柯明道：那時候領餐卡，我記得幾百塊一個月吧，那時候的學生餐廳。你如果真的窮到沒有錢繳的話，就自己當伙委，伙委的話就是你不用繳飯錢就可以吃飯，但是輪流每個禮拜，不記得輪一次還是兩次，要陪著廚工去採買，一大早去那個「兵仔市」（臺語 ping-á-tshī，兵仔市場），四點、五點要跟著廚工去買菜。等於說有一個學生伙食委員會，伙委代表要跟著廚工去買菜，你就有飯吃不用繳錢。那個時代就是這樣，大家吃飯就打卡，打個洞。一段時間之後，因為伙委會是大家繳的錢，就好像福利社一樣，總會有盈餘嘛，盈餘之後就會……可能一個月後、一段時間之後會加菜，一般可能平常一餐就四個菜，有菜有點肉，加菜那天呢，那個餐盤就全部給你擺滿了，那時候有大雞腿，很大一隻雞腿這樣，大家都雞腿先不吃，拿著回宿舍晚一點再吃，不用吃飯（引起大家笑聲）。

那時候大家很期待每個月加菜的時候，一個小小回憶，那是因為……扯到那邊幹嘛？因為那時候大家省吃儉用，然後把錢省下來去買那個期刊。有些老師他們自己會訂，有一部分同學也會自己去訂，老師那一本老師要看啊，我們自己也要看，我們自己訂，所以那時候非常節省地把錢拿來訂 IEEE 期刊。

我前陣子清理我的辦公室，整箱整櫃的全部把它丟掉了，因為現在都數位化了，直接上網，就可以 download 下來。以前省吃儉用買來的，堆到已經沒地方可以堆了，而且那是二、三十年前的舊期刊，就只好清掉，一邊清一邊掉眼淚，就是會想到過去那個辛苦的階段。大家那時候寧願過得比較辛苦一點，然後把那個錢拿來充實自己的能力，我想那也是在校長的號召之下，大家把這一段路給走過來。大家走得很辛苦，但是相對也走得很扎實，我想也是因為這樣，所以臺灣的競爭力逐漸提升；當然不只是在我們個人身上，透過這樣的環境培養的碩、博士班的學生，我想對臺灣，把臺

灣撐起來是一個很大的貢獻。那有關於研究方向呢，老師都lead這個類比的發展嘛，所以從很早以前的，我記得像呂平幸也做過OP（Operational Amplifier的簡稱，運算放大器），還有一個學長做SCF（Switch Capacitor Filter），那個學長忘記叫什麼。

吳重雨：俞再鈞。

柯明道：俞再鈞學長是做SCF，還有什麼計溫器啊，還有濾波器，那後來就再往更高頻RF（Radio Frequency）那邊做，所以有一部分的人有做到RF電路。後來吳校長研究題目開始接觸到生醫，就把這個類比電路技術用在生醫應用上。因為生醫的話就不是只有電路，還要跟醫生合作，所以那時候吳校長就另外組了一個生醫電子研究的團隊，我們除了307實驗室之外，目前在交大還有一個「生醫電子轉譯研究中心」，那邊還有其他領域的教授一起join，包括一部分307的教授join，去開發可植入式的生醫應用晶片，來做一些生理神經疾病的治療，用於神經調控。目前有幾個比較大的成果，一個是癲癇，癲癇的偵測跟治療，另外一個是Parkinson症狀的偵測跟治療，還有人工視網膜、電子眼的開發，早期還有人工電子耳的開發。

我記得有一個學弟在做artificial ratio memories⋯⋯，「Blue」啦，藍正豐他去做那個⋯⋯類比記憶體的研究。陸陸續續就把類比電路帶到另外一個應用，這是醫療電子產品的應用。目前醫療電子看起來是臺灣未來好的一個發展機會，因為現在做3C，再往下是做到4C，car做完之後就往哪邊，可能有機會結合臺灣優質的半導體跟IC設計的能量跟臺灣優良的醫療體系，把「醫」跟「電」能夠做結合。當然現在有些AI影像辨識，照片照出來就看是不是得到了什麼肺癌啊，得到covid-19，血液分析這些，也都有發展。我們現在是要把積體電路（IC），一粒小小IC當作治病的藥，放到我們體內，用電流刺激方式，來做神經的調控，可把一些神經失常的病症，利用電的方式把它治療回來，這個是在吳校長⋯⋯大概

2008年附近開始發展出來的研究題目。

校長做下去之後呢，就⋯⋯我發現他的特質，他就會拉很多人進來，拉很多人進來幫忙，慢慢想辦法把這個團隊搞大起來，當然大起來之後呢，就會也有壓力啊，你小小的兩隻貓餵飽就好，現在變成二十隻老虎，要餵飽二十隻老虎，那個壓力就是，你必須要想辦法爭取到資源，找到能幫上忙的人，然後建立有用、有經驗的團隊，有積極成果可以展現出來，可以再爭取更多的經費的支持。我想吳校長就有這種特質，把事情搞大，並且能夠搞好，然後又搞到廠商的經費進來幫忙，以上是我觀察的。囉哩囉嗦講了很多，是不是應該請其他的學長或學弟幫忙再補充一下？謝謝。

吳重雨：好，謝謝柯院長。那我們就請比較晚畢業的鄭丞翔，來分享一下這個主題。

鄭丞翔：我是吳老師比較晚⋯⋯，我比較晚才加入307實驗室，我是2012年加入307實驗室，然後2018年博士畢業這樣。我這次就是分享說，當初是怎麼選擇研究的題目還有研究的方向。我印象中我碩士的時候我是⋯⋯那時候去老師辦公室，跟老師談，老師就給我兩個研究方向的選擇，一個是類比前端的放大器，因為那時候老師已經都是在⋯⋯比較重心是在生醫電子這方面，所以老師那時候給我的研究方向一個是前端的類比電路放大器，還有另外一個就是無線的傳收器——transceiver這樣。我那時候選擇transceiver，等到我進了實驗室之後我才發現說，老師他給我那兩個研究方向的選擇的話，是因為⋯⋯因為都是隔一屆這樣，就是我們那時候研究方向的選擇就是隔一屆，因為我那時候進去碩一，然後可能碩三的學長要畢業了，那他們研究的方向就是傳收器跟類比前端放大器這樣，所以老師那時候給我這兩個研究方向的選擇，就是希望我們可以延續前面學、長姊的研究，繼續接下去，讓這個研究方向不會因為學生畢業而斷掉這樣。

那2014年碩士畢業之後我就繼續攻讀博士，在博士班的時

候研究的方向就是跟著科技部的整合型的計畫走，我印象中那時候……因為老師後期名氣很大，所以那時候都是醫生來找老師，就是討論要怎麼去……討論那個整合型計畫的研究方向這樣，所以我那時候博士參與的整合型計畫就是癲癇，癲癇調控的電路這樣。我在博士期間，研究的題目就是除了自己負責的子電路之外，然後還要做整合型計畫的SoC（System on a Chip）的規劃，還有整合SoC，然後做後續的量測。所以老師在給學生的研究方向的選擇，其實他會看我們自己的興趣是哪一塊，然後讓我們來做一些選擇這樣。好，我的分享大概到這邊，就是研究計畫的部分。

吳重雨：好，謝謝鄭丞翔的分享。那我們現在就到第四個主題，訓練學生的方式。發言的學長其實也可以分享前面的題目，如果你對前面的題目有一些你可以分享，都隨時可以分享。那我們就請姜信欽。

姜信欽：這邊要分享老師教學、訓練學生的方式，因為我是研究所才加入交大的，所以我不知道他訓練大學部是怎麼訓練的，我只能分享他怎麼訓練研究所的研究生。我發現他有一個架構，他不挑學生，他就是把他的研究領域分享給學生，由學生自己挑要不要跟他做研究，所以他也算是另類的有教無類。而我就是這樣子的因素加入這個研究群的。學生進來之後他把題目讓學生挑，挑完之後呢，他就是讓學生自己去摸索，如剛剛吳介琮教授提的，大家就是獨立研究，中間過程讓學生去發掘不懂、不通的問題，老師也沒有太多時間能去理這個學生；但是，學生主動去找他的時候，他就一定會有response就對了；但是response是不是獲得學生滿意，那就是看學生個別的狀況而定。

　　而他給了學生研究題目之後，他會幫這個學生去張羅研究所需要的resources，所以才會有307實驗室整個資源的這種張羅跟建置，還有最重要的是分配，因為我印象中，開那個實驗室會議好像都大部分時間是在爭取那個分配的比例要怎麼安排。好，資源好了之後呢，剩下就是學生自己的功課了，如同師傅引進門，學生自己

要去修行了，要在這個題目上面去找出一個出路。當時吳校長的研究題目有一個特色就是都是在探索未知領域的，也就是在當時可能不是你在臺灣別的地方、別的研究單位看得到的、要做的題目的方向，所以對研究生來講，它就是一個探索未知的過程。

好，因為是做 IC 嘛，所以他有一個要求就是，每一個研究生，尤其碩士班，一定要做完一整顆 IC 之後，才能畢業，你提早做完就提早畢業，延後做完就延後畢業。當時一開始設定這個 rule 的時候是 chip 要 work 才能畢業（引起大家笑聲），然後發現好像這變得越來越嚴苛了，剛開始大家都還可以 fit 這個標準，然後發現 IC 要做的複雜度越來越高，達陣的機率有點開始往下偏低了，所以就開始放寬了，確切哪一年我也一直回想不起來，至少不是我那一年啦。反正畢業規矩就是 IC 要做完一遍且一定要 work。我發現這個教學方式對於臺灣 IC 設計，這個領域的發展，它是一個很有 impact 的一個影響。

正如剛剛吳錦川教授有提到就是說，307 實驗室畢業的學生基本上他不用找工作，是工作來找他，我也有聽過當時的 design house 的主管級的人的 comment 就是，一般他們收 designer 的進來，可能還要花二、三年去做訓練，才能安排 project 給他做，那 307 出來的，報到第一天就開始在接收 product 的開發 mission，可見當時老師這個架構訓練出來的學生，在 IC design 這一塊是非常有效果的；然而因為每個學生狀況不大一樣，有的可能資質很好，像 307 實驗室真的資質很好的學長很多，像我剛進來還有點自卑，因為每一個都身懷絕技，當然後來自己訓練完畢就沒有這個自卑感了。

有的學生他可能在研究過程會遇到瓶頸，這時候就會求教於老師，這時候吳校長他就一定要跳進來去解決這個問題，而我在旁邊是看過很多案例就是，他為了幫學生解決問題，他自己要去看滿多資料的，要 pick up 一些前因後果他才有辦法想 solution，他是很有耐心去做這一件事情的。這一點就是我覺得他偉大之處，在我眼中

他偉大之處是在這一塊，就是學生如果有研究瓶頸的時候，去求救於他的時候，他是很願意花力氣去跟學生一起探討這個問題如何解決，不然的話，我有一些同學在其他學校的研究所，都嘛是被打回票，叫學生自己再想辦法去怎麼克服，這一點就是吳校長在帶學生的過程中，我滿敬佩的一點，包括我也有幾件案例去找他，他也是陪我去把這些問題突破。

那最後還有一點就是，他在每一個研究生完成他的研究成果，寫 paper 的時候，他那篇 paper，他是每一個學生喔，他都要親自改，而且他改的是逐字去 review 那個內容，不是丟給人家代勞的。你可以想像，當時他的研究生，我那個時候，吳重雨旗下的，我記得碩士、博士加起來最高是六十個人，每年畢業，碩士加博士可能也差不多要有十個人，每年要投的 paper 數那我也算不清楚了，但他就是每一篇要出稿的 paper，他是每一份都會親自從頭看到尾，有些微的錯誤他都可以把你盯出來，甚至寫得讓他不夠明瞭的他也會把它點出來。他就是利用這個架構，一直在訓練研究生。那時間證明了，老師這個架構真的是，對訓練出一個有獨立自主見解跟研究能力的學生是很有效的，我是建議看能不能把它寫成一個範本，讓所有從事教職的人可以參考，或者去複製它，所以這個大概是我對他訓練學生，這個架構的一個心得跟描述，看各位師兄弟有沒有要補充的。看謝志成要不要補充一下？謝教授要不要補充一下？（引起大家笑聲）

吳重雨：謝謝姜副董事長，請謝教授補充一下。

謝志成：各位老師、各位學長、各位學弟，館長、組長大家好，我是謝志成，現在是清大電機的教授。剛剛聽丞翔學弟說他是 2012 年進入 307，我是 1990 年，當然學長就更早了。其實我當初看到這個題目的時候其實有點心虛，真的不知道要挑什麼，所以我要先自首，因為等一下學長會吐槽我，我先自首我在實驗室存在感滿低的，因為我是一個很不喜歡去實驗室的學生，很獨立研究啦，所以我真的很

少去實驗室。我大概也很努力地去整理出，其實這樣一路走來，甚至自己當老師之後，回頭會發現一些（307實驗室的）DNA在自己身上的作用，其實還滿有趣的。

剛剛鳥人姜信欽學弟有說（引起大家笑聲），他只有研究所加入，我是交大電子79級、交大電子碩士一年，然後直升交大電博，所以我是號稱「純種馬」。我很喜歡說自己是純種馬，在交大待了十一年。其實我可以先分享，老師其實上課上得非常好，大學生的心目中，老師的課真的是……，大家都當過大學生，我們當過教授也知道，大學老師這麼多，真的有用的課不多啦，你會想去上的課不多，可是老師的課上得非常好，所以老師的課上到好到讓人家覺得我一定要去找他當指導教授。所以我們那時候就是這樣，我們上完他的課就是：「我一定要去找這個老師當指導教授」。

那時候也是運氣不錯，研究所有考上，成績也不錯，那也很忐忑，就去找老師，老師一口就答應了，讓你覺得說：「欸，怎麼運氣這麼好，老師馬上就答應？」因為那時候老師其實滿熱門的；接下來一進去之後就發現：「欸，老師帶學生怎麼跟上課完全不一樣？」（引起大家笑聲）呵、呵、呵，不好意思喔，老師。老師上課是非常地鉅細靡遺，他帶學生是非常地自主研究，所以我覺得這個很好，我後來也這樣（引起大家笑聲）。我現在當老師我也這樣，我盡量努力地上課要讓學生感受到，因為他們……，我是覺得身分不同，這是大學生的階段、研究生的階段其實身分不同，所以本來採用的方式就不同，所以我覺得這是一個很好的方式，就把它學起來。

進來以後就發覺，欸，老師真的很忙，因為那時候剛好（老師）接了處長，那幾年，因為大家在實驗室，在307的階段不同，隨著老師的階段不同應該都有不同的經驗，我們那時候剛好進去，老師剛好在接處長那一段，就很忙；可是很深刻地感受就是，這個實驗室學長實在太強了，所以我後來自己在建了實驗室我才知道，

學長有多重要，當一個實驗室有一個很強的學長的時候都不用你管，下面的學弟就會看著學長，那種神一般的學長，你就知道，你來這裡你就應該要有這個水準，所以我那時候一進去，上次講過呂平幸學長、K王學長（呂平幸學長的綽號），是我們心目中的神，那時候我們那一屆啦。我剛好一進來又被assign到接學長的計畫，我後來甚至都跟我兒子講，我一進去學長就把一個「屎缺」（臺語sái-khueh，即很爛的工作）丟給我（引起大家笑聲），因為學長那時候剛好幫忙老師接了中科院計畫，應該是下了一顆晶片，我一進去，然後晶片剛回來，學長就要量測。

這邊順便分享一下，剛好我一進去老師就說：「那你先去跟著學長，接那個計畫。」學長某一天早上就帶著我到那一間（指圖2），就到照片裡面的那一間，那一間沒有什麼，好像就實驗室嘛，我們那時候實驗室還在那裡，那一顆晶片在那裡量，我印象中沒什麼採光，因為實在有點久，黑黑的。學長很奇怪，我們不是說晚上才上上班嗎？學長跟我約早上九點（引起大家笑聲），他跟我約早上九點，好啊，九點，我們剛第一年的，趕快，很準時地去，學長一進去就開始，陣仗打開來，然後把儀器架起來，就開始量，就這樣量、量、量、量，量到下午六點（引起大家笑聲）。然後我這中間好幾次，我就說這學長到底在幹嘛？因為我不能幹嘛，我只能在旁邊看，這學長到底在幹嘛？為什麼這一臺量完不行，撤掉，再拿另外一組來，又接上去，又搞一搞、又搞一搞，又不行，又再測另外一組，又搞一搞。那一天我就完全地被震撼到，原來研究生要這樣做。好不容易，那一天到後來學長終於……他終於決定我今天做夠了，還丟了一句說：「剩下的學弟你自己試試看。」（引起大家笑聲）然後他就走了，然後我就真的不知道我什麼時候才可以離開。所以我想那個經驗就讓我後來……我就覺得沒有什麼事情可以難倒我（引起大家笑聲）。就覺得，反正研究就是這樣。

所以，回頭我覺得老師很棒的地方是他其實……剛剛其實姜信

欽有提到説，老師在研究題目的選擇上其實是很前瞻，所以我們那時候接的，imaging sensor的readout IC到現在，我剛剛算了一下，三十幾年了，我還在用耶。我自己的研究室的研究題目，還在用這個題目，所以其實很早，老師就幫我們把方向都很前瞻地規劃好，所以你浸淫在那個題目裡面，雖然是自主學習，可是你學到的那個趨勢是對的，所以累積起來的東西在你未來都是終生受用，所以我覺得一個好的老師，就是幫學生把題目先⋯⋯，就很像很好的老闆一樣，我把產品先定義好，工程師你想辦法做出來，那我的角色就是我給你很好的資源跟環境，所以我覺得老師在這一塊是做得非常棒。

　　剛剛大家在講這個實驗室建置，我覺得學長非常辛苦，因為那一段剛好搬過來我沒有參與到。那時候我的印象很深刻，就是一整個桌子的那個menu，原文的menu，印出來一本、一本全部擺在桌上，學長他們最辛苦，因為他們要分配，大家都不懂，甚至連Linux怎麼建都不知道，就開始找人來認領。我再度自首，因為我真的存在感很低，我就趕快躲起來（引起大家笑聲）。因為我也不會，那我們有一個很棒的、很強的學弟，張恆祥跟余邦政他們就接起來，剛好就從學長跳到我的學弟，我中間就蹲下來，跳過去（引起大家笑聲）。可是那時候真的，大家花好多時間把那個很棒的環境建起來，讓我們後面的研究可以做得很順利。不過我可以分享一個八卦，我們那時候，我們負責了一件很重要的事情就是，老師那時候也算開了一個先例，就是説隨著實驗室的變大，我們要有實驗室助理，所以你記得嗎？實驗室那一屆助理居然是由博士生來負責interview，你們現在應該不記得了。

吳錦川：不是一直這樣子，不是嗎？

謝志成：我不知道，我知道我們承接到的任務就是「你們去負責把研究室的助理找進來」，我們就開始去call⋯⋯

吳錦川：就全部的人爭先恐後去⋯⋯

謝志成：真的嗎？後來的也這樣嗎？

吳錦川：全部的人都爭先恐後要去啊。（引起大家笑聲）

謝志成：所以我的印象很深刻，哇，原來我們可以interview研究室助理，那當然要挑可愛的（引起大家笑聲）。創造了兩個成功案例（實驗室歷屆有兩位助理後來與博士班結婚）。

　　對，我們就創造了非常成功的……，這個不知道可不可以講？這個請當事人（指邱進峯）自己講好了。我講我知道的那一段，我們interview了，選了一個那一次來最可愛的，後來她也成為我們實驗室博士生的老婆。因為那一段剛好是我這一段，我們還幫他一起追她，所以這段是……稗官野史喔。所以我覺得，這個環境很好，很重要，就是説你把資源都準備好，那剩下學生應該就是……應該是讓他自己知道目標在哪裡，然後看到學長是這麼強，他就知道我應該要這麼強，所以我覺得這樣的run法是最棒的，因為也不需要這樣手把手的去帶，不過剛剛有講，學生不同嘛，我雖然很想達到這個境界，可是常常天不如人願，你就會遇到不同的學生，所以要有不同的處理方式。

　　那我想，剛剛我本來就要講説，老師改論文那一段，我相信大家都有印象，我們實驗室進去，左邊是休息區，沙發嘛，然後會有漫畫，那很重要。大家記得那一支電話嗎？實驗室的那一支電話非常地重要（引起大家笑聲），那一支電話就是，我們把論文送到老師的住處，請老師開始改之後，你就要回去抱著那支電話（引起大家笑聲），不管是幾點，半夜一點、半夜兩點、半夜三點，你就是在那支電話旁邊，隨時電話響，大家搶著（接）……「過來拿。」「Oh, yes, sir!」然後就趕快衝到老師的住處。所以那支電話非常地重要，所以大家應該印象都非常地深刻。那這背後也意思是説，老師在改論文真的是鉅細靡遺，而且在那個年代，或者是老師的習慣啦，老師是用紅筆寫在那個你打字稿上面，密密麻麻、密密麻麻，非常地密密麻麻。

那我自己（現在）是用 word，所以我非常地後悔我用 word，因為學生給你就是接受全部，因為 word 打完之後接受全部，學生就……好，老師改完了；那我們那時候不是，我們是逐字這樣把老師所有的精華都要看懂，重新再打一遍，再送回去，不是一次而已喔，那個是好幾次的事情。所以我覺得我們那種訓練比較好啦，也讓我們學到很多的東西，到現在才能夠讓每個人在不同的位置都得到很多的幫助。我看看我是不是講完了。好，先分享到這裡，謝謝。

吳重雨：好，謝謝謝志成教授的分享。好，那我們現在在第一部分，大概都做了第一次發言，還有一些發言。我不曉得大家還有沒有要補充的，我們先讓湘雲看看有沒有什麼要讓大家再說明的，或者哪一部分還需要再講，湘雲有沒有什麼問題？提示大家。

周湘雲：我有想問一下吳介琮老師，您那時候為什麼會從國外回來接受教職？是收到邀請嗎？還是因為一些什麼原因？然後吳錦川老師也是，就是您那時候為什麼會回來交大教書這樣子。

吳介琮：教書從來不在我的人生規劃裡面，我必須承認，剛開始是不在我人生規劃裡面。我那時候在國外（美國）讀書，那時候（取得）博士，然後在那個灣區做事。然後剛好，我那時候很久沒有回臺灣，我記得就是 1990、91 年的時候，我就回臺灣，回來看看爸爸、媽媽，然後新竹好久沒有去了，就跑來新竹，然後碰到任老師——任建葳老師，那時候是（交大電子所）所長，然後他就說：「欸，你……」那時候，臺灣剛好是……包括交大，剛好在積極地找國外的老師的時候，後來他就鼓勵我來申請，然後他說：「你其實不來也沒關係啊，你就先申請一下，對不對？然後再看看會發生什麼事情。」所以我就申請了，對啊。

然後我是……我那時候已經差不多做了三年、四年的事，我那時候是在美國惠普公司，惠普公司現在已經跟創立完全不一樣，那時候還是一個……在美國還是……就跟現在的 Apple 一樣，是很

受尊重的公司，那時候，對啊。然後我在那邊我已經有想要換工作，我那時候想要換工作，然後回臺灣，對我來講那時候也是一個……也是考慮的一個方向就對了，然後剛好在美國那時候也是想要……，反正有一些那種……就是說想換工作就對了，想換工作。剛好交大給我 offer，那我就說，我去換個環境，然後看看一年以後，我再來決定，所以我那時候打算待一年就好了，我想說反正我就待一年就好了。回來當然很痛苦啊，307啊對不對？307還好，教書很痛苦的，我不大喜歡教書，教書很痛苦，對我來講是很痛苦，尤其第一次大家都知道，第一次要非常多時間準備教材，對不對？但是你會發覺，我不知道是不是學校才有這樣子，我在這邊……很自由，這自由是我在讀完書以後失去的東西（引起大家笑聲），失去的東西，所以我才想說自由這個……就跟現在講的一樣，當你有自由的時候就好像呼吸一樣，失去的時候才知道說沒有自由，對啊。

我那時候在307實驗室，當一年以後對不對？我才申請計畫，做我想做的東西，還沒有人管，做什麼都沒有人管，對不對？不准跟那個在做事的人講喔。在學校是沒人管，至少交大沒人管。有的去還要被管，我是沒有人管，吳老師、任老師（任建葳）都不會管我的，只有那沈文仁……（引起大家笑聲）。一年以後我發覺……就我講過，我的痛苦時間是很短的，大概一、二年以後就覺得……我不要失去自由，所以我再待個一、二年看看，一待就待到現在，待到退休，就是這樣子，對，我認為就是一個機緣；然後一個交大的環境，對啊，雖然薪水是比較少，但是這個環境會讓你覺得不想離開，就是這樣。

吳錦川：好，那個以前我也是不可能想到說會當教授啦，因為以前是十七歲，因為進大學也才十七、八歲，怎麼可能知道說將來要幹什麼，而且也沒什麼重大的志向，只想說有一天畢業之後可以找到工作，然後養家活口這樣子。那我博士畢業之後在美國做了六年事，前面

兩年留在CMU做那個博士後研究，然後就為了申請綠卡，最後去NASA的JPL（Jet Propulsion Laboratory），那個其實是加州理工學院管的，那個單位現在是掛在NASA下面，所以我一直沒有失去吳介琮所說的那個自由，都一直在做研究，研究員那些等於是在學術單位裡面，那之所以回來是因為父母親，到那個時候就開始三不五時會聽到某某學長，甚至同學，住在美國的，就是父母親過世，他根本最後一面都見不到的這種事情，所以那個時候，我父母大概也快六十，所以我想說，還是回臺灣好了。

另外一個當然就是，在NASA工作才知道光速飛行是騙人的（引起大家笑聲）。做個計畫都要十年以上，光飛到目的地，快的到火星要飛二、三年，慢的去什麼天王星、冥王星那個是八年、十年的事情，一輩子哪有幾個十年？做那種太空計畫其實真的太耗生命，就看更早、更早的那些學長，我那時候進去三十多歲，更早的學長，五十幾歲的，一輩子做兩個計畫、三個計畫，就退休，所以想想，這樣做下去也沒什麼意思，就想換工作，然後再加上，後來結婚，我老婆不喜歡在美國生活，所以才有辦法回來。因為那時候很恐慌，有太多的朋友、同學看到就是，他想回來老婆不讓他回來，如果你有小孩，進小學之後，更不太可能回來，老婆的反對非常重，就是在臺灣的人拼死拼活要把小孩子送出去了，你還帶小學生回臺灣，這種事情絕對不可能出現。還好我timing是那個時候，還沒生小孩之前老婆就說，算了，她美國不想住。加上那個時候就是剛好在美國是住LA嘛，所以人來人往的，要去機場接臺灣這邊的朋友，然後還帶他去狄斯奈樂園幹嘛的，環球影城之類的，所以認識了吳校長還有沈文仁教授、任建葳教授，都在我家住過，等等的。

所以那時候要申請的時候就說，那就申請交大，因為到那時候離開臺灣已經十三、四年了，所以其實也不認識什麼人了，所以就想說好吧，那個教書感覺是很麻煩的一件事情，但是回來教書好歹

有寒、暑假，照顧小孩可能比較方便一點。但是那時候吳教授還有沈文仁他們從來沒有跟我講說，其實你沒有寒、暑假（引起大家笑聲），那是國中小學的老師才有寒、暑假（引起大家笑聲）。就這樣回來之後，確實前面教書是很痛苦的，有教過都知道，教到後來我受不了就是因為我已經想不出題目給學生做，然後要負責學生的前途，那個壓力實在太可怕，還繼續教得下去的老師我都非常佩服，那個壓力很大。因為在公司裡面，私人公司裡面，反正員工不爽，他離職就好了，他可以找到其他工作啊，一定是找到其他工作才會離職啊，但是學生畢不了業，家長會來找你，我不知道你們後來有沒有碰過啊？不要說研究所，光大學部，後來我有一次，他們都沒有跟我講就是，改期末成績要很快送給教務處，你如果是最後一個送的，你把他當掉，造成他二一，家長一定來找你，後來手腳都很快，趕快送出去，我後來就這些事情教不下去了。但是anyway就是說，不好意思回到307話題，就是說，那整個氣氛跟團隊，那個整個合作的關係其實很難得，現在回頭想就是，為什麼會成功就是，它比外面公司的組織還嚴密，而且大家做事比在公司做事的還認真，沒有拿錢但做事還比外面公司盡力，所以經過這樣子訓練之後，去外面工作其實不會覺得辛苦，就是不要來當老師。

吳重雨：Okay，好，謝謝吳錦川教授的分享。

黃明居：校長，我想請教一下，實驗室裡面有已經沒有在使用的設備，從早期到現在有哪些設備留下來嗎？

吳重雨：應該是有留下來，這個要整理一下，不過有一段時間我們就會報廢。報廢的時候，有時候學校就會拿走。

黃明居：聽完之後，我覺得我們是可以再規劃設計一下……，因為聽起來這個實驗室對整個產業影響很大，還有吳校長您創立實驗室的一些核心精神跟訓練學生的過程，我認為是滿值得在陽明交大保存，並且有一個空間可以展示。在發展館上面，我想我們可以請吳組長去設計一下，因為發展館有一個半導體區，它旁邊還有一點空間，我覺

得這一塊是很值得留存下來。

如果說實驗室裡面還有一些文件，或者像被吳校長修改的論文，如果還在的話，我覺得那個東西是可以讓學生們當作一個有很好的精神標竿⋯⋯，算是一個典範。我是外行人，從剛才這樣的討論到現在，我覺得吳校長在 IC 設計這個產業，尤其對臺灣來講，是非常、非常重要的起點。而且是從這實驗室訓練出來的同學，哇，某一個產業如果聽到某一個實驗室出來它一定會錄取，這個真是不得了。這個訓練學生的過程，或是剛才討論的主題，大概都可以放在發展館某一個角落讓大家欣賞，尤其訓練過程中的文件能留下來，絕對對後學有很大幫助。我不知道各位有沒有到發展館看看？我們有把淩鴻勛校長的筆記放在那裡，學生看到就會嚇到！

吳重雨：很整齊。

黃明居：上課的筆記非常、非常整齊。早期他們做學問，那種嚴謹度真的沒話說。上課筆記都能夠整理到像刻的一樣。我想說你們實驗室如果有類似這種東西，拿來展示，對後學者跟到那個地方看到這種東西，一定會很感動的，尤其是這種 IC 設計領域，我覺得還滿值得放進來。

另一方面，是吳校長實驗室裡面實體的那個部分，讓大家看到實體的東西，可以感受到實驗室的部分精神，還有那個核心價值。這樣典藏保存，對晚輩學習 IC 設計的人應該會影響滿大的。有關經費方面，雖然圖書館經費很拮据，但我相信吳校長的學生都很有成就，如果到時候能夠 donate（樂捐）一下⋯⋯，我相信經費不會有太大問題啦。

吳重雨：我們可以考慮看看。

黃明居：對啊，我覺得那個都是很好的。

周湘雲：校長的 307 有一個小房間，我們上次跟銘浩，我們之前有去 307 實驗室看過，然後它們有一個小房間裡面有堆很多雜物，但是沒有

整理，我們那時候去看覺得……（有很多東西），也有拍照給校長看，問有一些東西他們以前怎麼用，然後也有跟老師……（討論是不是有保存的可能性）。

柯明道：我上次給你那本校長上課的投影片，手寫的。

黃明居：對啊，我覺得那個都是很好的。

柯明道：對啊。

黃明居：再找找看，因為那個如果要放在發展館……

姜信欽：……在辦公室啊。

柯明道：就選一些給它放在圖書館。

黃明居：可以、可以。

柯明道：以前上課的投影片。

呂平幸：投影機那一種的啦。

柯明道：是那個時代……。對，這個我經歷過我知道，可以寫在（投影片）上面。

黃明居：我覺得像剛才各位談完之後，覺得老師上課上得非常、非常好。然後研究那部分也是，如何訓練學生，這些內容我覺得是可以典藏下來，可以當作初學者，如果學生剛進來這個IC設計領域，是一個很好的典範。

呂平幸：我補充一下我們那時候上課的時候，很多清大好像是控工（「控制工程系」的簡稱）的，還有電信旁聽，還有園區的，那時候聯電的卓志哲學長帶他的部門的人來聽，我們自己本科的人都要提早去搶位置，不然那走道都坐滿人啊。

柯明道：如果那時候還有照片有留下來……

呂平幸：那我就不知道。我記得很多清大的人來修啊，還有控工的來旁聽啦，不是修啦。那個講義都要印……，幾乎可能要兩倍，就是修課

學生的兩倍，所以那時候來不及印啊，我說第一堂課上完……，下課還要回去拿講義來發，不然……，因為那個在系館那邊，印講義給學生嘛，我記得那時候很多人，上課非常多人。.

黃弘一：後來不是有找不到（可以容納那麼多人的）教室，（需要）到禮堂去上課？

吳重雨：對、對、對，坐不下。

黃弘一：對啊，到禮堂上課啊。

呂平幸：還有人站在後面聽的啊，我還記得那時候……教室，那個階梯教室的階梯還（都坐滿了）……。因為那時候會開的……，敢開這種課的人沒有，那時候我們老師把 IC 設計的這個課程，類比 IC 設計帶進來，那時候都是用……，他去剛剛那個柯院長講的，*JSSC*（*IEEE Journal of Solid-State Circuits*）那些當今最新技術的 paper，他就講 paper 那些各種電路的設計等等，所以那個是已經是可以講說跟全球、全世界，跟美國在這個領域，設計的，應該都是最新的技術了，那時候，我是覺得是這樣子。這個老師應該很有印象吧？我記得那時候是這樣講。

吳重雨：我可以找找以前上課的講義，也許有一些講義還在，手寫的講義。

黃明居：吳校長你的手稿我們是一定要保存下來！這一部分我們再來規劃，放在發展館上面。因為發展館上面那個半導體製程，應該是張校長那時候，比較著重在半導體。

吳重雨：儀器設備，對。

黃明居：儀器設備那一塊，IC 設計那部分談得比較少，所以如果那一部分我們有一個空間，在它旁邊的那個空間，我覺得那個滿好的，非常好。

吳玉愛：再弄一些展區，可以把那個 307 故事寫進去。

黃明居：剛才中午的時候也跟吳校長提過說，如果我們有一個平臺（網

站），過去有上過吳校長課程的人，可以把他一些還留下來的照片或是講義、文件傳上來，我們也都很樂意，我想這個是滿好且重要的一個平臺，典藏過去的吳校長的上課情境記憶。

吳重雨：謝謝、謝謝，我們來規劃看看。謝謝館長。

黃明居：那這一塊我想，我聽起來就真的很經典，非常好。那個經費方面妳（指吳玉愛組長）就不擔心，那麼多的總經理跟副總都在這裡，應該沒問題啦。你們有去過我們發展館嗎？在圖書館七樓，吳校長大概知道，就是我們七樓有一半的空間，是放交大的校史相關資料。

吳重雨：是把一些過去發展的（資料收集起來）⋯⋯

黃明居：過去交大的一些歷史資料都放在發展館上面。那時候張俊彥校長有規劃一個半導體區，完成後是全國最好的校史館。他們透過投影技術，將半導體的製程轉換成光影，投射在空間中。

吳重雨：對，光罩，刻那個 Rubylith。有保存起來。

黃明居：我覺得將此實驗室的核心精神或 IC 設計訓練過程，很經典的東西設計在整個空間裡面，我覺得都滿好的，可以規劃一下。

吳重雨：謝謝，謝謝館長。好，現在時間差不多了，我們先 break，然後去合照。

周湘雲 要拍照，我們有一個拍照時間，然後大家再休息一下，再回來。

吳重雨：好，我們要去外面。

◆下半場發言紀錄

柯明道： 那我們就進行下半場，大家的歷史見證。接下來，已經有事先安排部分的學長、學弟做一些分享。前面是有關於學生分享不同時期實驗室的學習狀況，後面是學生找工作歷程，還有國外實驗室展開國際合作案，以及307實驗室對產業貢獻等等。我想，如果輪到你發言，或是你想要補充的話都可以，我們就按照這個安排進行。首先就請我們第一代的、資深的學長王進賢教授來分享一下當初的學習情況。

王進賢： 老師、各位學弟，啊（是）同學（引起大家笑聲），剛剛上半場聽大家在說明，我感覺上已經離我很遠了（引起大家笑聲）。剛剛大家其實在談90跟2000年以後的事情，我在談80的事情，哈哈（引起大家笑聲），所以我跟各位只有一個overlap，就是那一棟（指今博愛校區實驗二館，圖2）。剛剛讓我想起來說，我博士論文寫完的時候，那一個早上五點鐘，從那個大門走出來，然後伸個懶腰說：「我終於把博士論文寫完了。」所以只有那一棟。我剛剛不小心又稍微算了一下，今年2021，我是1988（年）畢業的，天啊！然後事實上我唸了兩年碩士班、四年博士班，再把那六年加上去，所以大家叫吳教授……，對不起，我覺得對我來講很陌生，我這一輩子只叫過他「老師」，更常叫的叫「師父」，如師如父。我總共認識我的老師三十九年，差一年就已經四十（年）了，這麼久了。所以我1988（年）離開的時候，可能這裡包含兩位吳老師都還沒進來，所以這個實在是很久遠。

那我是一個資質比較笨的學生，也教不了交大這麼優秀的，像諸位這樣（的學生），所以我回到老師的故鄉去教書，今天從老師的故鄉來。先跟各位透露一個（事情），我畢業的……好像沒幾天的樣子，有一天我知道一件事，原來我的老師是個「文青」（文藝青年），按照現在的話來講叫「文青」。各位知道嗎？有人知道吳

校長會寫新詩嗎？會喔，知道？我覺得圖書館應該去把吳老師寫的新詩那些東西找出來，我覺得那是一大特色，為什麼？因為剛剛大家都在談實驗室，我忽然間想說，我這麼老的學生了，你們的經驗我好像都沒有。我來談一點這個307實驗室最早的人文素養、人文情懷好了（引起大家笑聲）。為什麼要這樣子呢？因為老師給我的感受最大的就是他的人文情懷，那實驗室啦、他的教學、他的研究，各位比我還清楚，已經延續了這樣四十年了，所以很多的紀錄。最早我的感受是第一手的，所以我想要談一點他的人文情懷。

　　我剛說我今天早上一大早從……今天大概七點多就醒來了，然後昨天晚上一直翻，翻到四點才睡覺，因為是今天要來（引起大家笑聲）。不、不，不要笑，其實是因為我已經也六十歲了，所以……想到白天有事，晚上就睡不著（引起大家笑聲）。沒有啦，其實我一直在回憶說，今天來我可以講什麼。那「君自故鄉來，應知故鄉事」，我讓大家知道一點，老師是嘉義人的這樣一點小故事，好不好？我為了今天要來，我上個禮拜還去老師的故鄉，請問大家知道在哪兒嗎？東石。我去東石買「蚵仔」（臺語ô-á，即牡蠣）買兩斤（引起大家笑聲），可惜帶不來，因為那要冰。

柯明道： 是為了要中秋節烤肉吧？（引起大家笑聲）

王進賢： 我買了兩斤，一斤才170（元），各位女士們覺得便宜嗎？我太太跟我講很便宜，所以我就買了兩斤，本來要帶來給老師的，想說沒有冰就算了。（引起大家笑聲）

吳重雨： 謝謝、謝謝。

王進賢： 那我上個禮拜去了東石的海濱的公園，我太太跟我講說，比我們去過的任何的魚市場還要棒的公園。原來我的老師是在那樣的一個環境之下被培養。我太太問我說：「這個東石公園怎麼會建得這麼好？」我拍了很多照片，我跟她講：「這一定是東石鄉有出很棒的人文子弟，當中一個就是我的師父。」呵呵。

跟各位說明一下。那我想要談的是，我比較簡化地講，我想起來我昨天晚上想什麼，我在想我剛畢業的那個禮拜，我告訴我自己一件事情說，我發現我可能這一輩子都無法望我的老師的項背，我怎麼樣都追不上他。我跟各位報告，我不是今天才證明，我老早就證明，我這一輩子追，永遠都追不上。他有三件事情我永遠都追不上：他的做人、他的做事、他的做學問，我永遠都追不上。所以下面跟各位分享幾個小故事，大家很喜歡聽故事，那這個故事也許是可以放在紀錄裡面的，因為比較少人談。第一個是做事的部分我想我不談了，因為老師做過太多事情了，各位都很熟，甚至報章雜誌都有，那我談一點他的做人好了。各位剛剛提到說要守著電話機的是志成嗎？志成現在在 ISSCC，辛苦了，最近又要審了喔？

謝志成： 對。

王進賢： 我記得我剛到學校教書的時候，打個岔，我教我學生第一件事情，我跟他（們）講：「我來這裡教書，我不想要丟我老師的臉，我希望你們……沒有到交大唸書，如果你們到中正唸書，希望獲得跟交大一樣的待遇，我老師給我什麼我就給你們什麼。」這個是我對我學生的 promise。那剛剛說的守著電話，各位知道嗎？我猜黃振昇應該還記得，老師是這樣講：「欸，今天三點來找我。」那三點不是下午三點啊，是 midnight。你就知道他怎麼對待學生的。midnight 三點他還在改論文。剛剛提到了，他的舊家的後門，因為接著學校。

吳重雨： 小門。

王進賢： 可以去拍，應該要去拍的。有一天 midnight 三點我就去了，因為我奉召而去，我剛好排到三點，三點就是我了，我不知道黃振昇排幾點，我是三點去的。

黃振昇： 我用輪的。（引起大家笑聲）

王進賢： Okay，問題是這樣，三點去的時候碰到一件非常奇異的事情，有

人來開門。「咚咚」，就有人來開門，那個人不是老師，是師母！Oh my God！師母來開門！師母妳怎麼也還沒睡？老師還在改論文，你看他還在那邊改論文。你説當學生的那種震撼，是一輩子，沒有辦法忘記。所以我知道我的老師有非常大的才智，有非常強的毅力，他超級地認真，超級地負責任。剛剛大家都知道了，這樣的故事如果不讓人家知道，我會一輩子埋在我的心裡面。半夜三點，開門叫師母給你泡茶，師父幫你改論文（引起大家笑聲）。剛剛講的，改完了以後就叫「滿江紅」（引起大家笑聲）。確定了、確定了，我學英文是那時候才開始學。

那跟各位報告第二個小故事好了，他從事學術上面的東西。大家現在都講ALAB嘛，就是number one的lab, or 阿拉伯 or Analog Lab。歹勢（臺語pháinn-sè，即不好意思、抱歉），我是那個少數的異類，我做的是digital integrated circuit design跟research。我想起來剛剛柯明道説，他記得我在做ternary logic，我應該是全世界number one，説不定會不會也是唯一的？我不知道弘一有沒有做下去？

黃弘一：我有follow。

王進賢：他有follow，那就是第一篇用動態電路做ternary logic，number one的是我。其實那時候根本沒有SPICE（Simulation Program with Integrated Circuit Emphasis）啊，我記得我去買discrete component，一個一個MOS（Metal Oxide Semiconductor）把它接板子，然後自己去實驗室找儀器，所以跟各位的看法一模一樣，independent，你要完全地獨立，這個是吳老師的特質。甚至於我做完，我做了ternary logic老師可能不知道我在做ternary logic，那我就直接跟他報告，老師説：「很好啊！」我才知道他允許大家這樣做。所以這個是跟前面大家講的是一樣。

那analog的東西，我想補充兩個小故事，一個是大家比較熟的，上課的時候剛剛講印講義嘛，呂平幸説印講義，那個是絕無

僅有的，那個講義叫油墨，不是現在的 A4 print，那是油墨，油印的。可惜了，我搬家的時候，那些東西……，因為我搬太多次家了，可能那些東西都不見了。有人有找出來，應該把那個油墨的講義把它找出來。每一堂課以前呢，在那個教室排滿滿的，一頁、兩張，page one、page two 大家輪流進去拿，拿完了上課。

Analog 的 Circuit 這門課有 textbook，是 Paul Gray 寫的，那時候已經到了第二版，the second addition，然後綠……藍色皮的，青藍色皮的，可是大家知道嗎？Digital Integrated Circuit 沒有課本的！沒有課本的根本從頭到尾都是講義、講義、講義。可是讓我深刻地，我跟各位有第二個 overlap，那還真是 Analog Circuit。Analog Circuit 是怎麼樣子呢？老師上 Paul Gray 的書，外加講義。天啊，我跟各位報告一個我的經驗，我常常跟我現在的學生講，我幾乎每個禮拜上他的課，然後回去第一件事情叫做「做作業」，然後到了那個禮拜結束，還在做作業。為什麼？因為他一堂課可以上完他發下來的所有的講義，加一百頁的 Paul Gray 的那個 textbook。我不知道我的記憶對還是不對，我應該是數過的，真的是一百頁嗎？黃振昇。

黃振昇：一頁等於八篇 paper。

王進賢：對，一頁八篇 paper（引起大家笑聲）。我告訴各位，這個如果可以紀錄下來，你要是上課的時候「盹龜」（臺語 tuh-ku，即打瞌睡），那你就完了，因為他已經跳下一張圖了，你要跟著他，那個第一張圖的第一步，然後左邊、右邊 transistor，老師就在臺上面，那你就只好跟。你跟不上你就完了，你就掛了，你回去怎麼做作業？不可能的，這是 Analog 課的第一個小故事。

我跟大家分享第二個小故事是這個樣子，因為我的 Analog 課上完，我不知道黃振昇還記不記得？Analog 上完的那一學期的最後一堂課，搞不好老師自己都忘了，我跟老師報告一下、提醒一下。老師走進來了，那門課要結束了，可是他跟大家講一件事：「你們

寒假還想不想上課啊？」Oh my God，不是 Analog 的課，老師說：「我來教你們 switched capacitor 好不好？」欸，那才剛出來耶，我88 年畢業的啊，我是 84 年進博班的啊，我是 82 年進碩班的啊，所以是 82 年、83 年的時候，switched capacitor 才剛出來啊。我腦筋一直有懷疑，我一直沒有跟老師求證。老師今天順便跟你問一下：「你到底什麼時候去學了 switched capacitor circuit design，然後講義整理好了，然後還能教學生？老師你已經忙成這個樣子了，你是怎麼弄這件事情的？」所以，我說我這一輩子追不上他，他實在是讓我太佩服了。講再多就是佩服、加佩服、加加佩服，因為重要，所以說三次。沒有了，因為他可以讓人家佩服，覺得他實在是不得了。

　　我最後用一個結尾，我搬回嘉義了，所以我兒子就唸嘉義中學了，有一天我的兒子回家，然後跟我講：「欸，爸，校長很煩耶！」「怎麼很煩啊？」「今天又提到你的師父的名字了！」嘉義中學每年的新生訓練都得講啊，「我們學校有傑出校友啊，交大吳重雨校長。怎麼又聽見了？」一則以喜一則以憂啦，「怎麼老是同樣的陳腔濫調？不過那都是我爸的老師，我爸的師父。」謝謝大家。

柯明道：謝謝王學長感人的回顧，我想黃振昇忍不住了，我先給他講一講（引起大家笑聲）。

黃振昇：我這邊插話一下，因為這一段是接續王進賢。其實我們那時候上課，我記得是……應該是研二的時候，因為研二的時候我們本來在課堂上學分有一個叫 IC 製程。IC 製程的課，那因為當時教這門課的老師他基本上沒有教 IC 製程的東西，他是都做 simulation。結果老師有一天就說，既然是電子研究所的學生，他認為我們應該要懂 IC 的 process，雖然我們是做設計的，IC 的 process 也要懂，結果老師就說：「好，那我們就每個禮拜……」我記得好像是禮拜四下午，「我們就禮拜四下午來上這門課。」那一樣的，講義也是老師

印，上課也是老師上，學分沒。但是，我們那一班其實人比較少，十九位，全部都來上課了，因為再不上，沒這個機會，因為我們已經研二了，可能畢業以後，就完全沒有機會去了解IC的製程。

王進賢：不對，應該是研一。

黃振昇：研一嗎？

王進賢：為什麼？因為選老師Analog的課……，我們有十九位同學，選老師的課總共十位，有一半沒選，可是等到我們上完課了以後，那九位都跟我們講他們後悔了，為什麼？因為我們被操死了，那個term project的題目叫CMOS（Complementary Metal Oxide Semiconductor）的op-amp（Operational Amplifier）的design。如果我沒有記錯，你跟我都沒有做出來，我們全班只有一個人做出來，叫張忠智。但是雖然沒有做出來，我們想說我們所有的同學緊張得要死，會不會我們都要當掉了？原來研究所不是這個樣子，你做過了就好了，凡走過必留下痕跡，雖然只有那個同學，所有的frequency response、phase margin都過了，我們都沒有過，但是我們都pass。所以其他的同學聽到了嚇死了，所以老師在開課的時候十九個都來，那應該是研一。

黃振昇：因為我這邊想要提的是說，其實老師對於學生的想法是說，他認為你應該學到這個東西，他不會（有）因為說這堂課不是我教的，是別人教的，不該我負責（的想法）。他認為這樣的學生我就應該要讓他在這個學程中要學會，所以其實我們在學習的過程中有很多這樣的經歷，就是說老師不會因為這個是他的責任範圍，然後他把它做好而已，而且不屬於他責任範圍，他也會認為（只要是）學生有這個需求，他就去幫忙、他就去做，這個是我接著王進賢，補充一下，謝謝。

王進賢：你想講我就再補充一下，剛剛忘了，麻煩師父回去跟我家的師母報告一下，我也很想念她，謝謝她，真的。

吳重雨：我會、我會。其實你們都青出於藍。王教授他也客氣了。

柯明道：好，那接下來是不是請王文傑，2000年的年輕人，分享一下你學習的過程？

王文傑：老師好，各位學長好，我是王文傑。我大概是老師……，我是交大的89級，所以我是2000年進電子所，那實際上我等於是老師大學部的電子學（的學生），我就開始接受老師電子一、二、三的那種訓練，然後我們那時候就像剛剛學長有提到說，老師上課非常地「精彩」，我們那幾屆學完老師的電子學之後，系上就有一個專題，那時候我們就跟老師做專題，所以我大概是三年級的時候，三下的時候跟著老師一起做專題，這樣一直上來。那個時候，一開始像（修）電子學的時候，我們就繳作業，然後就繳到307實驗室。那時候進去307實驗室，哇，一進去就是「哇！好大，非常地大！」然後好多學長坐在工作站區那邊噠噠噠（打電腦），很focus在做研究，算是一個還滿shock的，哇，怎麼這麼大的實驗室？

　　然後專題做完之後就開始要準備研究所，我那時候就有申請，然後就詢問老師看看要加入老師的研究群，然後就這樣子跟著老師從專題、研究所、Ph.D這樣子，所以也算是在老師指導下，大概十幾年了，十二、三年有了。這當中，就是……大部分像學長主要談的都是老師在教學上面對學生非常地投入，用非常多的心力。

　　然後回到做研究的部分，我們一進入307實驗室，像剛剛謝志成學長提到說，一進門，我那個時候一進門，左邊就是那個紅色沙發區嘛，就有一個魚缸，然後剛進去的時候發現我們有很多學長，然後都在工作站區開始在做simulation、layout，然後也在那邊討論。因為實驗室後來有些配置的狀況，所以說……就是說後來工作站區的server，我們那時候還是用SUN SPARC或HP的，那時候的機器，然後漸漸地，像工作站組的學長開始把實驗室做一些調整，比如說server全部都變成塞到REG去，然後我們變成是開始用遠端的，就是透過PC嘛。2000年之後PC就變得很普遍了，然後就開始

在自己的 cubicle，連到這些 server，然後去做 working。

2000 年那個時期，大部分的學生開始在自己 cubicle 做事情，那在更早之前可能都是在工作站區做事情。所以那時候討論的部分變成是，大家（先是）默默地做事，然後比如說快要到中午的時候，或到晚餐，大家就會開始在紅色沙發區，大家聚集在那邊開始討論事情，討論研究遇到的狀況。因為 307 實驗室那時候有「三吳」，就是吳重雨老師、吳錦川老師、吳介琮老師的研究群；還有柯老師研究群的學生，那個時間點大家都會聚集在那邊，然後大家就很常在那個時間點交流，比如說研究上面做的一些狀況，或是討論電路的一些細節，因為涵蓋了各個領域嘛。

像我們那時候老師主要 focus 在 CMOS RF（ Radio frequency，射頻）的電路，開始切進 RF 的電路設計。早期可能像呂平幸學長那個時候就有 filter，後來像蕭碩源學長開始切入 Spiral 開始做，然後高宏鑫學長、周忠昀學長陸續下來。然後我們開始切入 RF 的電路，就換 mega hertz 一直往後做，所以這邊是 RF 的部分。同時間還會有……，因為我們電路除了 RF 領域，我們還是會接觸到其他 analog 的其他電路，就像吳介琮老師或吳錦川老師的學生有做 Data Converter（資料轉換器），然後一些 LVDS（ Low Voltage Differential Signaling，低電壓差分訊號）相關的電路。然後有時候就會就電路的東西，（我們會一起）討論看有沒有（能）激發一些不一樣的想法。

所以那個時候，我覺得紅色沙發區那一邊，大家雖然在那邊用餐，當然還有看電視啦。（但）就是在那邊「扰屎」（臺語 lā-sái，即言不及義閒聊）的時候，就會激發出一些不一樣的想法。我覺得實驗室裡面有不同領域的老師，然後不同領域的學生可以做一些不一樣的討論，其實是滿好的一個環境。

所以那個時候我們大部分學生都在……，像剛剛學長提到說 307 裡面有自己的 cubicle，那因為學生後來也很多，所以漸漸地

（又增加）有五樓──527的實驗室。像我們剛進去的碩一學生都會（安排）在527，然後碩二的時候學生可能都會回到307。然後307再裡面，有一個更小的房間就是博士班學長的座位區，就是越老、年紀越資深的就會越往裡面。

然後，實驗室還有另外一個專門在做量測的地方就是（在）二樓，應該是這個地方上去二樓第一間吧，那個就是我們大部分的量測的儀器都放在那邊，包含學長他們之前建置的probe station啊，或者是早期的網路分析儀，然後 Impedance Analyzer（阻抗分析儀）等等都在那邊，那一狗票的示波器啊、power supply，還有一些暗房──老師那個時候有一個研究的topic是比較偏向生物，就是視網膜相關的，然後會有很多視網膜的一些實驗就會在暗房裡面去做。

所以我們那個時候大部分的學生，就是527、307，然後二樓那一間 lab，（都要）在那邊跑來跑去。我們算是一個還滿大的實驗室，然後很大的研究群，就包含「三吳一柯」這樣子，整個氛圍都還滿棒的，所以這大概是2000年，大約從2000年，我大概從2000年大約到大概2008、09（年），就是唸得稍微久一點，就「全餐」（指大學、研究所碩、博班）這樣子。這一段過程中還滿感謝老師這一段時間長期的指導，從很懵懂的學生，類比還是什麼都不懂，然後慢慢地帶進通訊的CMOS RF，然後漸漸地可以順利畢業這樣，還滿感謝老師，謝謝。

柯明道：好，謝謝王文傑這個年輕博士的補充。那我們接下來是不是請黃弘一教授分享一下你的經歷？

黃弘一：我被指定說學生找工作歷程，我想叫我講這個題目是對的，因為我是資質最駑鈍的，給我最簡單的題目。我覺得就是正字標記嘛，找工作無往不利，答案就這麼簡單嘛！好啦，分享一些小故事好了：就是說我要畢業的時候，我那時候很崇拜盧超群博士，我跟吳介琮老師說：「你能不能幫我推薦？我想去鈺創工作。」所以我的第一

個工作其實是吳老師幫我介紹，可是我沒去，為什麼？我有兵役的問題啊，盧超群說：「你還沒當兵怎麼辦？」所以好吧，那我就只好，我不想去當兵，就去服國防役，那國防役那個時候是六年嘛，很幸運地，我有貴人啊，王進賢經理，那時候工研院的經理（引起大家笑聲）。他跟我說我們只有一個 quota 怎麼辦？還有一個柯明道耶（引起大家笑聲）。沒關係，據說——正字標記，那就有辦法再爭取到另一個 quota，據說故事是這樣的（引起大家笑聲）。

所以呢，這個國防役是一個非常好的經驗，呂平幸後來也同時要去轉工研院了，剛剛兩個吳老師講說做晶片產業怎樣、怎樣，我後來聽到一個故事，有人傳言說：「只要經過呂平幸的晶片，絕對 First Cut Work。」（引起大家笑聲）這是一個江湖傳言。那服國防役也是一個很好的體驗啊，我在當兵的時候，我跟呂平幸——阿幸，我們那時候叫他阿幸，還有柯明道，在同一個班，有一個教官說：「我許了個願，我要給一百個人促成婚姻。」我們就說：「阿幸、阿幸、阿幸」，他放假的時候去相親，就是現在的老婆（引起大家笑聲）。所以我常常講這個故事，跟我學生講：「年輕的時候要用功唸書啊，等你有成就的時候，你老婆一定又高、又漂亮、又有氣質。」我常常這樣勉勵我的學生。所以回到剛剛講的，我們謝志成教授說他是純種馬，我很佩服我們吳錦川教授，他永遠就是用很簡單的方式、很幽默在講一個故事，他說你少一個字，只有後面那兩個字啊。我要回應（謝志成）這個故事，當你們還在吃窩邊草的時候，他已經到隔壁學校電機系去發展了。所以呢，他今天會在清大電機發光，其實他是在以前學生的時候早就開始佈局了，他永遠就是看著清大。

謝志成：埋得很早就對了。

黃弘一：是、是、是。Okay，大家都講得好，我就講一個風花雪月的故事。你們看吳介琮教授，他曾經教過我把妹你們信不信？

謝志成：哇，沒聽過。

黃弘一：他剛來的時候我已經是高年級了，他是老師，可是我其實看他像大哥哥。他有一次跟我講說：「你知道嗎？我們 Stanford 把妹有四種型態。」用四種動物來比喻，然後四種動物看到新來的女生怎麼追求、怎麼追求、怎麼追求、怎麼追求，我都記得那個故事。對，Okay，所以呢，好，那回來講到……大家都講：「我們師父啊……」，我也喜歡叫他師父，我覺得當我自己當老師以後，我常常想八個字「教育無他，惟愛與榜樣」，我很感謝我老師對我的愛護、包容，我來的時候，什麼都不會啊，他就很有耐心，等著我成長，包容我。那榜樣剛剛大家都提過了，那個教學的方式，剛剛學長說 SC，switched capacitor，我們那個年代 DRAM 開始起步，老師竟然開一個 Digital IC 的第二學期，專門講 DRAM，所以我那個時候都守在那個地方啊，什麼老師昨天熬夜編講義，所以你們說油印，油印是送學校印，要提早印，老師每一次就是，前一天晚上熬夜手稿寫講義，然後我趕快去系辦公室影印機印，後來這個工作變鳥人在做了，有人傳承（引起大家笑聲）。

姜信欽：那時候我都是早上六點拿講義（引起大家笑聲）。

黃弘一：我們都抱著熱騰騰的講義到教室去。所以當我自己當老師的時候，我曾經看過鄭國興教授的講義，我一看說：「你跟老師講義怎麼有九成五的相似度？」我們都要模仿老師，王進賢的講義也是，然後我的教學，問我的學生說：「請問你能不能用簡單的一句話形容我的教學的特點？」他（們）說就是鉅細靡遺啊，就是鉅細靡遺，這就是從我老師身上學習到的一個教學的方法。那大家談那個改論文的事，滿江紅，其實喔，我（被）改過的講義上面都有你（指老師）抄筆記的時候那個筆滑出去的那個樣子，打瞌睡，盹龜啊，每一頁都盹龜、盹龜，改到（半夜）二、三點。所以我說，怎麼我的老師這麼辛苦在幫我改論文？盹龜。然後他第二天八點就上課，當系主任，那時候是系主任，系主任比所長小，對不對？

吳重雨：對、對。

黃弘一：交大是電子所起步的，所以系主任是所長的下屬。

吳重雨：對。

黃弘一：所以我説，他還有很多公務，我們每次等著他 meeting，因為他跟別人談不完，耐心地聽別人講話。因為他都耐心聽別人講，人家不走，他就耐心聽你講。所以呢，他晚上也很辛苦，上課也很認真，對不對？處理公務又很認真，那 meeting 的時候怎麼辦？開始盹龜。他最喜歡這樣，撐著眼皮按呢（臺語 án-ne，即這樣、如此）。我説我每次都好感動，我的老師撐著跟我討論，對。所以講到那個研究議題的事情，我其實對我老師很簡單地形容説：「他是個先知。」他從來不計較我過去不會，我今天在跟他報告，説得不好，他也就是耐心讓我説完，可是當我講完的時候，他眼睛一亮，他馬上點一個明燈給我，所以我記得他只要給我幾個關鍵名詞，我抓到那幾個名詞，我走下去我一定會做出我的論文。所以我常常説，一個好的導師他只要方向跟你指引正確，耐心等我們自己去發掘自己的智能，我們自然會走出路來，所以在座各位一定都是這樣的體驗。

所以呢，我比較幸運的是，我就 follow 我們王進賢學長他的論文，我就 follow，老師給我一個指示，那個王進賢你做，我就做了；所以我比較幸運的是，我的碩士論文做完的時候，那一篇後來就上了 *JSSC*；所以我比較幸運的是，沒有機會被老師罵。當然他不會……，印象中他只罵過人一次，就剛才講那個寫科技部計畫手稿，分派你們去寫、寫、寫，那一年大家可能是人太多了，分工不好，寫得不好，老師那時候講了一句比較負面的話，可是我很感動的是第二天他公開跟大家道歉，他説：「對不起，我昨天不應該跟你們講那句話。」所以我説那是一種典範，我們的老師，當他發覺他不應該那樣跟我們説，他第二天就跟我們道歉，我覺得是一種讓一個學生非常、非常佩服的。

好了，然後再回到找工作這件事，當我工研院服國防役滿了，

其實王進賢學長也是國防役滿要找教職，他很謙虛啊，他說要去找教職，因為他是我的長官嘛，我說：「學長你要去中正面試？」他說：「對。」多少人要應徵？那個時候是最難的時候，一百多個人只聘一個。我就問他說：「啊汝若是無牢欲按怎？」（臺語 ah lí nā-sī bô-tiâu beh án-tsuánn，即「啊如果你沒有錄取怎麼辦？」）真正按呢共問（臺語 tsin-tsiànn án-ne kā mn̄g，即「真的這樣問他」），一个機會（臺語 tsit-ê ki-huē，即「一個機會」）啊。伊講（臺語 i-kóng，即「他講」）：「反正我就是要回我的家鄉，那個吳鳳工專我也會去教。」其實你們不知道，後來我們前⋯⋯有幾個頂大，跟他講，王進賢汝來（臺語 lí lâi，即「你來」）啦，伊講：「我就是要在我的家鄉。」所以他對他家鄉的愛是一輩子的，他其實是足（臺語 tsiok，即很、非常）謙虛、足謙虛。

所以我要講的是說，我很幸運，我的老師這樣教育我，各位師兄、同學、學弟，陪著我的成長；其實我更感動的是，學長一直是我心裡的導師，過去比較小的時候，只要有困擾，就打個電話給他，他一句話我就：「啊，我懂了。」我剛才跟各位講我有一些 sleeping disorder 的問題，他說：「汝哪毋較早共我講？」（臺語 lí ná m̄ khah-tsá kā-guá kóng，即「你怎麼不早跟我說？」）有時候他就是這樣一句話就可以把我點醒了，這就是一種開啟我的智慧，你知道嗎？所以我說一輩子有這個幸運認識我的師父、我的學長，還有各位同學，其實進到這個實驗室真的是受用無窮。就是很高興，謝謝大家陪伴我。

柯明道：好，謝謝弘一大師的分享（引起大家笑聲）。對啊，我們都叫他弘一大師，因為有弘一法師嘛。好，那王文傑，我看到這邊還有你的名字，我想你剛剛有講過，是不是先請後面的⋯⋯發表一下看法，好不好？

王文傑：想說多幾個，然後最後會挑幾個講（引起大家笑聲）。

柯明道：那呂平幸呢？要不要再分享一下你學習過程的一些經驗？要不然我

們就請姜信欽來講一下你的學習歷程。

呂平幸：開公司啊。

柯明道：找工作啊。

姜信欽：喔，找工作喔？我這輩子沒找過工作（引起大家笑聲）。真的啊，
考上研究所，唸完博士班，柯院長就找我說：「欸，來工研院服國
防役吧。」我就簽了，他找我去就簽了。然後工研院畢業之後，有
一家美商公司來找吳校長要學生、要人啦，剛好我畢業，因為老婆
關係想要回臺北找工作，正把履歷寫好想要去投幾家公司的時候，
就接到校長的 message，說有一家美商公司想來臺灣設公司，你有
沒有興趣去談？我就去談，談了之後就幫它在臺灣設公司。設完公
司之後接下來就是自己造公司這樣，所以真的啊，好像沒找過工作
喔，哈、哈。

　　可是，我剛剛講的，307 實驗室出來，因為我們那個時期剛好
臺灣是 IC 設計正要起步的時候，因為那個 foundry 的 business model
成立之後，接下來發展就是 IC 設計，所以在類比這一塊，一般 307
實驗室的學生應該都被工作訂了，這個我可以分享一個小故事：我
曾經在開始要籌設公司的過程，在醞釀過程有接受到一個大型電子
公司的投資公司的一個總經理的飯局邀約，應該你們都有被約到才
對，找我們 307 實驗室畢業的學長吃飯聊天，他就分享說他怎麼找
上我們的，他說他因為想要投資 IC 設計公司，他就請他的助理，
從基隆到新竹，最南到竹南，他去每一棟辦公大樓的一樓，把那個
公司的名字都拍下來，拍下來之後回去請三個助理去篩選出跟 IC
設計有關的公司，篩完之後在裡面呢，再篩出跟類比 IC 有關的公
司，然後得出一個結論，跟類比 IC 有關的公司都跟 307 實驗室有關
聯，他又認識吳校長，然後兩位吳教授的名字也被他提到，然後他
就開始進行他的工程，去約每一個 307 實驗室畢業的學長去吃飯、
聊天，問有沒有創業的意願。你們都沒有嗎？

呂平幸： 有啦、有啦，有找過我。

姜信欽： 所以307實驗室在當時訓練出來的學生，就是一個被職場認為是一個人才來源的一個地方，所以基本上好像應該沒有什麼找工作的一個障礙，通常都是挑工作的障礙比較大，太多家了，不知道要挑哪一家，就這樣分享一下。

柯明道： 謝謝姜信欽博士的分享。接下來有國外實驗室展開國際合作案，為什麼是王文傑？你有參加嗎？（引起大家笑聲）陳志成那時候被……，有一個什麼美國的粒子對撞機，請他去做一個ADC轉換電路，去偵測哪個粒子對撞出來的電子，因為這樣拿到美國driver's license不知道一年還是半年的，回來還拿一張美國駕照給我看。因為美國駕照基本上就是等於臺灣的身分證這樣。我不知道王文傑還有在座的學長有沒有一些經驗？有關於國外實驗室展開國際合作案的這些經驗。

王文傑： 我補充一下，不好意思。就是在307老師的……幾屆的……，就是它陸續有一個……我覺得有一個算是（已形成的）傳統啦，就是說老師會在我們大概三、四年級或四、五年級的時候，會有（安排）送學生到國外做研究的一個（機會），我覺得已經變成一種傳統。就是說像從陳志成學長那時候一直下來，然後到我們2000年到2005年。

　　那我可能對我（在學就讀的）2000年到2005年那個時間點比較清楚，就是比如說那個時候有跟Johns Hopkins的學校做合作，比如說像施育全學長、鄭秋宏學長，後來像林俐如，他們應該也是有陸續出去。然後到我們那個時候，就是有跟加拿大的Carleton做一些研究，那時候就是蘇烜毅，然後我們還有一個外籍的博士班學生，約旦的Fadi（Fadi Riad Shahroury），Fadi現在在約旦也是在當教職，他們那一期就是這兩位學弟他們到Carleton做大概三個月到半年左右的research。

然後再來到我的時候，我那時候就跟黃祖德，還有王仁傑。那時候就是老師有一個機會，是從駐歐代表處許榮富組長（行政院國家科學委員會駐歐盟兼駐比利時代表處科技組組長）那邊（來的）。科技組的（許）組長那邊有一個跟 IMEC（Interuniversity Microelectronics Centre，比利時微電子研究中心）的合作計畫，他們那時候正在弄一些 45 nanometer（45 奈米）的 FinFET（Fin Field-Effect Transistor，鰭式場效電晶體）RF process 的電路設計。然後那時候老師就跟我們說有這個機會，請我們去試試看，我們那時候就去寫跟 IMEC 的一些合作啊，然後提我們 proposal。後來也滿順利的，到那邊開始做大概半年左右的 research。那個時候我們在學校的 process，我記得是 2005 年左右過去的，那個時候我們在學校這邊用的 process 還在點一三，點一三準備要到九零的時候，然後那時候就有一個很好的機會是，我們可以先去了解一下 45 nanometer 的電晶體的一些特性，然後甚至他們還有另外一組是做 FinFET，那時候算是滿新的 process。

　　如果有這個（傳統的話）……，就是老師那邊有一個滿特別的傳統（指上述送學生出國研究），補足我們在……，就是我們有點像土博士啊，就是少了出國進修的機會，但是老師的這個國際合作的交流幫我們補足了這一塊，就是跟國外的 research。我們從當中也可以了解到說，像 IMEC 這邊有 research，他們的研究員怎麼樣 focus 在他們做的東西，或者是做研究的一些方法，然後我們可以從當中也學到一些反饋，回到我們怎麼去調整我們的 research 的一些方法。我覺得這是一個在 307 這邊，在老師的研究群裡面有多了一個這樣子（的機會），還滿不錯的經驗，這是我對於這邊國際合作的一些（分享）……，算是經歷過覺得還滿不錯的一個經驗。謝謝。

柯明道：謝謝王文傑國際合作的分享。因為我們比較資深一點，沒有那個福分可以出國去（引起大家笑聲）。你比較後面這一代，國際合作的

機會很多了，所以你們就把握機會跟國外合作，很好。

吳重雨：其實吳錦川老師也可以補充。

黃振昇：我就記得我勾的不是勾這一項（引起大家笑聲）。Okay，我想我對於這樣一個題目我表達我的看法好了，就是説，因為這是整個307實驗室，那其實剛剛師父他也提到是説，其實他心中最想的是人才的培育，那人才培育其實我要提升的就是説，在307這邊所培養的人才不是所謂的單純的工程師。那我們這邊來看，擔任過董事長的，吳錦川教授嘛；呂平幸，呂平幸也擔任過揚智，上市公司喔，是上市公司喔，上市公司董事長。那上市公司總經理，姜信欽嘛。那其實還有數位是未上市公司總經理嘛。在這當然還有説，在聯發科，就是全球……五大，聯發科現在是五大嘛，在五大裡面。其實我們也有很多的師兄弟在裡面擔任要職嘛，比如説陳志成，然後那個吳慶杉，就是下面管的人都是數百人的啦。

所以其實我們在307培養出來的人裡面，其實對業界的貢獻在這裡就看得出來了，那當然這裡是説，在307培育出來的博、碩士，現在應該是兩百多人了，因為這個數字我現在抓不到，就是博、碩士其實也相當大的數量。在聯發科我們聽到的一句話是説：「做analog就是307出來的」是可以組一個大部門了。所以這一部分……，因為我覺得説，時間的再加長，其實越年輕的一代他們應該可能也會長出來，擔任非常重要的要職。那當然是説，我們剛剛談的是畢業的學生，可是未畢業的學生他對於我們產業界的貢獻，那我們可以看到307實驗室這四十年來其實接受產業界的project，其實是一直不斷的，我相信我的認知應該是大概有一百多個計畫，我的認知應該有。

吳重雨：對。

黃振昇：甚至到兩百（個計畫）都有。那為什麼在這麼長久的時間裡面，業界一直非常願意跟307做產學合作？為什麼產業界一直非常願意提

供project給307實驗室？不言可喻的是説，這個是因為307所建立起來的credit其實是讓大家可以接受的。所以也就是説，在學校的學生他其實對產業界的幫忙也是存在的，這個是我第二點要説明的。接著要談的是307實驗室對業界的貢獻，其實我們以師父來講好了，各位知道師父現在是在哪幾家公司擔任董事嗎？聯發科、通嘉。

王進賢：力積電。

黃振昇：GUC（GLOBAL UNICHIP CORP.，創意電子），力積電，晶焱科技，五家。

姜信欽：晶神醫創。

黃振昇：其實307對業界的貢獻裡面不僅僅是剛剛講的學生的研究計畫，那（是）培育人才。其實在公司的經營面上，對於我們業界的經營面上，它所涵蓋面，我們看到的是從晶圓廠、IC設計、設計服務，其實老師也都很願意，對這幾家公司提供一些建言，讓這幾家公司可以做得更好。所以這個是我覺得在307實驗室，他們對於業界的貢獻。

那從人才培育來講，其實我們看喔，老師的學生有很多都很希望可以跟隨老師的路，在學校當老師，從他們所培育出的人才，應該也算是307的延伸的貢獻。所以我會相信説整個307這樣延續下來，其實在產業界它所帶出的影響力會越來越大，就像王進賢講的：「你們沒有辦法去交大唸書，那希望我教你的就是交大的東西。」就是307的東西，就是把老師的一套的嚴密的精神、教學態度，往下傳。其實我最後要講的事是，其實十年樹木，百年樹人，307永遠有人承接。就像剛剛提到，307最好的是説，它不是一個教授的實驗室，它是一群人的實驗室，永遠有人傳承，那我會覺得這個是在國內學術界一個非常好的榜樣，就是這個設備是屬於大家的，不會因為某一個人不在，它的設備全部被瓜分了，它的精神就

是永遠存在的，一直帶領著大家做研究、培養人才，這個是我要講的，謝謝。

王進賢： 我補充一下。

柯明道： 那王進賢教授。

王進賢： 當我第一年上了前面兩篇 ISSCC 的論文的時候，我的確跟我的學生講，因為當年是陳良基在推一個就是 ISSCC 的……，因為臺灣以前，2000 年以前都沒有 ISSCC 的論文，那當初我也參與了一跤（臺語 kha，即腿、足，此有參一腳之意），第一年中正上了兩篇，交大上了兩篇。我記得有一個傳言到我的耳朵裡面，那是張俊彥張校長說：「啊，出來了，交大兩篇，中正兩篇。啊？怎麼交大跟中正一模一樣？」我說，我跟我的學生講：「中正這兩篇也算交大的。」哈哈（引起大家笑聲），「因為我是 307 出來的。」我是真的這樣講，我跟我學生這樣講。但是後來我講一個小故事就是說，當老師的那一篇做癲癇的……

吳重雨： SoC（System on a Chip）的……

王進賢： 我說他那一篇抵我十篇，哈哈（引起大家笑聲）。這個學術的成就是很少人可以這樣超越的，就我做 IC 的角度，這真的是不得了的一件事情。第二個想要補充的是，就是老師的精神你要學學不完，所以像我去中正，那時我在交大的時候其實還沒有實驗室，沒有那麼大規模，我們在的時候沒有，那的確感受到老師對學生那種愛，那老師之間要 team work，所以中正一個小小的實驗室其實也都是這樣做，我想那個可能是剛剛不知道是志成還是誰講的，DNA。

謝志成： 對。

王進賢： 那已經種進去了，應該的確是這個樣子，謝謝大家。

柯明道： 謝謝王進賢教授補充。吳錦川教授要不要幫我們見證一下？

吳錦川：聯發科那個蔡明介經常在講說他們找不到足夠的人啦！其實去弄了
公司才知道說，其實以前我認為說有勞力密集的產業，然後高科技
產業應該就是資本密集，不算勞力密集；那事實上，為什麼每家公
司都在說它找不到人？因為IC Design House是勞力密集的產業啊，
你有多少員工做多少事情啊！我們1979年去美國的時候剛好CAD
正開始要大流行，那個時候講那一句話叫做silicon compiler，你只
要對著它講話IC就會跑出來，那個比AI還厲害的東西永遠不會存
在，就是你不可能不用人去做事情，所以講到對產業的影響就是，
做IC設計的這個產業其實真的就是勞力密集的產業，但是它需要
的勞力是有特殊能力的勞工，就是我自己都不該講用工程師這個名
詞，因為我就是勞工，工人而已，不是工程師。

所以其實來源其實就是只能從學校出來，因為這個行業你不可
能說，不要說你原來不是唸電子的，即使你是唸交大電子，你如果
是去唸固態的，你不可能畢業之後去變成做IC設計，所以來源就
是這麼多。全臺灣有多少個學校收的碩士班學生是有做analog電路
的？加起來的總合就是這麼多，只會更少，因為這裡頭有些人出來
不去做這些事情。那個很快就升官了，然後就不做設計了，因為所
有公司裡面都有這個問題，就是只要你表現一好就讓你去做主管，
去做主管你就沒有辦法再去做研究，然後一直把你升，升到最後是
你能力無法勝任的那個職位，才會停止升官。

所以就是說，以307實驗室其實最重要的影響就是，這個環境
確實可以培養出的人是可以馬上融入職場，不只是說他因為有真正
做過IC一輪的那個經驗，是這整個過程，即使唸碩士至少都要待
兩年，他參與的這個團體合作，雖然計畫是要獨立做，其實有一大
堆同學、學長，甚至還要跟學弟討論的這個經驗值，其實是比在公
司裡面更難得到。因為有很多公司進了職場之後你要很自由地跟別
人討論事情，事實上有點困難，只有在學校的時候大家少不更事，
什麼事情都會跟別人講，包括去清大電機的事情都被別人知道等等

的（引起大家笑聲），所以，每次有人問到我這個事情我就一直講說，307這個事情真的無法複製，因為這整個東西的時空組合、人事地物實在是無法重現，很幸運是這個實驗室可以一直這樣承續下去，然後……當然少子化這個問題不是我能夠解決的，但是確實臺灣的IC產業整體產業成長越厲害就缺越多人，如果人沒有足夠多進去的話，其實真的會被綁手綁腳的，但是這都已經超出我能夠做的事情。

　　然後我一直在講說當老師真的是，我都只能說佩服，因為當教授的收入比剛畢業的學生還少。然後沒有當過老師的人每次都問我說：「為什麼你在學校挺安穩，為什麼要跑出來？開公司不是累得跟鬼一樣嗎？」我就說：「論工時絕對不會比學校長，論壓力也不會比學校大。」剛剛講過，工時就是二十四小時這樣搞，連周末、寒暑假什麼都沒有，然後壓力就是，你要負責學生的前途，如果你昧著良心做事就算了，但如果你真的還稍有良知，那壓力實在是受不了，所以我就說，只能佩服現在在當教授的人。謝謝。

柯明道：吳錦川教授是當了教授之後才去產業界創業，去開公司，針對這個主題（這邊可不可以）大膽邀請我們另外一個，在業界上過班，然後回來當教授的謝志成教授，跟我們講一下你的產業貢獻的經歷，為什麼要當教授？教授們常說當教授很辛苦，為什麼要回來？

謝志成：好，謝謝學長cue我。我先background介紹一下，我是畢業之後……，剛剛其實我可以先補充找工作這一段。的確我們是不需要找工作的，那一年我前面的學長大部分都到工研院去了，那我那時候其實很不喜歡要綁六年，所以我毅然決然就決定我要去當兵，雖然我去報到的時候全營只有營長比我老，其實我是唸完博士我才去當兵。anyway，我出來之後我記得我就找了老師，老師就給了我幾個公司，他說你就直接把你的履歷交給誰這樣，然後就聯發科，然後就盧超群（鈺創科技），然後還有一個是什麼我忘記……，喔，就原相。聯發科就是劉丁仁直接跟我面談，他坐下來其實就直

接聊說：「你在找什麼公司？原相喔？那同一個系列的不好意思跟他搶。不過你要領多少錢？」大概就是開始就跟你談，他根本不管你background，他覺得你就是qualified。盧超群董事長更絕，他說：「你要國內的還國外的？我國外有兩家，國內有兩家，你自己挑一家，看你想去國內發展還是國外發展。」所以其實真的是非常地備受禮遇啦，就是說在老師的招牌之下。

那後來我就去了原相，選了一個最冷門的公司，那因為我所學的關係，待了八年，剛好它是一個類似新創公司的過程，所以那八年做完之後，那家公司很幸運地有一點小小的成就，所以到了一個中小型公司要轉中型公司的過程，大概就一百多個要變成三百個那個概念。有弄過公司的都知道，那個過程就會有一大堆事情出來，就會有一大堆屬於政治的事情出來，所以我那時候就很不喜歡那個過程。當初大家創始團隊打天下的這些團隊，忽然到了要坐天下的時候就忽然出現很多事情，所以我就決定我要離開江湖。所以這個是為什麼我要離開江湖的原因。那為什麼選擇回學校？其實就覺得說，既然業界就是這個樣子，也看過一輪了，所以我即使再去新創一家，大概也是這個過程，也會走到一個我不喜歡的那個狀態，所以我乾脆就回學校。

回學校以後，真的還滿辛苦的啦，就是像吳老師們分享的，一開始……，其實我覺得任何一個新的身分你都要辛苦一陣子，你到一家新公司或者是你不管換什麼角色，那你只要熬過去了，應該都還可以滿順利。如果你問我哪一個比較好？其實我說我覺得老師比較好啦，因為對於時間的自主性。引用一下臺大李泰成教授他很喜歡講的，李泰成教授也是從國外工作回來臺大當教授，他就說「薪水誠可貴，股票價更高」，類似這種（話），可是「若為自由故，兩者皆可拋」。所以他認為老師最大的價值就在於，對自己所有時程上的自由度。可是當然事情一多你所有的自由度通通被卡死的時候，你就沒有自由度可言，所以這個可能就是自己要稍微去調配一

下，不過到目前為止我覺得，我誠心地認為，兩個身分來講，我覺得教授還是有一些很好的自由度是業界無法比擬的，我認為是這樣子。好，報告完畢。

柯明道：好，謝謝謝志成教授的分享。

謝志成：對不起，我忽然想到我剛才想講的。307實驗室對產業的貢獻，我剛才在聽學長分享的時候我心裡一直在想的是，我剛剛有講，來這個實驗室很好的地方是因為有很強的學長，這件事情直接延伸到你出社會是完全適用，因為你在業界有更多、更強的學長已經畢業，而且在各個公司都表現非常地傑出。所以你到任何一個公司去上班，為什麼你可以得到比較好的面試的機會，甚至很快就可以進去？那是因為大家認為你們這個實驗室出來，過去的表現已經幫你把招牌都打起來了，所以你就很容易可以進去。那再加上學長們其實……，應該說老師這個做法，就是我們每年會聚會這件事情我也把它學起來，我自己的實驗室也是這樣，我們每年一定要吃尾牙，一定要把學長找回來，目的就是要把這個DNA延續，因為我覺得這個非常地好，讓在校的學生跟學長有一些連結，然後他們可以知道未來學長的發展，甚至以後大家可以互相牽成、合作，這個我覺得是非常棒的一種很好的運作模式，所以一定要把它學起來。

所以，我覺得這個產業貢獻就會變成――它是一種exponential，因為你人越來越多，大家就會在這個產業上互相幫忙，然後一起創造更大的impact。這個我覺得也是307一個很棒的一個文化，再加上交大的傳統就是學長、學弟非常地……，我不知道，我對交大非常地驕傲就是這一點，交大的學長、學弟的關係真的是……，其他學校我看不到的啦，就是我們這種學長、學弟的關係其實是非常地緊密，學弟非常地尊敬學長，學長非常照顧學弟，這是一個交大非常好的傳統。好，報告完畢。

柯明道：謝謝謝志成教授的分享。那我echo一下，原本我們今年也要聚會，因為COVID-19讓我們沒辦法，餐廳都已經訂了，臺北101大

樓，89樓嘛，對不對？

王進賢：86樓。

柯明道：喔，86樓餐廳。我們都訂到臺北101大樓，86樓的餐廳，要在那邊幫吳校長慶生，5月的時候要去聚一聚，我有去訂了，結果呢……。好，我們現在是不是……「加零」（指國內及境外移入COVID-19確定病例皆為0例）的機會越來越多了，是不是年底或者尾牙的時候，我們再請在座的師兄弟大家聚會一下。以前我們都會利用5月底，校長生日的時候大家聚一下，然後大概年底的時候，實驗室尾牙餐會聚一下，邀請……畢業的學長有空可以回來，順便也讓學長們講講話，鼓勵在校的碩、博士班繼續努力，看到前面學長偉大的榜樣，更有衝勁來往前走，這是一個很好的傳承，那也是來自於吳校長歷年來的安排。我們以前都有辦聚會，可是因為疫情的關係讓我們已經一段時間沒有聚餐吃飯了，是不是大家變瘦下來？好，在座的師兄弟是不是還有其他人要補充一下？

謝志成：弘一大師要講話。

黃弘一：補充一個小故事，我們以前都喜歡熬夜畫layout嘛，對不對？同甘共苦，結果大家身體都不好，好幾個同學都有潰瘍的問題，到了冬天呢，出血，鄭國興、陳志成、我啦。我去工研院工作的第三天就住院了，那個人資笑我，說：「哪有人來了就辦住院？你好像在卡我的油一樣。」然後住院怎麼辦？要家屬來簽文件嘛，糟糕了！我家人在很遠的地方，你們知道我想到誰嗎？趕快打電話給黃振昇學長，哈哈哈（引起大家笑聲）。謝謝學長，有學長真是好。另外一個故事，講到半夜改論文的事，我學不來，因為我有sleeping disorder，我一亢奮起來會醒到天亮，我們有一個學長做得到，叫柯明道學長，他絕對是傳承了師父這種精神。可是呢，網路上曾經有一個信件，傳言的信件，我們柯教授半夜改學生改到火大，不改了，寫了一封信罵學生，在網路上廣為……（引起大家笑聲），開玩笑的。

吳重雨：廣為流傳。

邱進峯：google 得到（引起大家笑聲）。

柯明道：沒有，我想說因為找不到他，因為他可能手機也關了睡了，那時候已經有手機了。改著、改著發現跟我講的都沒有改，所以對他有點失望嘛，那想說……，如果再背下去我肝就爆了，所以我就直接寫 E-mail 給他。後來發現呢，有部分同學都有這種現象，後來就把他名字拿掉了，就王 XX，把他名字拿掉，把內容 po 在我自己指導學生網頁上面，那個網頁沒有鎖碼，反正知道的就可以去看，結果就因為這樣流出去了（引起大家笑聲）。有人跟我回應，有些教授回應說他不敢這樣罵學生，他看到我這樣罵學生，他就把我罵學生的 e-mail 轉給他學生看（引起大家笑聲），也就是說，我幫他罵學生就是了。好啦，當然，這裡面我們就必須透過一些必要的壓力，另外一種層次的鼓勵，讓後面學生知道應該要有一個自我……一個相對警惕嘛。

想一想我們的英文，都是老中嘛，基本上我們的英文也沒有像外國 native English 那麼好，基本上我的英文也是透過跟吳校長改論文開始學起來的，學到後面就把這樣的精神想辦法再轉給我的學生。但是改到後面發現，跟他講的他不學起來，所以我就很不客氣講說：「我是你的指導教授不是你的書僮；我是你的指導教授，不是你的英文祕書；我沒有必要幫你改英文。」當然有時候看不過去我們還是要先改一遍給他看，例如說，他給你寫個六頁英文的文章，可能你先改一頁，要他從第二頁照第一頁改法改，改到第三頁之後又請他回去改，所以經常要來來回回好幾次，最近有一篇投稿出去的論文改到第十四版。以前要趕論文的時候，一整個晚上不睡覺就全部把它改寫掉，就投出去了；後來發現這樣不行啊，這樣所有能力都在你身上，負擔都在你身上，那學生真的沒有成長。所以現在比較沒有急迫性的論文我就會前面改兩、三頁讓他看，希望他看了前面之後呢，後面能夠自己改慢慢把他帶上來。

當然我們希望説透過這樣訓練，能夠讓後面的學生知道怎麼去把一個科技論文表達出來，把該有的能力建立起來，免得他畢業出去後把我們的護國神山都搞倒了，我們用這樣來勉勵同學。那我也跟他講説因為你現在出去面對，臺灣就是小島啊，對不對？你現在的產品是全世界賣，對不對？國際的溝通一定必要的，你國際語言總要會一種吧，你英文不會，你會日文可不可以？你會法文可不可以？西班牙文會不會？都不會，你只會臺語的話沒辦法。所以呢，你是不是應該要有一個國際語言？那當然我們就鼓勵他想辦法把英文的程度慢慢帶上來。當然有些學生也不錯，有比較好的英文程度。我發現英文程度好的學生不見得論文就寫得好，但是英文不好的，論文一定會寫得不好（引起大家笑聲）。我們常常會花很多力氣就在想辦法把這些不同程度的，把他提到某種水準……，因為我們投稿都在像 IEEE 這種國際一流期刊，那就應該要有 IEEE 水準啊，沒有二流的，就是只有第一流，你研究成果做到，相對地你的論文成果也要達到嘛。

　　後來就實在是……有些文法，單數用複數動詞啊、複數名詞用單數動詞，過去式啊、什麼被動式啊，什麼一堆的，當然受不了就請同學去找 google 幫忙嘛，有檢查文法的，還有包括 word 也有檢查文法的。要求他用電腦、google 檢查幾遍，再給我來改。這樣的經驗，就跟王進賢教授講的，都是從吳校長那邊學來的，我們把我們學的這一套，加上我們的一些小小經驗，然後再灌輸給在學的新的學生。我們希望説，這樣好的榜樣、好的傳承可以傳下去，希望這樣的幫忙，提攜後面優秀的學生可以幫助臺灣的工業，對全世界有一些幫助，這是我的補充。

吳錦川：所以我就一直説當教授很累（引起大家笑聲）。因為你自己會沒有用，你要讓不會的人弄到會，像寫英文這個事情就是，古時候那時候也是每年都會有學生跑來説：「我可不可以用中文寫？」我就要把柯明道講的那堆話再跟他重新講一次説：「這是你最後一次機會

訓練了，之後你出去做事，你非用英文不可，我只好陪你去把你的菜英文弄好。」（引起大家笑聲）所以為什麼我要跑掉，就真的是太累了。

柯明道：好，那在座的有沒有……？

吳重雨：湘雲有沒有想要問大家的問題？

周湘雲：剛才聽到老師們跟學長們在分享吳老師的訓練方式，我想要請問一下，聽起來好像大家都很認同吳校長是一個對學生很好的校長，可是又覺得他是一個要求也滿高的校長，就是對學生的指導上面，到底那個壓力，讓各位在論文上面的壓力是用什麼樣的方式傳給你們？聽起來好像大家都說他是很好的老師（引起大家笑聲），然後晚上都一直在改作業，然後大家感覺很……？

吳錦川：剛剛你沒聽到，那個 IC 不 work 不能畢業啊。就是我們敢堅持這樣，因為這樣堅持下去可能沒有學生敢來，所以為什麼當初交大307實驗室敢這樣堅持，是我們相信這樣下去還有學生會來。

黃弘一：入門的時候人就對了啦。

吳錦川：其他學校很多不敢這樣要求啊。

黃弘一：入門的時候人就對了啦。

周湘雲：就是看起來吳校長要求很高，但是大家又覺得他很和善？

吳錦川：剛剛那一句話，你如果是這個 field 就知道，剛那一句話的要求有多高，你要真的把 IC 做出來量完，還真的是 work 才可以畢業，這個事情。

呂平幸：這個要求就很高了。

吳錦川：而且要進來的學生都知道，實驗室要求是這樣子，所以他還敢來就是已經簽了生死狀了（引起大家笑聲）。

柯明道：所以有人唸到胃出血送急診（引起大家笑聲）。

呂平幸：其實我們那時候博士論文是要算點數的嘛，其實老師那時候的標準
就是*JSSC*啊，沒有第二本啊！所以基本上，每個畢業的人就要進
全球最top的期刊裡面要發表，那一定是要做到你的東西……做到
量測出來成功了才可以，所以那個標準就訂在那裡，基本上，沒
有*JSSC*，即使點數夠也不一定能畢業，所以基本上就是要*JSSC*的
paper。

周湘雲：所以吳校長是用很和善的態度跟大家說要做到那樣的標準（引起大
家笑聲）？

謝志成：對、對、對。修養很……不是一般人。

黃振昇：我補充一下。就是說，博士畢業其實我們所有一個規定就是有點
數，那你點數到了，系所就可以畢業。那我想幾個師兄弟應該都有
面臨到說我已經點數夠了，怎麼老師還不放我走？而且還罵得很凶
喔，「你這樣子不完整，不能畢業、不能畢業。」等到我拿到畢業
證書，過幾年，我才敢問老師，說：「老師那個不是點數夠了就可
以畢業嗎？」老師的回答是什麼？「我就是要在你畢業以前再把你
逼到極點，讓你發揮你的潛能，等你拿到這個證書以後，可能沒有
人會再教你。」當你畢業以後，你再聽到這一句話你會覺得，喔，
終於……，最後的學習機會還是要把握。謝謝。

周湘雲：好，那我就沒有……。

謝志成：我補充一下。我覺得很佩服老師就是……，因為我們自己當（老
師）……，剛剛學長也有講嘛，其實我們也是會給學生一個很高的
目標，因為我們希望我們培養出來的學生是有品質的，而且在追求
這個很高的目標的過程中他就會讓自己成長，學到他該會的東西，
而且學得很好。可是（吳重雨）老師很厲害的地方就是老師「不會
生氣」。這個（教書）過程，我不知道是老師修養比較好，我在這
個過程我常常會去找老師，說：「我被學生氣假欲死（臺語 khì kah
beh-sí，即氣得要死）。」就真的是……，尤其剛剛講改論文這種是

輪迴嘛，就是每一年你一定要的，而且它就是我們研究上最重要的產出，你沒有寫論文你就沒有產出，不管你晶片做得再好，你就是要把它變成一個論文。

　　所以這個就是我們一種宿命，我們一定要想辦法把每個work，不只把它做好，我們還要把它寫成一篇漂亮的論文。可是你想一下，要讓一個學生做到這個程度其實是真的很困難，所以這個過程中我們就要帶領也好、教導也好、咆哮也好（引起大家笑聲），不管怎麼樣就是要有各種方法。可是老師很厲害就是他可以……，在我個人印象我沒有覺得我被老師凶過啦，我不知道其他人有沒有？可是我常常覺得我老婆一看到我就說：「你最近又在寫論文喔？你變得很煩躁喔。」跟小孩說這一個禮拜要寫ISSCC，離你爸遠一點喔。

　　就是這種過程我們都要經歷過，可是感覺老師好像……，好像就有辦法……，就是你剛剛的那個問題，好像他都對大家很好，可是又要求很高。那我們都做得到，所以其實就是大家都很厲害啦，哈、哈。好，謝謝。

吳重雨：要自動自發啦。

謝志成：對啊，要自動自發。

柯明道：好，那下面一個是意猶未盡的討論時間（引起大家笑聲），大家有什麼感想，有什麼……？

吳重雨：在題目之外的分享。

柯明道：歡迎有沒有想補充的？那我這邊先分享一下或是補充一下，我們現在是幫老師做一些歷史見證，把老師的貢獻適當地把它歷史見證一下，除了307實驗室這邊的見證之外，我不知道圖書館團隊有沒有考慮到，吳校長以前在國科會工程處那邊的幫忙，後來他也接了國家型科技計畫的總主持人。這一部分我認為也花了校長很多的時間、力氣在上面，也許可以考慮把它加進去。

我這邊先稍微說明一下，最早的國家型科技計畫就是張俊彥校長以前在推的「矽導計畫」，大家有聽過嘛。因為矽導計畫，所以希望學校這邊能夠增加一些教職員的能量，包括研究設備，行政院同意，總統也支持，所以就撥了一些錢特別去做矽導計畫。因為那個計畫的順利執行，所以臺灣半導體才能夠很扎實地往下發展。矽導計畫後面接續的計畫叫做「晶片系統國家型科技計畫」，那時候也是張前校長當主持人成立的，矽導計畫做了六年之後，接下來就是晶片系統國家型計畫。後來張校長在交大兩任校長已經到期了，吳校長選上交大校長，國科會就 assign 由吳校長接任晶片系統國家型科技計畫的總計畫主持人。因為這樣，吳校長就被國家 assign 重要的職務。

那時我已經回到交大任教職，吳校長就請周景揚，現在中央大學的校長，那時候在我們系上當教授，請周景揚當這個國家型計畫的執行長，我就幫忙當副執行長，幫國科會推廣晶片系統國家型計畫。因為這樣後來才有更多位 circuit design 這領域的教授。晶片系統國家型科技計畫執行了六年之後，那時候我們也接續規劃到第三期，因為計畫名稱要稍微做一些改變，所以叫做「智慧電子國家型科技計畫」，那時候計畫書是由周景揚、我，還有陳巍仁幫忙，並也找各領域召集人幫忙，在座的王進賢教授也有幫忙一起弄。

我們計畫書已經完成了，但偉大的政府把它移給當時的清華大學陳文村校長去執行。國科會把我們寫那個智慧電子國家型科技計畫移給清華大學陳文村校長去主持。那移過去就移過去了，哪知道國科會把正在進行中的「奈米國家型科技計畫」移給吳校長主持，那時候是……，東華大學吳茂昆校長是計畫主持人，國科會硬從他手上把計畫移給吳校長主持。我那時候聽到這個消息，就跟吳校長講說：「你校長職務都已經卸任了，你還接這個幹嘛？給自己累死喔？」吳校長覺得有使命感也不好拒絕國科會，他反而跟我說：「你比較有經驗，不然你來幫我吧。」啊！我不好意思拒絕他嘛，

就只好接了。所以吳校長變成主持奈米國家型科技計畫，那時候周景揚已經去中央大學當校長了，那我就接了執行長，並找了鄭裕庭教授當副執行長，幫忙國家推動奈米國家型科技計畫第二期。

那時候呢，國科會有一個行政組在做評鑑，吳校長剛接的時候，奈米國家型計畫評鑑是所有國家型科技計畫評鑑最後一名，經過我們兩年努力之後，再公布評鑑成績，奈米國家型科技計畫回到排名第二名，那個做評鑑的席組長私下跟我說，你們的表現應該要給第一名，因為怕得罪上一屆的主持人，就暫時委屈排在第二名。政治因素不談的情況下，吳校長很努力地把倒數最後一名的國家型計畫提升到國科會認可的優良計畫，我把這個小故事講出來，來呈現吳校長除了在學校307實驗室這邊的功績之外，他對國家型科技計畫還有另一個層次的貢獻。

基本上，晶片系統國家型科技計畫的執行，讓臺灣招募更多IC design的師資，讓更多學校開始去培養IC設計的人才，包括臺大、清大，還有成大等都因而受惠。我們的謝志成博士能夠到清大任教，也是因為有這樣的教職名額多出來。因為有額外的名額空出來，增加的教師名額讓每個學校擴增IC設計，所以幫臺灣培養更多的IC設計人才。矽導計畫的時代是張俊彥主持，幫臺灣培養了很多半導體領域的人才；吳校長在晶片系統國家型科技計畫的時代，幫臺灣培養了很多IC設計的人才。交通大學這兩任校長對臺灣半導體與IC設計實在有很大的貢獻。

奈米國家型科技計畫，好像看不出貢獻度，但是奈米國家型計畫也是很重要，為什麼？那時候奈米國家型計畫弄得東西不是IC設計，都是比較基礎的材料開發，有生醫材料、有奈米材料等，那些奈米材料就是現在在台積電進展到2奈米、3奈米那些材料基礎的人在做的，也因為有這樣的國家計畫把奈米的技術，奈米元件的成長，怎麼鍍膜，包括怎麼去做顯微鏡可以觀測到微細的東西，怎麼去做奈米粒子，這些基礎的材料發展與製造技術，就透過奈米國家

型計畫去把它打下基礎，這個對臺灣後來有辦法進展奈米製造是一個重要的貢獻。我利用這個機會把校長另外的貢獻點出來，也許可以考慮把它放在適當的地方，他幫國家做了這些重要的事情，這個貢獻應該把它做具體的呈現。

那我再分享一下，我當初怎麼回學校的（引起大家笑聲）。我畢業的時候，校長在可能不太適合講，我在畢業之前寫了一篇論文給校長看，那時候校長很忙，忙著國科會的事情。因為我那篇論文太多數學式子了，一直到博士畢業之後，那一篇論文校長一直沒有空幫我投出去。我畢業之後，那時候當預官只有一個梯次，受訓的梯次，錯過了那個梯次的話你就要等明年再當兵，那時候校長就幫我申請國科會的博士後研究員，當然現在在博士後研究員大家比較清楚，早期我們也不知道有這種東西啊。校長就用他的國科會計畫幫我申請了國科會計畫的博士後研究員，我就繼續留在學校307實驗室，說實話就是在等當兵，留在學校順便再繼續做一點研究。

後來就跟校長講說，之前那一篇論文，是不是校長可以同意發表出去？校長說：「你已經畢業了，你就自己投稿。」後來自己把那個稿子，用我的爛英文把它弄一弄投出去，投到 *IEEE Trans. on Electron Devices*，為了要把 Latch-up 的機制講清楚因此我寫得很長，那篇寫了大概十五頁，那一篇稿子很幸運地受到審查委員們的贊可，很快就被接受了，可是 IEEE 期刊主編覺得這篇論文太長了，要求把它分成兩篇。早期我們要投上一篇就很難了，它還要求分成兩篇，那我說怎麼分兩篇？他說：「就 part one、part two 啊！」後來我就把它切一半，理論推導的部分整理在一篇，計算驗證的部分整理在另一篇，這樣就 part one、part two 刊登出來。因緣際會，也是我在 IEEE 期刊裡面，唯一有一篇 paper 是 part one、part two 刊登的。我記得也是校長唯一一篇 part one、part two 刊登的論文。因為那篇第一作者就是我，第二作者就是吳校長。

吳重雨：對、對、對，我記得。

柯明道：那一篇論文後來很多人都看不懂，有一個學者跟我講說，他有看過那篇，他從頭看到尾，非常佩服說：「你怎麼會想到用這種方式來解釋這種現象？」這是我們因為有校長這樣的訓練，我們也努力把它做到，才能夠激發出來的研究成果。

因為唸博士學位已經花了五年，博士後研究再加一年，已經更老了，去當兵可能是全營最老的，那時候開始有國防役的制度可以替代入伍當兵，那時候的國防役一簽是六年，業界當時還沒有國防役，台積、聯發科都還沒國防役，有國防役的只有兩個單位：中科院，做飛彈打共匪的；第二個是工研院，那時候王進賢學長在那邊已經當經理了，還有吳添祥學長在那邊當課長，想說已經年紀很大了，那邊要收人我就過去，短暫受完軍事訓練之後就去服國防役。服國防役當然就要認命，六年啊！國防役這種制度對臺灣後來的IC發展也是一個正面的制度，因為大家認命地做六年，人家認為你會在這邊待六年，大都會給與好的安排，現在業界公司的資深主管大部分都是那時期訓練出來的。

好，後來突然開放業界可以收國防役，然後國防役改成四年，現在國防役只剩下一年半這樣。本來要待到六年，後來到第五年的時候突然說，國防役縮成四年，然後業界也可以收替代役，也可以轉換國防役單位。因為已經解禁了嘛，大家會想要離開原單位到其他地方工作，因為那時候你不離開人家覺得你好像沒有價值，沒有人要挖你的意思這樣（引起大家笑聲）。所以國防役期滿的時候大部分的人會離開，當然也有一些優秀的人還會留下來繼續工作。在工研院期間因為處理一個IC產品的開發，解決產品可靠度的問題，並順利大量生產，得到那邊長官的肯定。我記得王進賢離開工研院之前是擔任到經理職務，對不對？你是U100經理，那時候他就負責一整套的 cell library 建置，當我離開的時候我是擔任到U400產品部門的經理，那時候我請姜信欽接課長職位來幫忙。我離開的時候是……

姜信欽：那一年變最資深的。

柯明道：後來，我成功應徵回到交通大學電子工程學系擔任教職，從最基層的助理教授幹起，也是交大電子系第一批以「助理教授」職位聘任的教師（早期教師聘任舊制中，具有博士學位者以副教授起聘），授課的第一週就遇到921大地震（1999年），全校停電超過一週，上課也無法進行。五年之後，我順利升等到正教授。並在2008年獲頒 IEEE Fellow 榮譽。

周湘雲：我們之後會把它整理成文字稿然後請各位幫我們做校對，然後要刪的你們就把它刪掉（引起大家笑聲）。然後如果覺得想要補充也可以稍微加進去，或修改，因為可能有一些……，我們聽打的時候會有一些錯誤，要請你們協助幫忙做修改。

吳重雨：最後大家還有沒有想到什麼事要再分享？

呂平幸：我建議我們上次老師榮退的那個歡送會，我想有更多學長、學弟參與嘛！他有講一些對實驗室還有對老師一些事情。我覺得那個應該滿好的素材，我記得郭副院長有找人錄影，全程錄影，我是覺得那個素材應該可以提供給他們參考。

周湘雲：有，我們已經看過了。

呂平幸：對。那個有更多學長上去發言。

吳重雨：有，我有給湘雲了。

黃弘一：剛剛柯教授講的每一件事情都是真的！因為他服國防役，也是因為國防役，隔壁部門最漂亮的女生，就是他現在的太太（引起大家笑聲）。所以他太太也認識我，碰到我就會說：「我老公為什麼那麼認真。」是真的（引起大家笑聲）。

吳重雨：好，現在時間也差不多了，那我們今天的這個307實驗室見證歷史研討會就到這裡結束，謝謝大家的參與。還有吳教授，還有吳董事長都全程參與，很感謝，還有很多畢業的學長都從臺北、從很多地

方來參與，謝謝大家，希望這個見證歷史能夠為交大留下一些紀錄，謝謝、謝謝！

圖3：前排左起：吳玉愛、黃振昇、吳錦川、吳重雨、吳介琮、王進賢、柯明道、黃明居，後排左起：呂平幸、謝志成、王文傑、姜信欽、黃弘一、鄭丞翔、邱進峯，周湘雲。（嚴銘浩拍攝）

◆ 307實驗室Witness Seminar參與者簡介

實驗室創辦人：
吳重雨（參見p.504）

307實驗室教授：
• 吳介琮
學歷：
美國史丹福大學電機工程學系博士（1983／09 – 1988／02）
美國史丹福大學電機工程學系碩士（1982／09 – 1983／06）
國立交通大學電子工程學系學士（1976／09 –1980／06）

經歷：
國立交通大學電子工程學系教授（1999／09迄今）
國立交通大學電子工程學系副教授（1992／02– 1999／08）
美國Hewlett-Packard公司工程師（1988／02–1992／02）

對307實驗室的描述：
今日你以307為榮，明日307以你為榮。

• 吳錦川
學歷：
Carnegie Mellon University 博士（1981–1986）
Carnegie Mellon University 碩士（1979–1981）
國立臺灣大學電機系學士（1973–1977）

經歷：
致新科技總經理（2006迄今）
國立交通大學副教授、教授（1992–2006）

Jet Propulsion Laboratory, NASA／Caltech, Member of Technical Staff,（1988–1992）
Carnegie Mellon University（博士後研究員 1986–1988）

對307實驗室的描述：
在過了二十九年之後回頭看，才發覺當初我們這些老師和學生以為只是在盡本分的做研究，沒想到對現在的臺灣半導體產業發生了這麼大的影響。307實驗室所造成的影響應該是很難被複製的。現在的時空環境和三十年前已完全不同，本來就不應該再重複以前做過的事情；往後的307實驗室應該會造成不同面向的影響。

吳重雨講座教授指導畢業博士（依照姓名筆畫排序）

• 王文傑
學歷：
國立交通大學電子工程學系博士（2001 – 2009）
國立交通大學電子工程學系碩士（2000 – 2001）
國立交通大學電子工程學系學士（1996 – 2000）

經歷：
聯發科技（2014／02迄今）
晨星半導體（2008／11 – 2014／02）
IMEC, Leuven, Belgium 訪問學者（2005／09 – 2006／01）
Technical Program Committee Member, IEEE ISSCC,（2019／2020／2021）

對307實驗室的描述：
307實驗室 ── 扎實的研究訓練，持續地創新與追求卓越，臺灣類比IC設計人才最重要的搖籃。

・王進賢

學歷：

國立交通大學電子研究所博士（1988／06畢）

國立交通大學電子研究所碩士（1984／06畢）

國立成功大學電機系學士（1982／06畢）

經歷：

國立中正大學，現今職務：特聘教授（1995／02迄今）

工研院，離開時職務：正工程師／IC設計部經理（1988／10－1995／02）

對307實驗室的描述：

1. 遇見，最棒的老師與師母，永遠向他們學習；

2. 帶來，最棒的同學(學長、學弟)與永遠溫暖的友誼；

3. 創造，一生的美好回憶與工作的指南！

・呂平幸

學歷：

國立交通大學電子研究所博士（1989－1995）

國立交通大學電子研究所碩士（1987－1989）

國立交通大學電子工程系學士（1983－1987）

經歷：

（主要經歷）

達發科技 顧問（現職）

聯發科技RD協理、產品事業部總經理、公司副總經理

揚智科技擔任執行副總及總經理

國科會晶片設計製作中心副研究員

對307實驗室的描述：

1.吳校長1980年代初期開創國內風氣之先，從事類比／數位IC設計的教學與研究，同時與聯華電子、華邦電子等公司進行產學合作計畫，提供難能可貴的晶片實作機會，為臺灣的類比IC設計及系統晶片SoC產業，培育最珍貴的類比IC設計專業人才，奠基了臺灣IC設計產業的蓬勃發展。

2.吳校長於1991–1995年任職國科會工程處長期間，積極推動設立「晶片設計製作中心」（CIC, Chip Implementation Center），目前改稱「國家晶片系統設計中」，這是類似CMP-MOSIS計畫，提供給美國大學的晶片製作服務，除了結合TSMC、UMC等晶圓廠提供優惠的MCP（multi-chip projects）晶片製作服務，更進一步與Synopsys、Cadence等EDA大廠簽約，提供便宜的EDA tools供各大學電機資訊相關科系的學生使用，輔以配套的相關訓練課程及提供系統晶片測試平臺，每年為臺灣產業界儲備與培育近2,000 IC及系統設計人才，對厚實臺灣的IC設計產業貢獻卓著。

• 邱進峯

學歷：

國立交通大學電子工程系博士（1988 –1996）

國立交通大學電子工程系學士（1985 –1988）

經歷：

晶神醫創副總經理（2016／07迄今）

國家實驗研究院／晶片系統設計中心計畫主持人（2011／08 –2016／07）

國家實驗研究院／晶片系統設計中心副主任（2005／07 –2011／03）

國家實驗研究院／晶片系統設計中心研究員（2002／01 –2016／07）

國家晶片系統設計中心／晶片實作組組長（2000／10 –2005／07）

國家晶片系統設計中心副研究員（1996／07 –2001／12）

晶片設計製作中心助理研究員（1993／08 –1996／06）

對307實驗室的描述：

307實驗室是國內類比IC設計的發源地，不僅催生臺灣類比IC設計技術的發

展，培育的類比 IC 設計人才，更是推動國內 IC 設計發展的基礎。吳重雨校長擔任國科會工程處處長期間，也推動了國家晶片系統設計中心的成立，並號召實驗室畢業的學長、學弟們協助參與中心的發展，成為臺灣近二十年來 IC 設計人才培育的重要推手，對臺灣 IC 設計的產業發展實具重要的貢獻。

• 姜信欽

學歷：

國立交通大學電子研究所博士（1992 –1998）

國立交通大學電子研究所碩士（1990 –1992）

私立逢甲大學電機工程學系學士（1986 –1990）

經歷：

英屬開曼群島商晶旭科技股份有限公司董事長（2018迄今）

晶神醫創股份有限公司副董事長／總經理（2020迄今）

晶神醫創股份有限公司董事長／總經理（2016 –2020）

晶焱科技股份有限公司創辦人／總經理（2013迄今）

晶焱科技股份有限公司創辦人／研發部副總經理（2010 –2013）

晶焱科技股份有限公司創辦人／研發部協理（2006 –2010）

美商百力達科技股份有限公司研發部經理（2003 –2005）

工業技術研究院系統晶片技術中心課長（2000 –2002）

工業技術研究院電腦與通訊研究所工程師（1998 –2000）

對307實驗室的描述：

對於生涯要投入學術研究領域的學生，307實驗室是培養 IC 設計獨特思想的園地；對於生涯要投入職場的學生，307實驗室是建立 IC 設計超強功力的培訓中心；對於生涯要投入創業的學生，307實驗室是創建 IC 設計公司的訓練班；對於所有的學生，307實驗室是親身體驗 IC「從無到有」過程的絕妙場域。

• 柯明道

學歷：

國立交通大學電子研究所博士（1993／09畢）

國立交通大學電子研究所碩士（1988／06畢）

國立交通大學電子工程系學士（1986／06畢）

經歷：

國立交通大學生醫電子轉譯研究中心主任（2014／08 迄今）

國立交通大學電子工程學系／電子研究所特聘教授（2010／02迄今）

國立交通大學電子工程學系／電子研究所教授（2004／08迄今）

台灣生醫電子工程協會第三屆理事長（2017 –2020）

國際電機電子工程師學會中華民國分會副理事長（2017 –2019）

國立交通大學光電學院院長（2012／08 –2015／07）

義守大學副校長／講座教授（借調專任）（2008／08 –2011／07）

國立交通大學電機資訊學院產業研發碩士專班主任（2006／04 –2008／07）

台灣靜電放電防護工程學會創會理事長（2001 –2005）

國立交通大學電子工程學系／電子研究所副教授（2001／08 –2004／07）

國立交通大學電子工程學系／電子研究所助理教授（1999／08 –2001／07）

工業技術研究院電腦與通訊工業研究所工程師／課長／副理／正工程師／部門經理（1994／10 –1999／08）

國立交通大學電子研究所博士後副研究員（國科會）（1993／10 –1994／09）

對307實驗室的描述：（見剪報資料）

• 黃弘一

學歷：

國立交通大學電子研究所博士（1989／09 –1994／01）

國立交通大學電子研究所碩士（1987／09 –1989／06）

國立清華大學核子工程學系學士（1983／09 –1987／06）

催生靜電放電防護學會的幕後英雄

名聞國際的 ESD 專家 M. D. Ker 就在交大任教

交大 阿拉伯實驗室傳奇

（柯明道提供收藏剪報資料）

經歷：

國立臺北大學電機工程研究所專任副教授（2006／08 迄今）

私立輔仁大學電子工程學系（所）專任副教授（2005／02 –2006／07）

私立輔仁大學電子工程學系（所）專任助理教授（1999／08 –2005／01）

國立臺灣科技大學資訊工程學系（所）兼任助理教授（2003／02–2003／08）

國立臺灣大學（博大與慶齡）人才培訓班講員（2003／07 –）

國立清華大學工程與系統科學系（所）兼任助理教授（2001／02–2001／06）

國立交通大學電機與控制工程學系（所）兼任助理教授（2000／08–2002／01）

工研院系統晶片技術中心顧問（2000／07–2001／12）

工研院電通所網際網路平臺技術組顧問（1999／08–2000／06）

私立輔仁大學電子工程學系（所）兼任助理教授（1999／02 –1999／07）

國立中央大學電機工程學系（所）兼任助理教授（1998／09 –1999／07）

國立交通大學電子系人才培訓班講員（1997／10 –）

工研院電通所主從電腦技術組課長、子計畫負責人（1997／04 –1999／07）

美國德州儀器混合訊號式IC產品部（工研院合作計畫出差）（1996／04 –1997／03）

國立清華大學自強工業基金會講員（1995／12 –）

工研院電通所積體電路設計技術組工程師、task leader（1994／01 –1996／03）

• 黃振昇

學歷：

國立交通大學電子研究所博士（1984 –1990）

國立交通大學電子研究所碩士（1982 –1984）

國立交通大學電子工程學系學士（1978 –1982）

經歷：

智成電子股份有限公司總經理（2011／4／1迄今）

智達電子股份有限公司總經理（2006／4／1 –2011／3／30）

力原科技股份有限公司總經理（2000／7／1 –2006／3／30）

國家晶片系統設計中心主任（1997／7／1 –2000／6／30）

晶片設計製造中心副主任（1992／6／1 –1997／6／30）

• 鄭丞翔

學歷：

國立交通大學電子工程學系博士班（2014 –2018）

國立交通大學電子工程學系碩士班（2012 –2014）

國立交通大學電子工程學系學士班（2008 –2012）

經歷：

Microchip Inc. 主任工程師（2022迄今）

晶神醫創股份有限公司研發部經理（2019-2022）

對307實驗室的描述：

學習資源豐富，學長、姊經驗豐富，教師群涵蓋類比電路各類別。吳重雨老師提出的願景很大，需要學生們戮力合作共同完成。

• 謝志成

學歷：

國立交通大學電子工程研究所博士（1991 –1997）

國立交通大學電子工程研究所碩士（1990 –1991）

國立交通大學電子工程學系學士（1986 –1990）

經歷：

國立清華大學電機系教授（2017迄今）

國立清華大學電機系副教授（2013 –2017）

國立清華大學電機系助理教授（2007 –2013）

原相科技混波訊號IC設計資深部經理（2003 –2007）

原相科技混波訊號IC設計副理（2001 –2003）

原相科技類比IC設計資深工程師（1999 –2001）

對307實驗室的描述：

偉大而謙虛的領導者、前瞻的視野、精實的訓練、強大的連結。終生受用的態度養成與血統價值。

吳重雨年表

1950年　嘉義縣東石鄉猿樹村出生（5月31日）

1962年　東石國小畢業

1965年　嘉義中學初中部畢業

1968年　嘉義中學高中部畢業

1972年　國立交通大學電子物理系學士班畢業

1976年　國立交通大學電子研究所碩士班畢業

1980年　國立交通大學電子研究所博士班畢業

1980年　國立交通大學電子工程系及電子研究所副教授（-1983）

1983年　國立交通大學電子工程系及電子研究所教授（-2020）

1984年　美國波特蘭大學訪問教授（-1986）

1986年　國立交通大學電子工程系系主任（-1989）

1989年　國立交通大學電子研究所所長（-1991）

1991年　行政院國家科學委員會工程技術發展處處長（借調）
　　　　（-1995）

1995年　國立交通大學研發長（-1998）

2002年　國立交通大學電機資訊學院（電機學院，2005）院長
　　　　（-2005）

2003年　美國伊利諾大學香檳校區訪問教授（秋季）

2004年　美國伊利諾大學香檳校區兼任國際教授（-2008）

2004年　國立交通大學講座教授（-2011）

2007年　國立交通大學校長（-2011）

2007年　晶片系統國家型科技計畫（NSoc）總主持人
　　　　（- 2011.05）

2008年　台灣生醫電子工程協會理事長（-2014）

2008年　國際創新創業發展協會理事長（-2012）

2011年　國立交通大學終身講座教授（-迄今）

2011年　國科會第二期奈米國家型科技計畫（NPNT）總主持人
　　　　（-2014）

2011年　國立交通大學生醫電子轉譯研究中心總主持人（-2018）

2013年　台灣半導體產業協會產學委員會主任委員（-2020.07）

2015年　教育部國家講座主持人（- 2017）

2020年　國立交通大學榮譽退休講座教授（-迄今）

2020年　晶神醫創公司董事長暨技術長（-迄今）

榮譽與獎勵

・第二十屆「國家新創獎－企業新創獎」（2023）
・潘文淵傑出研究獎（2016）

- 教育部國家講座主持人（2015-2017）
- International Solid-State Circuits Conference 2013 Distinguished Technical Paper Award（2014）
- International Solid-State Circuits Conference (ISSCC)2013 Demonstration Session Certificate of Recognition（2014）
- International Symposium on Circuits and Systems (ISCAS) Best Paper Award（2012）
- 中國電機工程學會電機工程獎章（2008）
- 國科會傑出特約研究員獎（2005）
- 國科會特約研究員獎（1999-2001、2002-2004）
- 傅爾布萊特國際資深學者研究獎（2004）
- IEEE Third Millennium Medal（2000）
- 教育部學術獎（1998）
- IEEE Fellow（1998）
- 國科會傑出研究獎（1989-90、1995-96、1997-98，計三次）
- 東元科技獎（1997）
- 國立交通大學百壽講座教授（1996-1998）
- 中國工程師學會傑出工程教授（1996）
- 龍騰十傑（1996）
- 龍騰論文獎博士、碩士論文指導教授獎（多次）
- PHI TAU PHI 及 ETA KAPPA NU 榮譽學會會員

國家圖書館出版品預行編目(CIP)資料

無我心寬：吳重雨口述歷史 / 吳重雨口述；周湘雲紀錄. -- 初版. -- 新竹市：
國立陽明交通大學出版社, 2023.12
　　面；　公分 . -- (歷史與傳記系列)

ISBN 978-986-5470-85-2(平裝)

1.CST: 吳重雨 2.CST: 傳記

783.3886
112020771

歷史與傳記系列

無我心寬——吳重雨口述歷史

策　　劃：國立陽明交通大學圖書館
館　　長：黃明居
口　　述：吳重雨
紀　　錄：周湘雲
責任編輯：貢舒瑜
美術設計：蔡南昇

出版者：國立陽明交通大學出版社
發行人：林奇宏
社　長：黃明居
地　址：新竹市東區大學路1001號
讀者服務：03-5712121 分機50503 週一至週五上午 8:30 至下午 5:00
傳　真：03-5731764
網　址：https://press.nycu.edu.tw
e-mail：press@nycu.edu.tw
製版印刷：台欣彩色印刷製版股份有限公司
初版日期：2023 年 12 月
定　價：520元
ISBN：9789865470852
GPN：1011201826

展售門市查詢：
陽明交通大學出版社 http://press.nycu.edu.tw
三民書局（臺北市重慶南路一段61號）
網址：http://www.sanmin.com.tw 電話：02-23617511
或洽政府出版品集中展售門市：
國家書店（臺北市松江路 209號 1樓）
網址：http://www.govbooks.com.tw 電話：02-25180207
五南文化廣場臺中總店（臺中市臺灣大道二段85號）
網址：http://www.wunanbooks.com.tw 電話：04-22260330